ノンキャリア教育としての

職業指導

斉藤 武雄・佐々木 英一
田中 喜美・依 田 有弘 編著

学文社

執筆者（五十音順）

伊　藤　一　雄（高野山大学名誉教授・教職課程センター顧問）
植　上　一　希（福岡大学）
上　中　　　香（大阪商工団体連合会事務局）
大　串　隆　吉（東京都立大学名誉教授・首都大学東京客員教授）
大　島　亮　平（東京都立八王子桑志高等学校）
尾　高　　　進（工学院大学）
木　下　　　龍（千葉大学）
小　嶋　晃　一（元東京都立工業高校教員）
斉　藤　武　雄（元東京都立工業高校教員）
坂　口　謙　一（東京学芸大学）
佐々木　英　一（追手門学院大学）
田　中　喜　美（東京学芸大学名誉教授）
直　江　貞　夫（工学院大学）
林　　　萬太郎（大阪府立今宮工科高等学校）
平　舘　善　明（帯広畜産大学）
本　多　満　正（愛知教育大学）
依　田　有　弘（千葉大学名誉教授）
依　田　十久子（千葉工業大学名誉教授）
渡　辺　顕　治（元・東京建築カレッジ）

まえがき

本書は，技術教育研究会の研究活動の中から生まれた著作物である．当初から意図したわけではなかったが，同様の経緯から編まれた『技術科の授業を創る―学力への挑戦―』（学文社　1999年），『工業高校の挑戦―高校教育再生への道―』（学文社　2005年）と，三部作をなすものである．

現代の世界では，人間らしく生活し，幸福を追求することが，万人に保障されるべき基本的人権であることは世界共通の認識である（日本国憲法第25条，第13条）．またそれが人間らしい労働に支えられて初めて実現するのであるから，それを保障する労働権（憲法第27条）もまた全ての人に保障されなければならない．私たちは，そうした意味合いにおける労働権を保障するには，教育の場面で，普通教育としての技術・職業教育，職業準備・職業向上のための専門的な技術・職業教育，それと職業指導が三位一体のものとして保障されることが不可欠だと考えるからである．

念のために断っておきたいが，私たちは，普通教育としての技術・職業教育が専ら職業・労働の準備教育としての役割をもつと考えているわけではない．それは，高度に発達した技術がわれわれの生活を深く多面的に規定している現代社会において，われわれ国民がその技術を理解し，評価し，管理し，運用する上で欠かせない，国民的教養としての技術的素養の基礎を培うという重要な役割をもつものである．このように，無論，上に挙げた三者はそれぞれ独自の役割を担っているが，それぞれが響きあって一つのハーモニーを奏でることによって初めて労働権を保障していく上での教育の役割が果たせると考える．これが，私たちが職業指導を捉える上での一つの重要な視点である．

この本の編者全員と執筆者のほとんどが技術教育研究会の会員である．技術教育研究会は「憲法，子どもの権利条約の精神に基づいて，国民的立場から広く技術教育の理論と実際を研究すること」を目的に謳っている民間の教育研究サークルであり，本書の執筆者のほとんどが，いわば本職としては技術教育，職業教育の実践や研究に携わっている．だが，何人もの者が大学で職業指導の授業を担当しており，中学・高校で職業指導の実践に携わっている．その中で，「授業に使える教科書がない」「実践に役立つ本がない」が共通の嘆きであった．「職業指導」「進路指導」「キャリア教育」等の名を冠した教科書は多々あるが，技術教育や職業教育との関連を無視したものばかりといってよい状況であるし，さらに何より，多くがその記述内容においてリアリティに欠けている．

そんな不満をもった編者らが私たちの考えで教科書をつくってみようと集まったのが本書の出発点であった．本書では職業指導の対象を，国民の大部分を占めるノン・エリートに焦点化した．職業指導はそれを最も切実に必要とする人びとの要求に応えることによって，初めてそのリアリティを確保できると考えるからである．これが本書のもう一つの特徴であろう．

編者，執筆者で何回も研究会をもち，会員で覆いきれない分野には会員外にも執筆を依頼してできたのが本書である．まだまだ検討すべきこと，抜けていることも多い．共通の理解に至っていないこともあるので，執筆分担を明確にし，各々の部分については執筆者個人が内容に責任を負うことにした．読者の忌憚のない御意見を頂いてさらなる改善をめざしたい．

2009年4月

編者を代表して　　依田　有弘

目　次

序章

現代における職業指導の役割と課題
—ノン・キャリア教育の構築

佐々木英一

(1) 子ども・青年の進路の現状

1990年代以降の日本社会全体の大きな変化の中で，今，子ども・青年の進路状況に大きな変化が生じている．とりわけ1990年代後半以降のいわゆるグローバリゼーションを背景にした企業社会のドラスティックな変貌，なかでも雇用環境の悪化と変化は若者を直撃している．

新自由主義政策の下での，市場原理にもとづく無軌道な規制緩和は，最低限の労働基準すら「自由化」し，多くの子ども・青年が，ルールなきむき出しの弱肉強食の世界に無防備なまま放り出されている．

こうした状況に対し，学校あるいは教師はどのように立ち向かうべきなのであろうか．義務教育終了後の子どもたち多くは，現在引き続き高等学校さらには大学，専門学校に進学している．しかし，国際的には先進国の多くの国も含めて，青年の多くは義務教育終了の段階で，職業の選択を見越した進路選択が迫られる．たとえ上級学校に進学するにしても，それはその先の職業を明確に意識した選択である．これに対し，日本の子どもたちの進路選択は，職業選択とはいいがたい．いわゆる偏差値による振り分けにもとづく結果としての進学指導が主流であり，職業選択は出口の時点での経済状況や成り行きの結果であることが多い．もちろんその背景には，それで十分対応できたこれまでのわが国の雇用慣行（新規一括学卒採用，企業内教育訓練）ならびに，それに見合った学校での（職業）教育体制があった．

しかし1990年代以降，この学校から仕事への移行システムは明らかに機能不全に陥っている．従来からも，けっして少なくない高校中退者や若年離職者は放置されていたのだが，今や新規学卒者も「正規」の移行ルートに則って就職することが難しくなってきている．

従来の学校における職業指導ではカバーできない多くの問題が生じてきている．とりわけ，一旦学校を離れた若者たちが，不安定雇用の中で離職し独力で新たな職場を見つけたり，スキルアップしたりすることは至難の業となっている．そこにはなんらかの社会的な援助システムが必要とされている．こうした移行マネジメントは，先進諸国にあっては若年失業問題の深刻化の中で早くから取り組まれてきたが，わが国にあっても早急に具体化される必要がある．

(2) 職業指導の現状と政策的対応

こうした状況の中で，学校および教師は職業指導にどのように取り組んでいるのだろうか．改定された学校教育法では，中学校の目標として，「職業についての基礎的な知識と技能，勤労を重んずる態度及び個性に応じて将来の進路を選択する能力を養うこと」（第21条）をあげ，高等学校についてはその目的に「高度な普通教育及び専門教育を施すこと」（第50条），目標に「社会において果たさなければならない使命の自覚に基づき，個性に応じて将来の進路を決定させ」（第51条）ることが掲げられている．さらに，中等教育学校も「義務教育として行われる普通教育並びに高度な普通教育及び専門教育を一貫して施すこと」（第63条）を目的に，高等学校と同じ目標（上記51条）を目標としている（第64条）．

このように本来，進路（およびその帰結たる職業選択）について指導することは，中等教育の重要な課題であり，そのための職業教育・専門教育が後期中等教育では不可欠の内容とされているのである．このことは国際的にも妥当する．後期中等教育段階では，職業教育を主とする課程に在籍する生徒が多数を占めることはごく自然な現象である．

しかるに，上で述べたようにわが国においては明確に職業を念頭においた進路指導や教育は，副次的に行われるのが通例であった．多くは，最終学年における進路決定段階での，進学・就職相談に終始する．かつての雇用システムにあっては，これでさほどの問題は意識されなかったが，近年の変化は新たな対応を学校に迫っている．

この変化に対する教育政策上の対応は，1990 年代からの進路指導観の転換に始まる．1989 年の学習指導要領解説（総則編）は，「生徒が自らの在り方生き方を考え，主体的な進路を選択できるよう，学校の教育活動全体を通じ，計画的，組織的な進路指導を行う」とした．1993 年の高校進学をめぐる業者テストへの批判を直接の契機として，強力に進路指導を「受験指導」から「在り方生き方指導」へと転換する指導が強まった．これ以後，学校現場では「学校選択の指導」から「生き方の指導」，「進学可能な学校の選択」から「進学したい学校の選択」，「100％の合格可能性」から「意欲，努力の重視」，「教師による決定」から「生徒自身による決定」へと転換することが求められるようになった[1)]．この進路指導観は，新自由主義的社会体制のイデオロギーである「主体性」「自己決定」「自己責任」を生徒に浸透させるねらいをもっていた．

職業指導では，深刻化する高卒就職状況の中で，1980 年代まで一定の役割を果たしていた「推薦指定校制」「一人一社制」などの「日本的高卒就職システム[2)]」を変え，より「自由な」就職システムへと転換する．2002 年 3 月文部科学省，厚生労働省は「高卒者の職業生活の移行に関する研究会」の最終報告の中で，従来の慣行の見直し，指定校制とそのための校内選考の廃止，複数応募を提示している．とくに校内選考については，「進路選択は生徒自らの意思と責任で行う」という基本に立ち返ることが望まれるとして，その変更を求めている．そして職業指導の重点は，従来の「卒業と同時に定職に就かせること」から，「主体的な職業キャリア選択能力（基礎的な職業能力，職業探索を自律的に行うためのノウハウと意識の形成）の付与」に移す．さらに，最終報告は民間職業紹介や紹介予定派遣など，民間資源の活用も提言している．これらの転換は，高卒就職システムの「規制緩和」と市場開放をめざすものであった．しかし問題は，生徒が「みずからの意志と責任で」進路選択を行えるほどの成熟を学校教育が保証しているかどうかにある．

そこで重視されるのがキャリア教育である．2001年に文部科学省は，「高校生の就職問題に関する検討委員会報告」の中で，高校におけるキャリア教育の推進を打ち出し，さらに2003年には「キャリア教育の推進に関する総合的調査研究協力者会議」を設置して，キャリア教育の学校への全面的導入を図った．

その背景は，1990年代に本格化する日本的経営の転換がある．労働力市場の大規模な流動化の中で，絶えざる職場，職業の変化に対応しうる労働生活モデルに備えた教育を行う必要があった．それまで，職業（教育）と呼んでいたのをキャリア（教育）に言い換えることにより，流動化する労働市場への適応力を養成することが，教育の重要な課題とされる．そこでは，具体的なある職業生活に必要な知識や技能よりも，どのような業務にも対応できるエンプロイアビリティと呼ばれる能力やコンピテンシーなど，とらえどころのない能力が重視される．

こうした大きな背景のもとで，現在進められているキャリア教育には，教育実践上からは２つの大きな問題がある．

まず第一に，その心理主義的傾向である．「主体性」「自己決定」「自己責任」をキーワードとするキャリア教育においては，従来の進路指導，職業指導においても強かった心理主義的傾向が一層強まった．選択を自己決定するためには，さまざまな手法を用いた「自己分析」を通じた「自己理解」を行い，さらに「エンプロイアビリティ」を高めるために，「人間関係形成能力」,「情報活用能力」,「将来設計能力」,「意志決定能力」(「キャリア教育の推進に関する総合的調査研究協力者会議」以後「協力者会議」と略)を身につけなければならないとされる.

ここには,日々変化していく労働市場に適応していく責任は最終的には個々人の資質にあるという前提がある.しかし,就職選択の実際の場面においては,個人の努力や資質とは無関係に,圧倒的に時々の雇用情勢に規定される.いくら,上記の努力を積み重ねたところで,求人がない,仕事がない状況にあってはその結果は報われない.

すなわち,キャリア教育の決定的弱点は,労働市場・雇用問題を回避し,結果的に働く者の「エンプロイアビリィティ」のみを問題にしている点にある.就職指導に当たる現場の教師は,このことは身にしみて感じるはずである.

第二の問題は,キャリア教育の範囲と対象の無限定性である.進路指導や職業指導ということばに代えて,キャリア教育を使うことによって,その意図とは逆に,教育指導の範囲と対象が拡散してしまう危険性がある.学校教育に大きな影響力をもつ日本キャリア教育学会のハンドブックによれば,キャリアとは,「職業生活を中核とはしているものの,生涯にわたるものであり,その意味するところは一言でいえば,「生き方」あるいは「人生」そのものである[3)]」とされている.

これに対し,協力者会議による定義は一見するとその対象を絞っているように見える.すなわちキャリアを「個々人が生涯にわたって遂行する様々な立場や役割の連鎖及びその過程における自己と働くこととの関連付けや価値づけの累積」と定義している.また,端的にキャリアが「『個人』と『働くこと』との関係の上に成立する概念」とも述べている.しかし,その直後に,「『働くこと』については,今日,職業生活以外にも,ボランティアや趣味などの多様な活動のあることなどから,個人がその職業生活,家庭生活,市民生活等の全生活の中で経験する様々な立場や役割を遂行する活動として幅広くとらえる必要がある[4]」と，再度対象を拡散させてしまい，日本キャリア教育学会の定義とほぼ同義のものとなっている．

結局これらの定義は，上述の1989年の学習指導要領の「生徒が自らの在り方生き方を考え，主体的な進路を選択できるよう，学校の教育活動全体を通じ，計画的，組織的な進路指導を行う」という記述と符合したものとなっている．しかし，これらの定義に従えば，キャリア教育とは全生涯にわたる「生き方」教育ないし「人生」教育となり，あまりにも無限定な内容となってしまう．「在り方」「生き方」指導の名の下で，学校現場では人生観や労働観，人生設計，キャリア開発などの漠としたことばが氾濫するが，そもそもそうした課題を学校教育が担えるのであろうか．「望ましい職業観・勤労観」とは何か．これらはいずれも，個々人の価値観にかかわり，激変する今日の社会の中で，簡単には答えの出せない大きな問題であり，具体的な教育目標として明確化できない．学校教育が果たすべき役割は，「望ましい職業観・勤労観」なるものを押しつけるのではなく，個々人が自らの人生をとおして各自の「職業観・勤労観」をつくり上げていくために必要な，知識や技能そして学校での豊かな人との交わりの経験を保証するという，ごく基本的な営みではないだろうか．

また，キャリア教育は「学校教育のすべての教育活動を通じて推進されなければならない」（協力者会議）とされている．このことは総論的には誰も反対しないが，実際には教育実践上は時間的にも空間的にも拡散してしまうおそれが多い．とりわけ，高校段階にあっては具体的な職業教育との結びつきがあってこそ，その具体性が保証される．青年期の発達段階をふまえ，また国際的な潮流からみても，高校段階での「キャリア教育」において，職業教育が大きな位置を占めるべきであるにもかかわらず，現今のキャリア教育では，その役割はあまりに軽視されているといわざるをえない．

協力者会議の報告書では，職業教育は，「進路指導とともにキャリア教育の中核をなすもの」であり，「就職，進学いずれの進路を選択するにかかわらず，すべての子どもたちにとって重要である」と正しい指摘をしつつも，従来の職業教育が「専門的な知識・技能を習得させることのみに重きが置かれ，生徒のキャリア発達をいかに支援するかという視点に立った指導が十分行われて[5]」こなかったとする．この指摘には，二つの問題がある．一つは，この間高校職業教育が一貫して「専門的な知識・技能」の比重を低下させられてきたことについての認識が乏しいという現状認識の問題である．もう一点は，「専門的な知識・技能」の習得と「キャリア発達」の関係をどうとらえるかである．おそらく，後者では職業観や勤労観などへの取り組みが考えられているのであろうが，両者の関係はどのようにとらえられるべきであろうか．

これまでのわが国の歴史的経験では，職業観や勤労観の養成の名の下に，職業教育において系統的に知識，技能を教えることがおろそかにされてきた態度主義，勤労主義が問題とされてきた．キャリア教育が，キャリア発達という名の下に，新たな態度主義，勤労主義をもち込むことにならないかが懸念される．キャリア教育と職業教育の関係を見るとき，この点を十分に自覚する必要があろう．

以上のような，職業指導の現状と政策的対応の中で，われわれのめざすべき職業指導はどうあるべきなのだろうか．

(3) めざすべき職業指導の視点

ここでは，こうした青年の進路状況とキャリア教育を中心とする教育政策に対して，われわれのめざす職業指導とはどんなものか．以下ではその基本的な視点を述べる．

1）職業指導のリアリティ

まず第一の視点は，職業指導はリアリティをもたなければならないという点である．これまでの数多くの職業指導のテキストにおいては，その理論的基礎として主としてアメリカの職業指導理論が紹介されてきた．その代表はスーパー（Super, D. E.）やその後継者による職業発達理論である．その内容は多岐にわたるが，職業生活を基軸としながらも，家庭や余暇，市民生活など生活全体を視野に入れた人生の役割を視野に入れた広範囲にわたるものとなっている．キャリア教育関連の本には必ず記載されている，有名なライフキャリア・レインボーがそれである．しかしこの発想の根底には，第二次世界大戦前後からの安定した発展期のアメリカにおける典型的な中産階級の白人男性のライフスパンとライフステージがある．

これに対しては，主流の職業指導理論研究者からでさえ，「20世紀半ばにおける中流階級・白人男性のキャリア発達の規範的なパタンを描いたに過ぎないという批判[6)]」もなされているという．激しい経済の混乱と急速な中間階層の没落の危機にさらされている今日，アメリカ本国においてさえこうした職業発達理論がリアリティをもつとは考えられない．まして，わが国にあってその職業発達理論は，その中のいくつかの格言めいた語句が引用される以上の意味はもたないであろう．とりわけ，そのライフステージが成長・探求・確立・維持・下降（近年，離脱と言い換えられている）という直線的な段階で構想されている点[7)]は致命的である．今日，多くの人びとの職業生涯は，意図的あるいは非意図的な職業生活の中断や模索によって，ヨーヨー型といわれる非直線的なパターンに変わってきていることは国際的にも常識となっている．

従来の職業指導の実践が職業指導理論と乖離したものとなっていたのは，その抽象性に由来する．「自己実現」「自己理解」「適性」など，とらえどころのないキーワードに振り回される「職業指導」ではなく，より具体性があり，生徒の実態に即した，実践が依拠できる職業指導論が求められている．そのためには，まず職業指導のターゲットを明確に絞ることが必要である．

一般論としては，学校教育法で示されているように職業指導はすべての生徒を対象とすべきである．しかし，ほとんどの生徒が大学に進学する普通科進学校での職業指導は，実際には大学進学に際しての大学・学部選択という間接的なかたちでしか機能しない．大学，しかもかなり難易度の高い大学に進学する生徒は相対的に恵まれた環境にあり，職業選択についてもさらに長期の探索期間と広い選択肢をもちうる．相対的に広くエリートの道が開かれている彼らに対する職業指導は，医学部や薬学部など職業と直結するいくつかの学部への進学を別とすれば，直接性と切実性が乏しくその必要性は比較的低いので，ここでは，職業指導の第一の対象者としては考察の対象としない．

これに対し，職業指導を最も必要としているのが，ノン・エリートである「フツー」の高校生である．すなわち，専門高校生や進路多様校の普通科，さらには総合学科の高校生である．なぜならば，第一に彼らの多くは，卒業後直ちに就職するか，卒業後の職業（資格）を明確に意識して専門学校を選択しなければならず，職業選択や職業に関する指導を直ちに必要としているからである．

第二に，彼ら，ノン・エリートの高校生に予想される職業生活は，格段に厳しい状況におかれているからである．すでに見たように1990年代以降高卒就職市場は極端に収縮し，しかも彼らの就職する職場が不安定化してきている．こうした中で彼らにしっかりした職業指導を行うことが学校の不可欠な課題となっているからである．

本書はこのように，職業指導の対象をノン・エリート高校生に焦点化したうえで，職業指導の実践に具体的に資する視点で叙述されている．また本書では，とりわけ手厚い手だてを必要とする，障害などさまざまなハンディをもつ青少年をも視野に入れている．職業指導論はそれを切実に必要とする人びとの要求に応えることによって，はじめてリアリティを帯びたものとなるであろう．

2）職業指導における職業教育の役割

第二の視点は，職業指導における職業教育の役割を明確にすることである．すでに見たように，国際的な標準から見ると高校段階の後期中等教育では，職業教育の課程に在籍する生徒のほうが多い．このことは社会構成の点から見ても自然なことであろう．すなわち，一部の高度な専門知識・技能を必要とする専門職（profession）に就く者以外は，職業教育を経て堅実な職業生活に入ることが当然のことと考えられているからである．したがって，その形態は各国の歴史や文化的な背景によってさまざまではあるものの，量的には後期中等教育段階の主たる課題が職業教育であることは当然のことと考えられている．この点で，圧倒的に普通科在籍者の多いわが国の高校教育は異例であることをまず確認する必要がある．

したがって，この段階の職業指導は具体的な職業教育を中心として，専門的な職業知識と技能を身につけることをとおして，職業に対する構えと明確なイメージの形成に結実することによってなされると考えるべきである．あるいは場合によって，その中で新たな職業選択に転ずる場合もあろうが，その場合でもその選択は具体的な職業教育の体験を経たものであり，根拠のしっかりしたものであるだろう．

この点は，第一の視点で述べた職業指導のリアリティの担保という点でも重要である．すなわち，とかくとらえどころのない「自己理解」や「自己分析」も，形式的な心理テストや作文によるのではなく，職業教育という具体的な職業に直結した学習や経験の中でこそ最もリアルに把握できるからである．

さらに，教師の指導方法の面でも，職業教育は職業指導のきわめて有力な指導方法である．たとえば協力者会議の最終報告が示している「職業観・勤労観を育む学習プログラムの枠組み（例）」は，高等学校でのキャリア教育の具体的な学習内容として，「多様な職業観・勤労観を理解し，職業・勤労に対する理解・認識を深める」（情報活用能力），「職業についての総合的・現実的な理解に基づいて将来を設計し，進路計画を立案する」（将来設計能力）などをあげている．これらの内容を教師は実際にどのように指導していくのであろうか．一般的に，職業指導など，現実的実際的な指導内容を含む教育課題においては，実質陶冶的な指導でなければその有効性はきわめて低くなると考えられる．すなわち一般的な「職業観・勤労観」は，生徒個々人にとってはほとんど意味あるものとは受けとめられない．その生徒自身の具体的な生活範囲における，生活経験に根ざした「職業観・勤労観」に依拠することこそが重要なのである．この点を考慮して，キャリア教育においては，インターンシップや職場体験学習などの体験的活動を重視しているが，これらも高校段階においては，相当程度系統的で継続的な職業教育の有効性にはかなわないであろう．

比喩的にいうならば，職業の世界にまもなく乗り出していくノン・エリートの高校生にとって，職業教育を受けることは，厳しい大海に泳ぎ出すうえでの不可欠のプールでの水泳練習なのであり，職業教育を伴わないキャリア教育は，いわば「畳の上での」水泳練習であるといえるかもしれない．

ここから，普通科における職業指導が最も困難であることが予想される．2008年3月段階で高校普通科卒業者の中で就職したものは10%に満たないものの，高校生の約4分の3が普通科生徒であるので，その絶対数は約7.5万人で，工業科の5.5万人，商業科の3.3万人の就職者数を上回っている．にもかかわらず，通常普通科においては職業教育はほとんど行われていない．高卒就職市場の収縮の中で，職業に関する専門的知識も技能もなく労働市場に送り込まれることは，非常なリスクを伴うことは明らかである．彼らにとって，具体的なイメージを伴わないキャリア教育は，どれほどの力となるのであろうか．むしろ彼らにとっては，日常のアルバイト経験が最も強力な「キャリア教育」となるであろう．その労働経験は，アルバイトとはいえ現実の労働である以上，一定の教育的側面をもつものの，ごく限られた職種と職務に特化された経験であり，これが職業教育を代位できるとは考えられない．

この点で，小杉礼子，堀有喜依らによる『「日本的高卒就職システム」の変容と模索』（労働政策研究報告書 No.97　労働政策研究・研修機構　2008 年）は興味あるデータを示している．その中で，普通科生徒の就職について「職業準備教育を受けずに就職する者が高卒就職者の 4 割弱を占めていることは，職業との接続の上では課題だといえる[8)]」と指摘し，彼らがさまざまな就職支援を受けられないまま「キャリア形成弱者[9)]」になる危惧が示されている．

また同報告書は，普通科とは対照的に工業科の強さを指摘している．すなわち，工業科卒業者の就職状況が良く，無業率が際だって低いこと[10)]，その理由が，「教育内容が製造業での需要に対応し，また学校の就職あっせん機能が働いているからだ[11)]」と指摘する．また，製造業が工業高校卒業生を選考する理由が，「工業高校生の，物づくりへの慣れや親しみ・興味が，まずもって評価されている[12)]」としている．こうした物づくりに対する構えは，けっして一般的なキャリア教育では養成されない資質であろう．

高卒就職システムの変化についても，同報告書は，「高校―企業間関係にも，かつての『実績関係』のように継続的ではないものの，存在しており」，「特に工業高校については，製造業とのつながりが有効に機能しており，不況のさなかでも何とか生徒を就職させていた[13)]」と，工業高校の就職指導システムの有効性を確認している．

1990 年代以降の進路指導・職業指導の主体的決定・自己責任への転換と 2002 年以降の高校就職システムの自由化で，最も厳しい状況におかれたのは普通科就職希望者である．一般的なキャリア教育を進めても，具体的な就職に関する実績とノウハウの乏しい普通科高校では，自由選択，自己責任という名のもとで，事実上指導が機能しなくなっている．

以上，本書はこのような視点のもと，高等学校段階においての職業指導における職業教育の決定的役割を基本的な観点として展開している．

3）豊かな職業的発達論を

1）の「職業指導のリアリティ」の視点では，従来の進路・職業指導論における職業的発達理論における抽象性や無限定性などの問題点を指摘したが，さらに今日のわが国の状況の中で考慮すべき職業的発達理論の論点を提示することが必要となっている．それは職業指導の一つのキーワードでもある「自立」概念にもかかわる．

今世紀に入り，フリーター・ニート問題を直接的契機として若者の自立ということばが日常化し，矢継ぎ早に自立を冠した政策が打ち出された．その典型は2003年に出された「若者自立・挑戦プラン」であり，キャリア教育の推進や日本版デュアルシステム，若者自立塾などのかたちで具体化されている．しかし，この自立ということばは，「障害者自立支援法」（2005年），「ホームレスの自立の支援等に関する特別措置法」（2002年）など，青年政策の分野以外でも多用されている．これらの場合，「自立」ということばは，たいてい，「支援」という語と結びつけられて用いられているのが特徴である．つまりここでの自立は，「普通に経済的に自活できる生活をしたい」といった一般的な用法とは違い，「公的支援に頼ることなく自己責任のもとで生活を営んでゆけること[14)]」を意味し，新自由主義政策の一貫としての自立支援型政策は，「社会保障・福祉コストの削減を実現するもの[15)]」であり，「公的支援を受けずに自己責任（自助）で生きるように，という要求[16)]」を示すものだという．

こうした文脈での自立とは，市場経済の競争社会の中で，誰の援助も受けず自己責任で主体的に行動する強い個人の生活状態を意味する．そこには独立独行の強い個人の姿しか浮かび上がってこない．

しかしこうした「自立」の姿は，ノン・エリートの圧倒的多数の人びとにとってはとうてい目標にはなりえない．

われわれが考える自立とは，「個人主義的自己責任論[17)]」のような個人の系に完結する発達論ではなく，集団や社会的な広がりをもち，共同や依存も含めた豊かな発達の中での自立像である．中西のいうように「人が社会の中で自立的に生きられるためには，そうできるための依存が不可欠[18]」であり，とりわけ青年期にはそうした豊かで重層的な自立観が求められている．

さて，こうした自立をめざす青年期の発達課題において，職業的発達はやはり重要な位置を占める．職業的発達には，職業的な知識や技能の獲得と蓄積のみならず，社会的な行動や責任感などの人間的成長が含まれる．職業的発達は，本格的には就職後にその職場で生じるものである[19]．しかし，この発達は厳しさを含みながらも，基本的な人間的な環境の存在が前提となる．その職場に若者を丁寧に育てる気風があるか，人間らしい仲間とのつながりがあるか，などが問われる．残念ながら，今日職場の環境はそうした余裕をなくしている．そうした場合は，職場を超えた他の労働者や地域での仲間との交流が支えとなろう．その中での，人間的な支え合いが無視できない大きな役割を果たす．転職や職場の変更などを迫られる青年にとっての職業的発達を考える場合，職場に限らず，こうした広い範囲での発達契機を視野に入れなければならないであろう．

この点で職業指導において重視すべき点は，生まれ育った地域で就職できるようにすることの重要性である．ノン・エリートの若者にとって，地域で生活していくことは当然の権利である．人とのつながりは彼らにとって唯一といっていい資本であり，地元の就職にこだわることをけっして甘えだとはいえない．しかし，この間の地域間格差の広がりや自治体合併の中で，これまで高卒者に一定の安定的職場を提供してきた，地方公務員や郵政職員への道がいちじるしく狭められたように，地域の高卒職場は決定的に侵食されてきている．地域経済の振興や，均衡の取れた国土計画など広い視野からの改革が必要になっている．そして，地域で暮らすことが，かれらの職業的発達の重要な基礎であることを再認識しなければならない．

先に紹介した『「日本的高卒就職システム」の変容と模索』はこの点でも示唆的な指摘をしている．地元志向の若者にとって製造業の重要性を指摘する中で次のように述べている.「「ものづくり」の持つ人材育成機能が高卒の若者にとってわかりやすい魅力になっているのではないかと思われる.学校教育段階での地域の製造業の需要との生徒の職業希望のすり合わせの仕組みを検討する必要がある.とくに「地元(地方)に生きる」価値観を持った生徒に対しては,地元の製造業での仕事と生き方について在学中から接点をもてるようにすべきであろう[20]」.ここには,地域での就職の現実的可能性をふまえた職業指導上の政策が示されている.

その具体例として,山形県の長井工業高校があげられる.これを紹介している松田は,「"勝ち組"以外のキャリア教育」という象徴的なタイトルの記事の中で,今のキャリア教育論が,「子どもたちに「勝ち組」をめざさせる,動機付けの道具のように扱われている」と批判したうえで,「リアルなキャリア観を育むキャリア教育」が必要だとし,「誰が「普通の子」の幸せを考えるのか」と訴える.長井工業高校は地域の事業者と協力し,「ローカルでプラグマティックなキャリア教育」(いいかえればリアリティのあるキャリア教育)に挑戦している.地域の企業経営者は,「今地方の人間は本当に切迫した危機感を持っているのです.……このままでは近い将来に地域社会が成り立たなくなる.……会社を守ろう,ここで踏ん張って生きていこうと思ったら,……地域ぐるみで,この先若い連中が生きていけるしくみをつくらないと」との危機感から,「このまちで生まれ,地元の高校を卒業した子どもたちをみんなで一人前に育てる.未来の担い手になってもらう.……それだけが地方小工業都市長井の希望の光なんですよ」と語る.こうした期待に応え,学校も,「長工生よ,地域を潤す源流となれ」と教育に力を入れる.つまり,「長井工業高校では,求人票という無味乾燥な書面を通じて学校と地元求人がつながっているわけではない」のである.今日,職業指導には,こうした地域と学校の豊かな結びつきを視野に含めた実践が求められるであろう[21].

最後に,職業的発達にとっての不可欠の人間的な労働に関する国際的スタンダードである,ILOのディーセントワークについてふれておく.それは,

「生産的で公正な収入，職場の安全と家族を守る社会的な保護をもたらし，個人の発達と社会への統合へのよりよい展望[22]」をもつ労働と定義される．

さまざまな事情から，希望する職業に就けない，あるいは就けてもやめざるをえない人びとのほうが多い現状の中で，どんな仕事をしてもその仕事が人間的尊厳を損なわないことの重要性が今日ほど切実に求められる時代はない．この意味でこのディーセントワークの意義は，職業指導の根本理念となるであろう．この点に関しては，第３章で職業指導の理念が国際的なスタンダードにもとづいて深められている．

４）職業指導における学校の役割と責任

1990 年代後半以後の日本的雇用慣行の変化の中で，とりわけ長期的展望のもとでの熟練形成システムが大きく崩れる中，青年の職業的発達にも大きな変化が生じてきている．その中で，これまで青年の職業的発達に学校教育が果たしてきた役割を再検討する動きが顕著となっている．

キャリア教育そのものがその一つの答えである．さらに，本田らは職業的レリバンスという概念を提唱している[23]．いずれも，これまで職業や労働への準備に関して，わが国の学校教育が果たしてきた，「間接的役割」が今日の状況の変化に対応しきれていないこと，そしてこれに対しより直接的な役割を果たさなければならないとする点で一致している．しかし，キャリア教育が変化する労働世界への心理的適応や心構えを中心的課題にしているのに対し，後者は具体的な職業教育に大きな役割を与えている．

児美川は，この変化を，この職業的レリバンスという用語を用いて次のように説明する．「日本的な慣行が崩れ始めた現在においては，従来のようなやり方は通用しない．学校は，より直接的にこどもたちの「将来への準備教育」の実質を担うことが求められるようになった．こう言って良ければ，企業社会と「日本的雇用慣行」の再編成によって，学校の教育内容の社会的・職業的レリバンス（関連性）が，よりダイレクトに問われるようになったのであり，そのことが，今日における「キャリア教育」の必要性を押し上げているわけである[24]」.

たしかに，今日，学校教育にはより直接的な労働社会への準備の必要性が自覚されてきている．しかし，この学校への「ダイレクト」な要請には，二面性が含まれていることに留意しなければならない．すなわち，これまでの学校教育が労働・職業社会に対してあまりに無関心であったことへの反省にもとづいて，この課題に対して，より積極的に取り組む必要性を自覚することが求められている．このことは，多くのノン・エリートの若者が，本来学校教育で保障されるべき労働・職業に関する具体的な知識・技能，およびそれらに関する教養を身につけないまま社会に送り出されてきたことの問題性をあらためて想起させる．また，これまでのわが国の中等教育における技術・職業に関する教育の軽視への反省も含まれるであろう．

しかし，一方で「社会的・職業的レリバンス」へのダイレクトな反応は，経済団体の要求するような「即戦力」やエンプロイアビリティなどへの無批判な受容に陥る危険性もはらんでいる．とりわけ，ノン・エリートの若者に対する経済界の要求は，流動的な労働市場のもとで自己責任によって生き抜く「自立した」個人の形成であろう．こうした要請に対し，学校教育は豊かな教育実践をとおして，青年の本来の発達課題へと組み替えていかねばならない．「社会的・職業的レリバンス」は，いわば教育的なフィルターをとおして実現されねばならない．ここに学校教育の本来の役割と課題があるのであり，職業指導の存在意義があるのである．

この点で，学校教育が果たすべき不可欠の課題として労働者権利教育がある[25]．この必要性は早くから認識され，いろいろな実践が行われてきた．

しかし，高校生の労働に関する権利についての知識の調査結果は，それがきわめて不十分であることを示している．すなわち，「アルバイトでも労働組合をつくれる」「残業したら残業手当を要求できる」「働く人は必ず一定以上の時給をもらえる」「アルバイトは有給休暇を認められない」という４つの設問に対し，すべて正答した者は3.8%にすぎなかった[26)]．さらに，学科別では普通科，工業科の生徒が，就職者よりも進学者のほうが理解度が高い．また，アルバイト経験の有無では，理解度にほとんど差がないという興味深い結果を示している．このように総じて，労働者権利教育はまったく不十分である．

さらに，こうした知識をもつだけでは不十分であることも明らかになっている．今野らの調査[27)]によると，フリーターの多くは，労働基準法の存在を知っているが，それで事態を改善するすべをもたないという．すなわち，知識を用いて状況を改善するには別の力が必要である．その一つは，人とつながる力であるという．その中ではじめて知識は現実を動かす力となる[28)]．そういう力を学校時代や地域，職場の中で経験し，育てることが必要である．

最後に，これとかかわって今日キャリア教育の中で広く浸透している，キャリア関連産業の問題にふれておきたい．周知のように，高校以下の学校教育に先行するかたちで，大学においてキャリア教育は急速に普及している．そしてそれは実に多くのキャリア産業の企業にとっての一大市場となっている．インターンシップやキャリアデザイン論などの授業のコーディネートなど，多様な事業を展開している．また，多くの協会，団体等もキャリアカウンセラー，キャリアコンサルタントなどの資格賦与のための講習会などを行い，キャリアはまさに一種の産業分野にまで成長してきている．

そして今，高校以下の学校でキャリア教育が全面展開されるのに対応して，広大な市場が開放されようとしている．経済市場としてのキャリア教育に着眼したのは経済産業省であり，経済産業省は2005年度から「地域自律・民間活用型キャリア教育プロジェクト」を展開している．これは，「小中高の各段階において，働くことのおもしろさの体験や理解を促すため，NPO，企業等の民間主体の経験やアイディアを活用したキャリア教育事業」とされ，全国で多くのキャリア関連企業やNPOがコーディネーターとして，キャリア教育のプログラムを提案，実施している[29)]．

また，キャリア関連産業の先駆けともいうべきリクルートは，早くも2002年に「若者のキャリア支援に関する10の提言―失業・無業を超えて―」[30]を出している．その中で，「小学校からのキャリア教育の充実」や「高校生の求人のしくみと進路指導の変革」などの具体的提案を行っている．ここで注目すべきは，高校生の就職に関して，「今後の改革のキーワードは，「民間活用・民間委託」「情報の一元管理」「規制・慣行の改革」であ」り，「民間事業者等による求人開拓の推進と進路指導体制の見直し」などを提言している．具体的には，「アルバイト・パートタイマー，派遣，有期雇用も有力な雇用形態として捉え，豊富な情報と営業力を持つ民間事業者による求人開拓を推進するほか，人材派遣会社・紹介会社のプロのキャリアアドバイザーが複数の学校の進路指導を担う」ことや，「民間人の職業指導主事への登用」「インターンシップの推進」「キャリアカウンセラーの派遣」「職業指導のカリキュラムの作成」などが示されている．

すでに，「民間活用・民間委託」を採用して進められているジョブカフェなどの再チャレンジ事業では，委託されたリクルートなどの民間企業や一部NPOなどの不明朗な会計処理（高額な人件費の計上など），や不適切な運営実態（再委託先への丸投げなど）が明らかにされている[31]．

非常に多忙な教育現場で，さらにキャリア教育などという大きな課題が加わる中で，ややもすればこうした民間事業者に頼る誘惑が強まると予想されるし，一部ではすでに大学進学ガイダンスなどでは一般化している．今後キャリア教育のさまざまなプログラムの売り込みが強まることが予想される．こうして職業指導が，民間事業者の営利領域として開放されようとしている状況に対しては，学校，教師は自覚的に対応しなければならない．

以上，われわれのめざすべき職業指導は，端的に表現すれば，エリート（彼らはしばしばキャリア組といわれる）をモデルとしたキャリア教育ではない，ノン・キャリア教育と言い表せるであろう．

〈注〉

1）児美川孝一郎『権利としてのキャリア教育』明石書店　2007 年　p.92

2）小杉礼子・堀有喜依・筒井美紀他『「日本的高卒就職システム」の変容と模索』（労働政策研究報告書 No.97）労働政策研究・研修機構　2008 年

3）日本キャリア教育学会編『キャリア・カウンセリングハンドブック』中部日本教育文化会　2006 年　p.4

4）「キャリア教育の推進に関する総合的調査研究協力者会議報告書〜児童生徒一人一人の勤労観，職業観を育てるために〜」2004 年　p.7

5）同上　p.16-17

6）日本キャリア教育学会編　同上書　p.75

7）吉田辰雄編集代表『21 世紀の進路指導事典』ブレーン出版　2001 年　p.43

8）小杉・堀・筒井他　前掲書　p.21

9）同上書　p.9

10）同上書　p.25

11）同上書　p.53

12）同上書　p.111

13）同上書　p.136

14）中西新太郎「『自立支援』とは何か―新自由主義社会政策と自立像・人間像」後藤道夫・吉崎祥司・竹内章郎・中西新太郎・渡辺憲正『格差社会とたたかう』青木書店　2007 年　p.181

15）同上　p.179

16）同上　p.181

17）渡辺憲正「格差社会論を読み直す」同上書　p.245

18）中西　同上書　p.205

19）この点について，『「日本的高卒就職システム」の変容と模索』は次のように指摘している．「いずれの学歴段階であれ，労働者に向けての社会化は，どれほど実践的・実務的な学習であってたとしても，一定の効果はあれ，入社後『本番』の労働の代替にはならない」「にも関わらず，就業前，本番までの実践的・実務的な学習が，あたかもその代替となるかのような言説がまかり通ってこなかっただろうか」（p.125）このように述べ，職場での陶冶が決定的に重要であることを確認している．

20）小杉・堀・筒井他　前掲書　p.53

21）松田尚之「"勝ち組"以外のキャリア教育」NBonline（http://buisiness.nikkeibp.co.jp/）2008 年 4 月 11 日，4 月 18 日，4 月 25 日，5 月 9 日

22）http://www.ilo.org/public/english/decent.htm（2008. 10. 13 アクセス）

23）本田由紀『若者と仕事』東京大学出版会　2005 年　p.17．本田は，「職業的意義（レリバンス）」を，「学習者の労働力としての質を向上させること，すなわち職業に関

連した知識やスキル，態度などを学習者に与えること」と定義している（p.150）.

24）児美川孝一郎　前掲書　p.76

25）これについては「キャリア教育の推進に関する総合的調査研究協力者会議報告書報告」も，「社会の仕組みや経済社会の構造とその働きについての基本的理解は，進路選択や将来設計を行う際に欠かすことのできないものである．このため，労働者としての権利や義務，相談機関等に関する情報等最低限持っていなければならない知識を，子供たちが学習できるようにすることが必要である」と述べている（p.21）.

26）佐藤博樹・高橋康二「労働者のセーフティネットを使いこなすためには何が必要か—労働者の権利に関する理解に着目して—」『若年者の就業行動・意識と少子高齢社会に関する実証研究』2005 年

27）今野晴貴・本田由紀「働く若者たちの現実」『世界』2008 年 10 月号

28）全国進路指導研究会『働くことを学ぶ』2006 年　明石書店　p.188

29）その規模は 2004 年度だけで 4 億 3,800 万円，約 300 校，対象生徒数 35,000 人である（内閣府「キャリア教育等の推進方策に関する現状と課題及び今後の取り組みの方向」2007 年 4 月 16 日）.

30）リクルートワークス研究所「若者のキャリア支援に関する 10 の提言—失業・無業を超えて—」2002 年 10 月

31）小林美希「ルポ　誰のための「再チャレンジ」だったのか」『世界』2008 年 10 月．ここでは，たとえば，リクルートがジョブカフェちばの事業で，2004 年度で 1 日あたりの一人分の人件費として，プロジェクトマネージャーに 12 万円，コーディネーターに 9 万円，キャリアカウンセラーに 7.5 万円，事務スタッフに 5 万円として計上して認められていたという，驚くべき事実が紹介されている.

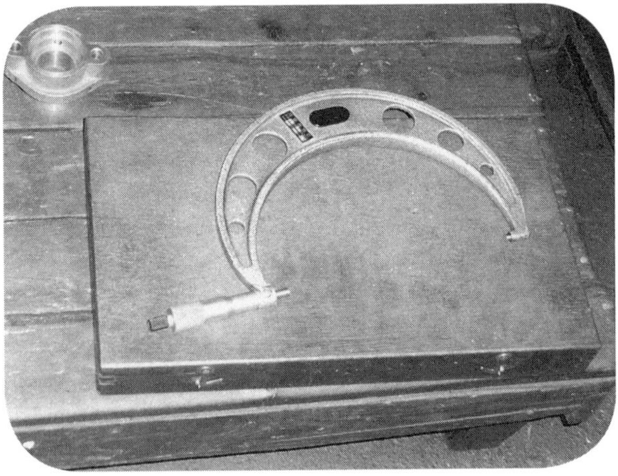

第1章 青年の進路の実際

1．高校生の進路実態

本節では，高校生の直近の進路実態をつかむため，(1)1990年代以降に急激に変化した高校生の進路の全体的傾向とその背景について確認したうえで，(2)高校生に覆いかぶさる就職難の状況，ならびに(3)高校生の進学要求・進学条件と進学ルートとなる各教育機関の性格について検討する．さらに，それらの知見をベースに，より実際的な把握を試みるため，(4)地域間格差のもとでの不況に直面する北海道における進路状況に注目するとともに，(5)さまざまな困難をかかえる生徒に寄り添いながら職業指導に丁寧に取り組む定時制高校の実際を取り上げ，高校生の進路選択のプロセスを考える．

(1) 高校生の進路とその背景 ―― 木下　龍

1）　進路の全体的傾向

高校生は，卒業後，いかなる進路を歩んでいるのか．職業指導に取り組むには，彼・彼女らの進路の実態を的確に把握していることがまずもって重要であろう．

文部科学省の学校基本調査によると，2007年3月に卒業した高校生

114万7,159人のうち，四年制大学や短期大学への進学者は51.2%，専修学校（専門課程）[1]，いわゆる専門学校への進学者は16.8%であった．これに専修学校（一般課程）等や公共職業能力開発施設への少数の進学者を加えると，卒業後いずれかの教育機関へ進学する卒業生は74.9%に及ぶ．これに対し，給与など経常的な収入を得る職に就いた就職者は18.5%にすぎない．上記以外の進学も就職もしていない無業者（家事手伝いや外国の教育機関への進学者，一時的な職に就いたものを含む）も6.6%と無視できない水準にある[2]．

こうした高校卒業生の進路の現状は，1990年代以降に急激に変化してきた結果であることに留意しなければならない．図1―1は，高校生の卒業後の進路の変化をまとめたものである．

1990年代以前の高校生の進路実態を確認しておこう．1989年3月に卒業した高校生のうち，四年制大学や短期大学への進学者は30.7%，専門学校への進学者は14.9%であり，公共職業能力開発施設などを加えたいずれかの教育機関への進学者は59.5%であった．就職率は35.6%であり，無業者の比率は5.6%であった．

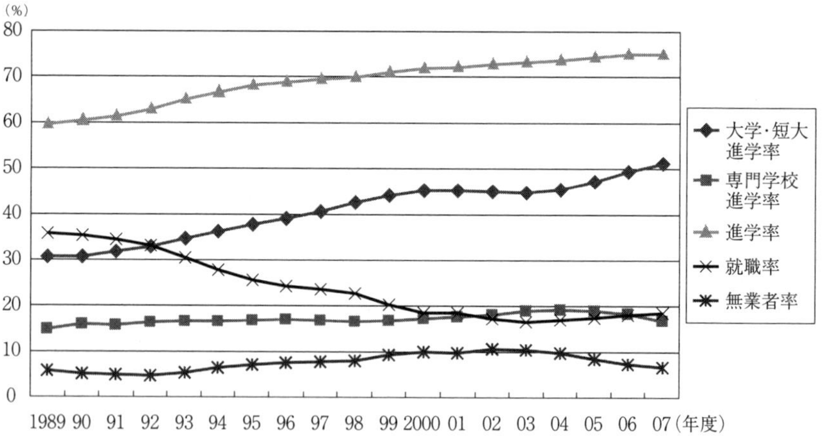

注）文部科学省「学校基本調査」各年度から作成．

図1―1　高校生の卒業後の進路の変化

これらの数値は，1990年代に入ってから大きく変化していく．進学率，とりわけ四年制大学や短期大学への進学者の割合が一貫して増加しつづけ，2008年には過去最高値の51.2%を記録した．これは，短期大学進学者の減少以上に，四年制大学進学者が大幅に増加したことによる．この結果，いずれかの教育機関への進学者は，74.9%となった．他方，就職率は下がりつづけ，2003年度には16.6%まで落ち込み，その後も低水準で推移している．就職率は，ほぼ半減した．無業者の比率は，1993年度から上昇し，2000年度の10%台に入り，2004年度からやや下降しつつも確実に存在している．

以上のように，現在の高校生の進路の主な傾向としては，進学者とりわけ四年制大学進学者の増加と，就職者の激減，フリーターを中心とした無業者の存在を指摘できよう．

2）進路の変化の背景

では，こうした高校生の進路の変化をもたらした背景として，何が起こったのか．

進学者数の増加の背景としては，四年制大学への入学難の軽減をその理由の一つにあげることができる．近年，18歳人口の減少や法的規制緩和による学生定員の増加に伴い，大学間での受験生獲得競争が激化している．各大学では，受験生獲得のため，大学入試の多様化が進められ，推薦入試の拡大やAO入試の導入等が試みられた．学生にとっては，受験競争が緩和され，経済的問題を別とすれば，大学進学が容易になったといえる．しかし，この結果，学生の学力問題や大学側と学生側の意識のミスマッチなどの入学後の新たな問題も生じている[3)]．高校生の進学指導の際には，高校生の進学要求や進学条件を出発点にした指導が必要であろう．この点については，(3)において述べる．

また，以上のような進学者数の増加が，就職難という問題に後押しされた側面を見過ごすべきではない．就職できない，ないし，就職したくないから，

「就職からの撤退」[4]をし，進学する高校生は少なくない．次に，高校生の就職者数の激減をもたらした就職難の背景を探ってみよう．

1990年代前半のバブル経済崩壊による経済活動の低迷は，正社員のリストラ，ならびに大学生や高校生などの新規採用の抑制を招いた．このことが，高校生の新規採用の窓口を縮小し，近年の高校生の就職難の原因の一つになったことはまちがいない．

しかし，高校生の就職難の背景には，これら景気動向の浮き沈みによる一過性の問題だけではなく，経済のグローバリゼーションに伴うより永続的な構造的変化がみられた．すなわち，これまでの長期雇用を軸にした新規一括採用という日本型雇用システムの転換である．高校生たちは，学校卒業と同時に企業へと就職し，うまくいけば定年まで勤めるという親世代の就職時にはあたり前であった見通しを共有できなくなってしまった．

このような日本型雇用システムの大きな転換点となったのが，日本経営者団体連盟（日経連）『新時代の「日本的経営」―挑戦すべき方向とその具体策―』（1995年）であった．この報告書は，労働者を，「長期蓄積能力活用型」（管理職，総合職，技能部門の基幹職），「高度専門能力型」（企画や営業，研究開発等の専門部門），「雇用柔軟型」（一般職，技能部門，販売部門）の３グループに分け，従来の長期雇用型の労働者を，「長期蓄積能力活用型」に限定，残りを非正規雇用に切り替えていく施策を提起し，これまでの日本型雇用システムの転換を図ろうとするものであった．

ところで，雇用形態を区分するには，① 常用雇用か有期雇用か，② 直接雇用か間接雇用か，③ フルタイムかパートタイムかという基準がある[5]．正規雇用とは，「常用雇用―直接雇用―フルタイム」の三基準を満たす雇用形態であり，非正規雇用はそれ以外の組み合わせからなる．たとえば，登録型派遣社員は，「有期雇用―間接雇用―フルタイム」，契約社員の多くは，「有期雇用―直接雇用―フルタイム」ということになる．雇用期間の限られた有期雇用や使用者の責任の所在が曖昧になる間接雇用，労働時間が細切れのパートタイムといった雇用形態は，不安定雇用の性格を免れえない．これらが重なれば，なおのことであろう．

しかし，これら非正規雇用は，労働者にとっては不安定雇用であっても，企業にとっては，雇用調整が容易で弾力的になる利点がある．上記の日経連の雇用戦略は，こうした「雇用の弾力化」を強力に推し進める画期となった．

さらに，こうした日経連の戦略を積極的に支える労働法制の改定が続けて行われた．その中心になったのが，労働者派遣法の改定であった．労働者派遣法は，1985年の制定当時は，それまで職業安定法で禁止されていた「労働者のレンタル」を意味する労働者供給事業の一部を，通訳や秘書等の専門的な業務に限って認める「ポジティブリスト方式」として限定的に出発した．これが，1999年の改定にて，原則として，いかなる業務でも労働者派遣が認められ，建設，警備，港湾，製造業等の特定の業務に限って禁止する「ネガティブリスト方式」へと大きく方向転換した．さらに，2004年の改定では，製造業への派遣労働の解禁，派遣期間の1年から3年への延長など，各規制が次々と緩和されていった．

このほか，1997年の男女雇用機会均等法と労働基準法の改定による女性の深夜労働と時間外労働の制限撤廃，1998年の労働基準法改定による有期雇用契約期間の1年から3年への延長，労働時間の規制対象を「みなし時間数」にする裁量労働制の導入等が続けざまになされた．

こうして労働者保護のための間接雇用や有期雇用，労働時間等に関するさまざまな規制が取り払われ，派遣社員や契約社員等，さまざまな形態の非正規雇用が数多く生み出されていった．これら非正規雇用の増加は，労働者の権利を奪い，その身分を不安定にし，賃金や労働条件を引き下げ，深刻な労働実態を生み出している[6]．これらの問題は，非正規雇用に限らず，正規雇用の水準低下にも波及し，「雇用融解[7]」ともいうべき事態を招いている．近年，働いても最低限度の生活水準の収入も得られない「ワーキング・プア」という新たな貧困層も形成されている[8]．

以上のような労働の世界における劇的な変化を背景として，新規採用の窓口からあふれ，不安定な非正規雇用で就職せざるをえない高校生がいる．過酷な労働実態に忌避感を抱き，就職を先延ばしにして，進学を希望する高校生も少なくない．

高校生の就職者の激減や無業者の存在には，高校生の個人的な資質の問題よりはむしろ，以上のような社会的背景が強く影響している．高校生の職業指導をする際には，こうした高校生を待ち受ける雇用情勢に，教師自身が敏感であることが求められよう．

〈注〉

1）専修学校は，入学資格によって，専門，高等，一般の３課程に分かれる．高等学校卒業者を対象とする専門課程（専門学校），中学校卒業生を対象とする高等課程（高等専修学校），学歴を問わない一般課程である．

2）学校基本調査による高等学校卒業後の状況調査は，対象年度の前年度３月に卒業した生徒の当該年度５月時点での状況を調査したものである．この調査では，高等学校を中途退学した生徒の動向は視野の外におかれる．高等学校中途退学者が毎年 10 万人前後いる現実にも留意すべきである．

3）天野郁夫「「全入」時代の意味するもの」『IDE ―現代の高等教育』No.491　2007 年

4）乾彰夫「若者たちの労働市場はいま―「学校から仕事へ」の移行過程変容の性格と課題―」竹内常一・高生研『揺らぐ〈学校から仕事へ〉―労働市場の変様と 10 代―』青木書店　2002 年　p.12-34

5）伍賀一道「労働基準の緩和と労基法・労働者派遣法改正」『技術教育研究』No.64　2004 年　p.1-2 を参照．

6）若者の過酷な労働実態に関しては，雨宮処凛『生きさせろ！―難民化する若者たち―』太田出版　2007 年を参照．

7）風間直樹『雇用融解―これが新しい「日本型雇用」なのか―』東洋経済新聞社　2007 年

8）湯浅誠『反貧困―「すべり台社会」からの脱出』岩波書店　2008 年を参照．

(2) 高校生の就職状況 ―― 木下　龍

⑴で指摘したように，近年，就職を希望する高校生は，厳しい雇用情勢に直面している．ここでは，そうした状況に立ち向かう高校生の就職状況を，求人数や就職先等の雇用側の問題，ならびに家庭の経済的問題の二側面から検討する．

1）正規雇用の削減と不安定化

まず，若者の就職状況の全体像を確認しておこう．

総務省の就業構造基本調査によると，2007年度の全年齢平均の正規雇用労働者の比率は，男性80.0%，女性44.7%であった．このうち，15～19歳の正規雇用の比率は，男性35.1%，女性21.4%，20～24歳のそれは，男性59.5%，女性54.0%であった．2007年度では，男性では20歳代前半まで，女性では10代まで，その比率は全年齢平均を下回っている．20代前半の雇用者であっても，男性の5人のうち3人程度，女性の2人のうち1人程度が正規雇用労働者という低水準である．逆にいえば，それだけ非正規雇用労働者の割合が高まっている．現在，高校を卒業して正規雇用として採用されるのは至難の業だといえる．

こうした状況の中で，高校生は，いかに就職しているのか．就職状況の量的な側面として，新規高卒者に対する求人数の変化を概観してみよう．

厚生労働省による「新規学卒者（高校・中学）の職業紹介状況」調査によると，新規高卒者に対する求人数は，1992年には167万人でピークを迎え，その後急速に減少し，2003年には21万9千人にまで低下，その後は微増に転じ，2007年3月卒業向けの求人は，33万3千人となっている．求人数は，2003年のボトム時には，1992年のピーク時の13%程度にまで激減したことになる．この間の18歳人口の減少も考慮し，求人倍率をみても，1992年の3.10倍から，2003年の1.27倍へと低下し，2007年度の1.81倍の水準にとどまっている．この1.81倍という数値は，単純に考えるとすべての就職希望者が就職できるかにみえるけれども，求人の中に不安定な非正規雇用が含まれている可能性，希望職種や勤務地等の問題を考慮すれば，けっして十分な水準とはいえない．新規高卒者のための雇用は大幅に縮小している．

次に，新規高卒者の就職状況の質的変化として，新規高卒者の就職先の変化をみてみよう．

文部科学省の学校基本調査における職業別就職者数は，日本標準職業分類にしたがって分類される．2007年3月卒業者の場合，多い順にならべると，製造作業者や組立・修理作業者等の「生産工程・労務作業者」が9万9,434人46.8%，理容師や調理人等の「サービス職業従事者」が3万2,007人15.1%，一般事務従事者や販売事務員等の「事務従事者」が2万5,300人11.9%，飲食店主や販売店員等の「販売従事者」が2万4,546人11.5%，科学者や技術者等の「専門的・技術的職業従事者」が1万1,780人5.5%，警察官や警備員等の「保安職業従事者」が9,083人4.3%，バス運転者や郵便外務員等の「運輸・通信従事者」が4,943人2.3%，それ以外にあたる「左記以外のもの」が4,032人1.9%，農業や林業や漁業に従事する「農林漁業作業者」が334人0,2%であった．

以上の状況を経年変化でとらえる時，まず注目されるのは，「事務従事者」と「販売従事者」が減少している点である．これらはともに，女子高校生の有力な就職先であった．就職者のうち「事務従事者」が占める比率は，1989年度の25.5%から，1990年代後半に急速に低下し，2007年度では11.9%を占めるにすぎない．また，「販売従事者」の比率も，1989年度の19.2%から2007年度の11.5%にまで低下している．さらに，これらの就職先は，近年，短大・大卒者とも競合している．これらの影響もあって，女子の内定率は，男子のそれを下回っている．文部科学省によると2007年3月末現在，当該年度の男子の内定率は96.4%，女子のそれは92.4%であり，4%の男女格差が認められる．女子高校生の就職状況は，厳しさを増している．

また,「生産工程・労務作業者」と「サービス職業従事者」の増加も注目される. 1990年代以降, 前者には約40%が, 後者には20%弱が就職するようになった.

ここでいう「生産工程・労務作業者」には, 機械のオペレーター等のキャリア展開が見込まれる仕事ばかりではなく, 清掃員や倉庫作業員などのブルーカラーの周辺的な仕事も含まれる. また,「サービス職業従事者」とは, 病院や教育機関等のサービス産業に勤務する者ではなく, 主として飲食店で働く接客員や調理人などである. これらはいずれも, 低賃金や長時間労働等, 労働条件の厳しく不安定な職場であることが知られている.

以上のように, 1990年代以降の過酷な労働市場の中で, 高校生たちは, 正規雇用を大幅に縮小され, かつ, 残された正規雇用も労働条件が厳しく不安定なものとされている.

2) 高学費問題と格差社会

高校生の就職状況として, 家庭の経済的問題も指摘しておきたい. (1)で前述したように, 大学への進学難は, 主に入試面で軽減されてきた. しかし, 家庭の経済的な条件で進学を断念する層が少なからずいることを見落とすべきではない.

では, 進学には, どれほどの費用がかかるのであろうか. 1990年代以降, 急激に増加してきた大学進学の場合をみてみよう. 表1—1は, 戦後の国立および私立大学の入学初年度に必要とされる学生納付金の推移をまとめたものである.

表1—1にみられるように, 大学進学に必要とされる初年度学生納付金の平均総額は, 一貫して急騰しつづけ, 2004年時点で, 国立大学80万2,800円, 私立大学で129万3,019円にのぼる. 大学進学のためには, このほか, 受験費用なども必要とされる. これは, 国際的な動向にくらべて例外的である.

表１―１　初年度学生納付金の推移

［単位：円］

年度	国立大学の初年度学生納付金			私立大学の初年度学生納付金			
	入学料	授業料	総額	入学料	施設·設備費	授業料	総額
1946	5	300	305				
1950	400	3, 600	4, 000				
1955	400	6, 000	6, 400			20, 898	37, 298
1960	1, 000	9, 000	10, 000			31, 773	70, 925
1965	1, 500	12, 000	13, 500			68, 023	175, 090
1970	4, 000	12, 000	16, 000			85, 666	228, 967
1975	50, 000	36, 000	86, 000	95, 584	94, 506	182, 677	372, 767
1980	80, 000	180, 000	260, 000	190, 113	159, 621	325, 156	674, 890
1985	120, 000	252, 000	372, 000	235, 769	201, 915	475, 325	913, 009
1990	206, 000	339, 600	545, 600	266, 603	177, 072	615, 486	1, 059, 161
1995	260, 000	447, 600	707, 600	282, 574	182, 028	728, 365	1. 192. 967
2000	277, 000	478, 800	755, 800	290, 691	203, 150	789, 659	1, 283, 500
2001	277, 000	496, 800	773, 800	286, 528	201, 980	799, 973	1, 288, 481
2002	282, 000	496, 800	778, 800	284, 828	202, 574	804, 367	1, 291, 769
2003	282, 000	520, 800	802, 800	283, 306	202, 330	807, 413	1, 293, 049
2004	282, 000	520, 800	802, 800	279, 764	204, 498	817, 952	1, 302, 194

注）2005 年度以降の授業料は，国が定める「標準額」の 110％を上限に各大学が決定できるようになった．

出典）田中昌人『日本の高学費をどうするか』新日本出版社　2005 年　p.28-29 から作成．

国際的にみると[1)]，スウェーデンやデンマーク等の北欧諸国では授業料は無償である．フランスでは，日本円で約２万円程度の修学納付金があるだけで，入学料や授業料は存在しない．ドイツでも，長期就学者に限って例外があるものの原則無償である．イギリスでは，1998 年から授業料が導入されたけれども，その支払いは卒業後一定の収入を得てから返還することになっている．高学費の印象の強いアメリカであっても，それはハーバードやプリンストン等の有名私立大学の場合で，大半を占める州立大学の学費は，日本円にして平均 40 万円程度である．奨学金制度の充実も注目される．国際的には，高等教育にも教育の機会均等原則が貫かれているとみられる．受益者負担として，高等教育の経済的負担の多くを家庭に強いる日本とは対照的である[2)]．

他方，家庭の経済力の低下も注目される．たとえば，近年の広がる経済格差を背景に，高等学校の授業料を支払えない家庭も増加している．東京都立高校の授業料免除率は，1999年度の3.9％から，2004年度の10.5％に上昇した．都立の専門高校に限ると，2004年度の免除率は18.1％に上るという[3)]．これらの家庭が，上記でみた四年制大学の高学費を負担することは容易ではない．専門学校も含めた日本の高等教育の高学費問題と広がる経済格差は，有利子の貸与制が主流となった奨学金制度の不十分さもあって，高校生のいる家庭に重くのしかかっている．

こうした経済的理由という自らの努力だけでは克服しきれない問題で進学を断念した高校生が，これまで検討してきたような昨今の厳しい雇用情勢の中で前向きに働き続けることができるのであろうか．こうした不本意就職は，高校生を容易に離職に誘う要因の一つになると思われる．職業指導の際には，こうした高校生の実態も配慮する必要があろう．

〈注〉

1）碓井敏正「高等教育の高学費と格差社会」『経済』No.150　2008年　p.78-89

2）国際的には，「経済的，社会的及び文化的権利に関する国際規約」（国際人権A規約）13条（c）によって，高等教育の無償化が確認されている．しかし，日本は，この条項の批准を保留している．なお，この条項を保留しているのは，締約国151カ国中，日本以外では，アフリカのルワンダとマダガスカルのみである．

3）後藤道夫「ワーキング・プア—その増加と最低限生活保障—」『クレスコ』No.64　2006年　p.40-43

(3) 高校生の進学ルート ——— 植上一希

高校生に対する進学指導においては，生徒の進学要求と進学条件を起点とした指導が必要である．

進学要求は大きく以下の二つに分けて考えることができる．一つが，進学をその後の職業生活等への手段としてとらえる，手段的側面である．職業生活のために，学歴や学校ランク，職業資格，専門的な知識・技能などを求めるものである．もう一つが，進学先における学びや生活を重視する，目的的側面である．「〜のようなことを学びたい」「〜のような学校生活（サークルや仲間関係など）を送りたい」といった要求があげられることとなる．

他方，進学指導に際して，生徒の進学条件への注目は欠かすことができない．とくに，経済的条件，学力的条件，そして進学者の性格などによって，進学の可能性や進学後の学生生活の成否は大きく左右されることとなる．

こうした進学要求・進学条件と，教育機関の性格を照らし合わせながら，適切な進学指導を行う必要がある．以下では，高卒後の教育機関の性格を以上のような観点にもとづき簡単に紹介していこう．

1）大学

①　手段的側面―「大卒」学歴の有効性の低下

従来，日本型雇用システムの新卒一括採用の中では，大学卒という学歴と，どこの大学を卒業したかという学校歴は，採用側にとって一つの重要な基準となっていた．そのため，一般的には進学者の側でも，大学に進学すること，そしてできるだけ「良い」ランクの大学に進学することを，手段的側面においては重視してきたし，指導する側も，生徒の条件が許せば，できるだけ彼らの「学力」にあった大学を勧めるのが普通であった．

しかし，1990 年代半ば以降，大学をめぐる状況は大きく変化した．18 歳人口が大きく減少し，一方で大学数は増加したため，大学への進学は容易になっている．これに，日本型雇用の転換も加わったため，「大学卒」という学歴のメリットは少なくなってきているのである．つまり，就職という点での「大学卒」の有効性は全体的に低下しており（もちろん，ごく一部の偏差値が高い大学の有効性は高い），したがって，就職するために大学進学するという選択は，いまや一般的に勧められるというものではなくなっている．

むしろ，就職という点でみるならば，偏差値ランクよりも，文系・理系の違いや，大学の特徴に注意する必要があるだろう．

同じ大学であっても，文系か理系かによって，求人の質量や就職活動の仕方も大きく異なってくる．とくに，就職活動においては，文系は基本的に自分で情報を集めたり，就職の申し込みをしたりしなければならない一方で，理系の場合なら所属する研究室等のつながりを活かすことができる場合が多いといった違いがある．

また，近年では，学生の就職をサポートすることに力をいれている「就職サポート型大学」や，看護師，栄養士，社会福祉士などの専門職を養成する「専門職型大学」も増えている．進学者が，就職という点を重視する場合はこれらの大学を視野に入れることも重要であろう．

なお，生徒の中には，学部名と就職を安易に結びつけるイメージをもっている者も少なくない．たとえば，「経営学部や経済学部がビジネス関係に強い」「マスコミ学科がテレビや新聞に……」など．そうしたイメージを解きほぐすのも指導する側には必要であろう．

② 目的的側面―学びや学生生活を重視した進学指導を

目的的側面において，まず見るべきポイントは，大学における教育内容と教育環境についてであろう．進学者において「～のようなことが学びたい」ということが決まっている場合，その要求と合致する大学や学部選びを慎重に行う必要がある．同じ学部・学科を名乗っていても，大学によって大きくその性質が異なる場合も少なくないことに注意し，できれば，どのような教育目標を掲げているか，教員スタッフの傾向はどうか，などを生徒に調べさせたい．また，大学や学部によって，授業の形式や設備環境，学生のサポートシステムも異なる．たとえば，授業の形式においては，数百人といった大講義が多いところもあれば，少人数のゼミが充実したところもある．そうした点へ，生徒の注意を促す必要がある．

一方，サークルや自治活動，学外の社会活動への参加も，大学生活の充実を左右する要素であり，それらのポイントの確認も指導の際は行いたい．

③　その他

経済的困難をかかえる生徒には，各種奨学金の存在，大学ごとの授業料免除制度の存在を確認させる．また，工学系や医療系においては，大学と類似した学科を設置した公立の職業訓練校（職業能力開発大学校等も含む）や公立の専門学校を勧めるという方法もある．

2）専門学校

従来の進学指導において専門学校は大学や短大に比べて，進学先としては低く見られがちであった．

専門学校は非常に多様な性質をもつ教育機関であり，具体的な職業に必要な知識や技能の養成を行うという点が最も特徴的となっている．こうした特徴をとらえて，一般的に専門学校は「実学」の学校と呼ばれてきた．大学等が教養教育を行うのに対して，具体的な職業に結びつく教育訓練としてみなされてきたのである．日本においては，とくに教員層や研究者層においては，教養教育をこうした教育訓練よりも価値あるものとしてとらえる傾向があるため，教育の内容的な側面において専門学校は，大学や短大よりも低く見られがちだったのである．

専門学校が大学，短大よりも低く見られがちだった理由のもう一つは，その手段的側面においてである．日本型雇用を中心とする，従来の若年労働市場において，専門学校卒業者は全体としては大卒者や短大卒に次ぐものとして扱われてきた．実際は，職種などによってその位置づけは大きく異なり，たとえば，電気工事士などの資格を取得した人は，普通の大卒者等よりも，自律的なキャリアコースを進んでいけたのであるが，そういうコースについてはほとんど知られておらず，ゆえに，専門学校は大学や短大よりもその手段的側面においても低く見られがちだったのである．

こうした低い評価のため，専門学校進学は大学や短大の代替としてみなされる傾向にあり，とくに教員の側にはそうした意識が強く，進学者の条件があれば，専門学校進学よりも大学進学を勧めるのが一般的であった．しかし，実際の専門学校の果たしている役割は異なるし，指導が以上のかたちでよいというわけでもない．以下では，専門学校の実態と指導のあり方を見ていこう．

① 手段的側面

手段的側面からみた場合，専門学校は，公的職業資格の養成施設である資格教育分野と，それ以外の非資格教育分野に分けることができる．

公的職業資格とは，その職業に就くためにはその資格が不可欠の職業資格のことであり，たとえば看護師，美容師，電気工事士などが代表的である．これらの資格を取るための養成施設として認定されている資格教育分野では，関連分野への就職率も比較的安定している．

一方，非資格教育分野では，技能検定等の取得によって就職をめざすビジネス系や，デザイナーや音響技術者，スタイリストなど特殊な技能や知識を獲得することでそれらの業界への参入をめざす分野，さらには，ミュージシャンや俳優，ダンサーなど華々しい業界に対応した分野などがある．これらの分野では，就職は分野・学校によって大きく異なっており，「夢」が実現しない場合も多い．

また，専門学校は全体として，特定の職業の専門的技能や知識に絞った内容のカリキュラムを組んでおり，そのため，進学者が在学中に大きな進路変更をすることは難しいという特徴ももっている．

したがって，指導に際しては，生徒に将来像・希望職種の具体的なイメージを求めるとともに，分野によっては，ある程度の「覚悟」を確認する必要もあるだろう．

② 目的的側面

専門学校進学希望者の進学要求においては，「好きなこと・やりたいことを学びたい」という要素が強く，そして，専門学校を通じて彼らはその世界へと参入していく．それ自体は，非常にまっとうなことであり，指導ではまず肯定的にとらえるべきである．とくに，高校までの教育になじめなかった層にとって，専門学校での学びは，彼らが「学び」の多様性を知り，学習主体となる契機となるだろう．

ただし，一方で，学生生活や職業生活に対する生徒のイメージと，その現実の間にはギャップがあることも事実である．専門学校では，全体的に職業に対応した厳しいカリキュラムを組んでおり，彼らがめざす職業に対して積極的な思いをもっていないと，びっしりつまった授業や膨大な課題はなかなかこなすことはできない．先に述べたように，専門学校進学においては大きな進路変更は困難であり，その経済的リスクも大きい．これらの点に注意した指導が必要である．

なお，専門学校の学費は年間100万円を超えるのが一般的であり，そのため経済的条件から進学を見合わせる層も少なくない．これらの層には，類似の学科をもつ公立の専門学校や，職業訓練校を紹介したい．

学力や経済力などの個々の条件と向き合いながら，専門学校への進学を決めた生徒たちの進学要求の積極面を，指導においては重視したい．先にも述べたように，自分の好きなことや，自分が描くキャリアコースにおいて，具体的に役立つことを学びたいという要求はきわめてまっとうなものである．彼らの進学要求を真摯に受け止め，よりよい進学が可能となるように支援を行うことが，専門学校進学の指導においては求められる．

3）短期大学

日本型雇用システムのもと，90年代の半ばまでは，短期大学は女性就職の王道といっても過言ではなかった．「短大→事務職」というルートを経て，結婚や出産を期に退職する，というのが，企業の側の思惑であり，女性の生き方もこのようなコースに規定されてきたのである．そして，そうしたキャリアコース・ライフコースを前提として，短大教育は成立してきたのである．

しかし，日本型雇用システムの転換とともに，女性のキャリアコース・ライフコースも大きく変容している．いまや，女性正規職の典型だった事務職はどんどん派遣などに代わり，女性が正規社員として採用されることはとても難しくなっている．また，男性の側の労働条件が悪化しているため，「結婚→主婦→子育て・夫の世話」といったライフコースの典型も崩れてきている（つまり，夫の収入だけでは生活していけない）．

こうした中で，短大への進学指導においてまず必要なのは，こうした女性のキャリアコース・ライフコースの変容についての認識をもつこと，つまり女性の卒業後の人生についての認識を新たにすることであろう．

そのうえで，短大進学の役割についても再考することが求められよう．以下でみるように，短大は大学や専門学校と類似した学科が多く存在し，そうした他の教育機関と比較で短大進学の意味を考えること，また短大独自の学科などの特性を知ることなどが，必要となるだろう．

短期大学のタイプは大きく，以下の３つのタイプに分けることができる．

① 保育士，栄養士，幼稚園教諭などの公的職業資格を取得するための学校

公的職業資格系の学校に関しては，専門学校と同様，関連分野への就職率などは悪くない．ただし，短大の場合は，専門学校よりも教養科目が若干多く設定されている．また，教育内容は専門学校が実践的な能力を養成することに力点をおく傾向があるのに対し，短大の場合は幅広く学ぶ傾向がある．こうした特徴をふまえ，生徒の進学要求の目的的側面に注目した指導を行いたい．

② 事務職・販売職を短期間で養成するための経営・ビジネス系の学校

正規事務職の減少や大卒者の増加の中で，この分野の就職は難しくなっている．ただし，かといって短大卒の就職先がなくなったわけではない．中小企業の中には，大卒女性よりも短大女性を採用するところも少なくない．また，就職活動支援では，大学よりも丁寧な場合が多く，こうした点を重視す

るならば，短大進学も選択肢に入るであろう．

なお，この分野では「秘書士・上級秘書士」の資格取得をアピールする短大も多いが，これらの資格が事務職関係への就職で有効かというと，そうではないことが多いことにも注意を促しておきたい．

③　日本文学・英文学などの教養教育中心の学校

これらの分野では，関連分野への就職はかなり難しい．ただ，短大教育は大学教育などと比べて「アットホーム」な雰囲気の中で学生生活を送れることに長所がある．こうした点を重視するならば，この分野への進学も勧められよう．

4）職業訓練校

都道府県ならびに雇用・能力開発機構が設立している職業能力開発施設（ここではまとめて「職業訓練校」と呼ぶ）も，高校生の進学先としておさえておきたい教育訓練機関である．

訓練は離職者訓練，在職者訓練，学卒者訓練というかたちで，訓練生の属性ごとに区切られており，そのうち，高校生の進路先として位置づくのは学卒者訓練である．現在（2006年度）では，機構立の学卒者訓練の受講生は約８千人，都道府県立の学卒者訓練の受講生が約１万５千人となっている．全体として，ものづくり分野を中心としたコースが中心となっており，機構が高度で専門的な職業訓練を，都道府県が地域ニーズに対応した職業訓練を実施している．

受講者の側からみたとき，職業訓練校の最大の魅力は，安い受講料で一定の職業能力形成ができる点であろう．たとえば，都道府県が行う学卒者訓練の受講料は年間数万円から10万円程度である．また，教員の熱意や地域企業との密着度なども，職業訓練校の長所といえるであろう．職業訓練校の就職率は非常に良好であり，就職率が100％のところもある．こうした実績は，他の教育機関と比べても勝るとも劣らないものであろう．

こうした性格から，職業訓練校は，経済的条件や学力的条件などさまざまな要因から，いわゆる「標準的コース」をキャリアコースとして選択しない（選択しえない）層の，職業世界へのステップボードとしての役割を担ってきた．制度発足当初の中卒者を対象とする形態から，高卒者を中心とする形態へと変化しつつあるが，多くのそうした若者が公的職業訓練を通して職業的社会化を遂げていることは現在でも変わりはない．

経済的に進学が困難である生徒や，ものづくり分野の現場で役立つ技能を身につけたい生徒には，選択肢の一つとして職業訓練校をぜひ勧めてもらいたい．

〈参考文献〉

新しい生き方基準をつくる会『フツーを生きぬく進路術―17歳編』青木書店 2005年

植上一希「高卒後進学のいまと課題」日高教・高校教育研究委員会編『学ぶはたらくつながる』かもがわ出版　2008年

(4) 北海道の高校生の困難な進路状況 ―― 平舘善明

1）はじめに

雇用状況には，大きな地域間格差が生じている．2006年度の全国平均の完全失業率は6.0％であるのに対し，最も低い県（福井）は4.2％で，最も高い県（沖縄）は11.9％．地域によって3倍ほどの開きがある．しかも，こうした格差は，若ければ若いほど深刻になっているという[1)]．

北海道の高校生の就職内定率は，2006年，2007年と2年連続して，男女とも全国で最も低い．2007年3月末の就職内定率は全国平均で96.7％とほぼ10割であるのに対し，北海道の女子の就職内定率は8割を下回っている．しかも，これは北海道全体でのデータである．したがって，さらに全国平均と北海道の郡部を見比べたなら，そこにはどれほどの格差が生じているであろうか.

2）北海道の高校生の進路状況

まず，北海道の高校生の進路状況についてみていこう.

図１—２は，全国と北海道の高校卒業者の大学（短大，高校・高等部の専攻科を含む．以下，略記.）への進学率と就職率の推移に関して示したものである.[2)]

ここから，大学への進学率に関しては，ここ10年間，全国のほうが，北海道に対して10%以上高く，かつその差は広がる傾向にあることがわかる．逆に，就職率をみると，北海道のほうが全国に対して高く，かつその差は縮まる傾向にある.

すなわち，北海道では，大学進学も就職もしていない高校生の割合が高まっている．では，彼らは，どういった進路選択をしているのであろうか.

図１—３は，専門学校への進学率と，いわゆる無業者の率の推移を示したものである.[3)]

ここから，全国では近年，専門学校への進学率が下がる傾向にあるのに対

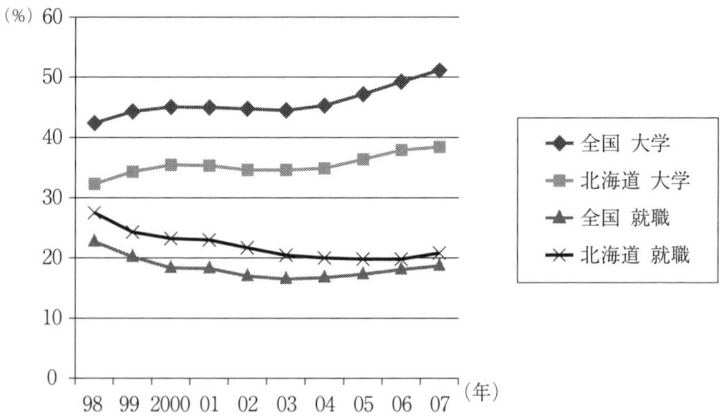

図１—２　大学進学率と就職率

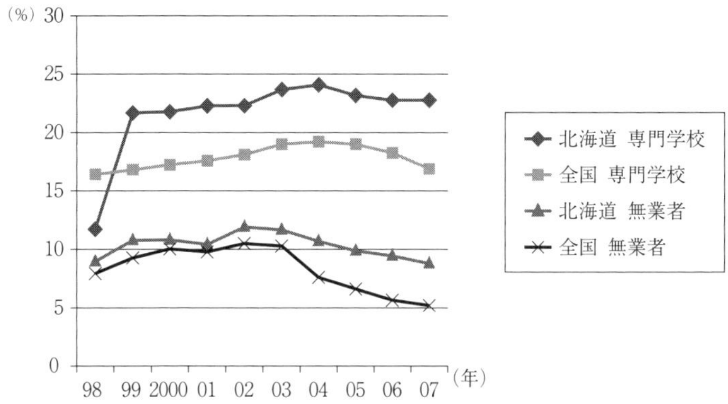

図１―３　専門学校進学率と無業者の割合

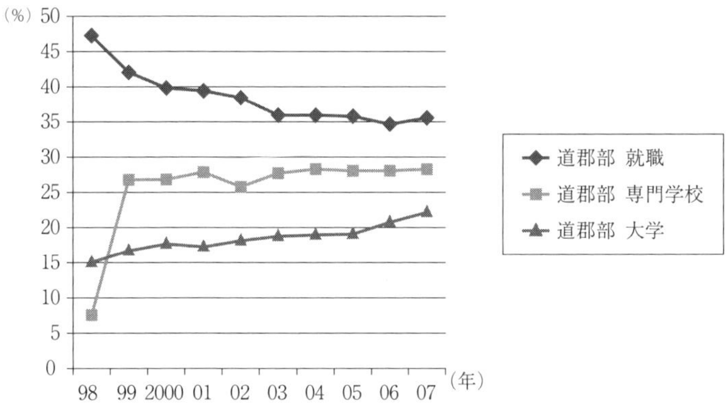

図１―４　北海道郡部の進路状況

し，北海道では依然，進学率が高いままであることがわかる．また，近年の無業者の割合は，全国に比べて，下がる度合いが低い[4)]．

こうした内容を，北海道の郡部に絞ってみてみると，図１―４と表１―２から，事態はさらに深刻であることがわかる．

ここ10年間で，大学進学率がわずか７％の上昇に対し，就職率は12％下がっている．平均３割弱が専門学校に進学しており，大学よりも専門学校に

表1―2　大学・専門学校・就職率の推移

［単位：％］

	全国			北海道			北海道 郡部		
	大学	専門学校	就職	大学	専門学校	就職	大学	専門学校	就職
1998年3月	42.5	16.4	22.7	32.3	11.7	27.5	15.1	7.5	47.2
1999年3月	44.2	16.8	20.2	34.4	21.6	24.3	16.8	26.7	42.1
2000年3月	45.1	17.2	18.6	35.4	21.8	23.1	17.8	26.8	39.8
2001年3月	45.1	17.5	18.4	35.4	22.2	22.9	17.4	27.8	39.4
2002年3月	44.8	18.0	17.1	34.7	22.3	21.6	18.1	25.8	38.5
2003年3月	44.6	18.9	16.6	34.7	23.6	20.5	18.7	27.5	36.0
2004年3月	45.3	19.2	16.9	34.9	24.0	20.0	19.0	28.1	36.0
2005年3月	47.3	19.0	17.4	36.4	23.1	19.7	19.1	28.0	35.9
2006年3月	49.3	18.2	18.0	38.0	22.7	19.8	20.7	27.9	34.6
2007年3月	51.2	16.8	18.5	38.4	22.7	20.8	22.2	28.2	35.7

進学する高校生の割合のほうが高いという特異な面もある．経済的な面で4年間も大学へ通えない等の事情も含まれているのだろう．

以上のことから，北海道の高校生は，全国的な状況に比べて，一面で専門学校に進学して一定の資格等を得なければ，より就職が困難な状況にあるといえる．

3）北海道の高校新卒者の就職状況

次に，就職状況に絞ってみていこう．表1―3は，全国および北海道の求人倍率と就職内定率の推移を示したものである[5)]．

ここ10年間，全国に比べて明らかに求人倍率が低い．全国では，2004年以降，求人倍率がやや上昇傾向にあるけれども，北海道では，依然，回復傾向はみられない．また，上述したように，北海道の就職内定率は，ここ2年間，男女とも全国で最も低い．

次に，就職状況を産業別にみてみる．

全国的には，高校卒業者の男女別の産業別就職者数の比率は，男女とも製造業の割合が高く，かつその割合が増える傾向である（2007年は男子52.7％）のに対し，サービス業の占める割合が減ってきている（女子は2002年37.3％

表1—3　求人倍率と内定率の推移

	求人倍率（倍）		内定率（%）			
	全国	北海道	全国	北海道	北海道(男)	北海道(女)
1997年3月卒	1.77	1.38	96.7	94.3	96.4	92.5
1998年3月卒	1.88	1.22	96.2	90.3	93.5	87.6
1999年3月卒	1.52	0.99	93.6	85.6	89.6	82.1
2000年3月卒	1.30	1.12	92.1	87.6	90.3	85.4
2001年3月卒	1.31	1.10	92.8	87.8	91.0	85.0
2002年3月卒	1.26	1.13	89.7	83.2	86.5	80.4
2003年3月卒	1.21	1.10	90.0	79.7	80.6	78.9
2004年3月卒	1.26	1.07	92.1	80.7	82.7	79.0
2005年3月卒	1.43	1.13	94.1	82.9	85.4	80.5
2006年3月卒	1.61	1.07	95.8	82.9	87.1	79.0
2007年3月卒	1.79	1.11	96.7	84.5	89.3	79.9

注）各年度，３月末時のデータである.

から2007年12.0%へ[6]）.

これに対し，北海道では，一方で，他の業種に比べれば製造業の割合が最も高いとはいえ，その割合は，2007年，全国で42.9%に対し，19.1%と低い．郡部ではさらに低く，14.1%である．他方で，サービス業の占める割合は，全国で8.8%に対し，北海道で12.1%．郡部では14.3%と他の業種に比べても最も高い数字となっており，全国的傾向とは異なる.

参考までに，2007年度の北海道の高校学科別生徒数をみると，普通科の占める割合が全国平均よりも高く，農業・工業・商業・水産などの学科の占める割合は，全国平均とほぼ同じである[7].

北海道で，サービス業への就職率が高いことは，地域の産業構造の影響が大きいとはいえ[8]，それでも，郡部を例にあげれば大学進学率が２割程度であるにもかかわらず８割近い高校生が普通高校に通っていることと無関係とはいいきれないであろう.

4）おわりに

夕張市の財政破綻を例にあげるまでもなく，北海道の地域経済は各地で少なからず危機に瀕しており，なかなか回復に向かう兆しはみられない．そうした中で，北海道の高校生たちの進路状況は，まさに冷え込んでいる．

北海道の専門高校の進路指導担当者からの聞き取りによれば，近年，就職がさらに困難になっているとのことである．2008年11月以降，不況のあおりで求人募集がまったくこない[9]．建設業関係では，公共事業の縮減等の結果，公務員を含めて求人が極端に減っている．来年以降は，さらに厳しくなるだろうとみている．

部活動をやりたい子も，遠征等でお金がかかるため，あきらめてバイトをする生活である．その結果，就職の際には，部活動をやっていなかったことがマイナス評価を受けるといった負の連鎖をうみ出す．

なんとか就職を決めたいけれども決まらない．しかし，経済的な面から進学には進路変更できず，正規雇用での就職をあきらめ，非正規での不本意就職となる生徒も少なくない．

それでも，農業・工業・商業科等の専門高校は，地元企業との信頼関係のもと，専門性を生かした就職が一定程度できている．事態が最も深刻なのは，就職する企業の数自体が少ない郡部の普通高校である．少しでも経済的余裕のある家庭には，就職から専門学校への進路変更を教師が勧めざるをえない等の悩みもあるとのことである．

地域経済の回復のためにも，今一度，地域における専門高校の大きな役割に目を向けるとともに，地域と学校の豊かな結びつきを視野においた職業指導を行う必要性が，地方で強く求められる．

〈注〉

1）李永俊・石黒格『青森県で生きる若者たち』弘前大学出版会　2008年

2）本稿のデータは，主に各年度３月時のデータをまとめた『学校基本調査報告書（初等中等教育機関専修学校・各種学校）』（文部科学省）をもとに作成．

3）2004年３月卒業の統計以降，新たに「一時的な仕事に就いた者」という項目が進路別項目の１つに加えられた．すなわち，2003年３月卒業の統計までは，「一時的な仕事に就いた者」の数は，いわゆる無業者の数にカウントされていたことを注記しておく．

4）近年，無業者には多様な若者が含まれていることが指摘されており，必ずしも否定的にとらえるべきものではないことを断っておく．

5）各年度の『高校・中学新卒者の就職内定状況等調査』（厚生労働省）をもとに作成．各年度，3月末時のデータである．

6）2007年3月卒の産業別就職者数の割合（上位5業）は次のとおり．

【全国】製造業42.9%，卸売・小売業13.6%，サービス業8.8%，建設業5.8%，飲食店・宿泊業8.6人．（男子：製造業52.7%，建設業8.8%，卸売・小売業7.5%，公務7.5%，サービス業6.5%．女子：製造業29.4%，卸売・小売業21.9%，サービス業12.0%，医療・福祉10.9%，飲食店・宿泊業8.6%．）

【北海道】製造業19.2%，卸売・小売業16.1%，公務12.6%，サービス12.1%，飲食店・宿泊業7.5%．（男子：製造業26.6%，公務18.9%，建設業12.4%，卸売・小売業9.8%，サービス業9.5%．女子：卸売・小売業23.6%，サービス業15.1%，医療・福祉13.8%，飲食店・宿泊業10.8%，製造業10.4%．）

【北海道郡部】：サービス業14.3%，製造業14.1%，卸売・小売業13.5%，公務12.3%，飲食店・宿泊業11.1%．

7）2007年度の学科別生徒数は次のとおり．

【全国】計339万7,735人中：普通科245万5,150人（72.3%），農業科9万139人（2.7%），工業科27万8,827人（8.2%），商業科23万4,859人（6.3%），水産科9,821人（0.3%）．

【北海道】計330学科：普通科11万4,020人（75.8%），農業科4,763人（3.2%），工業科9,812人（6.2%），商業科1万2,624人（8.4%），水産科961人（0.6%）．

8）井上久志は1999年に，北海道経済の特徴として，① 製造業のシェアが小さく，その半分が資源関連型の産業であって開発途上国型の産業構造に近いこと，② 建設業のウエイトが高く，公共部門依存型経済であること，③ 域際収支が大幅な赤字であること等を指摘している（大場良次ほか編『21世紀の北海道をひらく』北海道大学図書刊行会　1999年）．

なお，北海道の産業別就業者数の構成比は，第1次産業8.0%，第2次産業19.5%，第3次産業70.5%．全国では，第1次産業5.2%，第2次産業26.0%，第3次産業68.8%．また，道内総生産に占める各産業の構成比は，第1次産業3.6%，第2次産業17.5%，第3次産業82.6%であり，全国（第1次産業1.5%，第2次産業27.4%，第3次産業75.0%）と比べると，就業構造と同様，第1次と第3次産業のウエイトが高く，第2次産業が低い．なかでも第3次産業のウエイトの高さが目立つ．10年ほど前と比べると，第2次産業のウエイトが低下する一方で，第3次産業が高まっている．第2次産業は，建設業，製造業ともに低下しており，とくに建設業は，公共事業縮減等の影響から大きく低下している（北海道企画振興部「平成17年度道民経済計算」）.

9）2008年12月18日に聞き取り調査を行った時点までの状況.

(5) 定時制高校の進路問題 ―――― 大島亮平

1）東京都における定時制教育

2007年東京都における通信制を除いた高校進学者のうち定時制には4.5%が在籍しており，公立の単独校が23校，全日制との併置校が71校である[1)]. 主に働きながら学ぶ勤労青少年に後期中等教育の機会を提供することを目的として，東京都では1948年に定時制高校が設置された．1960年代には5万人台で推移していたが，1966年以降は減少を続け，1990年半ごろから1万3千人台を維持しており，2007年には1万3,635人が在籍している.

2）定時制のニーズ

夜間定時制課程への進学を第一希望とする生徒は，1994年以降1千人を切り，実際の在籍数の9割以上は本来の希望とは別に入学している．2001年の在籍生徒の就業状況として，正規雇用が4％，アルバイトが46％，自営業手伝いが3％であり，約半数は求職中もしくは無業である[2)].

現在の定時制は，本来の目的である勤労青少年を対象とした課程ではなく，全日制課程に進学できない，できなかった生徒を主な対象としていることが分かる．こうした生徒の多くは受験学力以外にもなんらかの課題をかかえ入学しており，生徒が定時制高校に期待するニーズを明確化することは難しい.

3）生徒がかかえる課題

定時制の場合，生徒の無気力化や友達関係の希薄化など行動面における問題を一般論としてラベリングすることは困難である．中学校時代不登校であった生徒と非行行為をする生徒では，行動面では同じ長期欠席であっても，その背景は異なるため一律的な指導をしてもあまり効果はない．

積極的に定時制を選択する生徒も当然いるが，大部分の生徒はなんらかの課題をかかえ入学している点で変わりない．一人ひとりの生徒が必要とする教育的なニーズは確かに多様であるが，それを指導する教員にとって，まずは個々の生徒の状況や発達段階，特性を見極め，それに適した指導することを基本としている．

4）定時制の利点

①　就労経験

夜間定時制の多くは夕方５時から夜９時までを授業時間としている．そのため学校が始まる前の時間を就労という社会参加に当てることが可能である．アルバイトが中心になるが，積極的に就労を奨励できる点で全日制とは大きく異なっている．

就労の最も大きな利点は，自分の得意とすることや能力に気づく，自己発見の場としての意味がある．高校進学というキャリアステップが理想的に進まなかった生徒にとって，学校という世界を超えた新しい価値基準に気づく機会となる．

また会社という社会的評価者に認められることで，自信を深め自尊感情が生まれる．進路選択時には，適性について自己の経験の中から選択，判断できることが大きな強みとなる．「やりたいことが見つからない」に代表される自己理解の不足や，本人の希望と適性の乖離は，就労経験の蓄積によって解決することが多い．

②　少人数

2007 年度都立高等学校における教員一人あたりの生徒数は，全日制が 14.5 人，定時制が 9.1 人であり，一学級あたりの生徒数は，全日制が 37.3

人，定時制が 21.6 人である．

学習面における少人数制の利点は，個別的な問題点の早期発見と対応が容易になることだ．個々の生徒の進度を把握することで「どうせできない，分からない」という授業への不信感は払拭され積極的な意味合いをもつようになる．また生活面においても，集団のなかに埋もれない自分がいるという感情は，不登校経験のある生徒に顕著な効果がある．

③　年齢層

2007 年，都立高等学校における過年度中学校卒業者の割合は全日制が 0.28％であるのに対し，定時制は 16.6％である．また定時制における 26 歳以上の生徒の割合は約５％である．

全日制受験に失敗した生徒や，不登校経験のある生徒の多くは，全日制こそが正しいキャリアステップであるという思いこみをもち入学してくる．全日制中退者や社会人，60 歳を超えた生徒などさまざまな経験を積んだ生徒とともに学ぶ中で，生き方の多様さをじかに感じ取り，学校生活を徐々に肯定的にとらえていく．彼らにとって定時制高校はやり直しの学校であり，自分の居場所が認められる学校として機能しているように感じる．

５）定時制の進路指導

近年，本校の卒業生の６割以上が就職し，そのうち半数は製造業以外の職種に就いている．実質的には資格取得など職業的専門性よりも職業選択など働くことへの意識づくりに重点がおかれている．作業的な能力に自己の長所を見いだす生徒は多いが，営業や販売などサービス業にやりがいを感じる生徒も少なくない．

本校の卒業までの中退率は３割程度であり，学校生活に適応できない，あるいは学校に意味や価値を見いだせない生徒もいる．まずは継続的に通学し学校に適応することを目的とした，個別的なアプローチを繰り返すことから本校の進路指導は始まっていく．

■事例

入学以来ファーストフード店，コンビニ，飲食店と短期間で就労を辞め，学校の欠席も多い生徒だった．主な原因は時間管理など生活習慣の問題と，社会的対人関係に問題があった．

部活動には積極的に参加していたため，顧問と担任とで面談を繰り返し，１週間のスケジュールについて生徒と考えていった．また就労先への欠勤連絡方法など具体的な問題を対象としたロールプレイングを繰り返した．

３年次には近隣のハローワークに引率し，紹介を受けた衣料品製造メーカで就労を始めた．小・中学校時代不登校を経験していたため，基礎的な漢字の読み書きや計算を苦手とし就労にも支障が出ていた．進路指導部が行っている基礎勉強会に参加し小学校からの漢字練習やかけ算の九九から学び直しを始めた．

就労の長期化に伴い学校の欠席も減少した．自己の適性を対人的なサービス業種よりも，手や体を使った作業に向くことを自覚していった．卒業学年である４年次の面接で，ライン組み立て作業よりも一つの製品を完遂できる仕事を希望した．一つの作品を最後までやり遂げることにやりがいを感じる性格であることを実習の経験をとおし認識していた．卒業までの２年間アルバイトを継続し，最終的には特殊工作機器メーカーを選択し，正規就職した．

就労と学校のバランスはこの事例ほど進展しないことも多いが，本校で生徒が自立する大きな力となるのがものづくりの経験である．

ものづくりがもつ力は技術的な知識や技能の習得だけでなく，さまざまな事柄を自ら考え，判断し，行動するプロセスを経験できることである．決められた手順をただやりこなすだけでは，作品が完成することはない．失敗を繰り返すことで，自然に原因を追求し解決策を考えていく積極的な姿勢が生まれてくる．自ら考え行動する主体的な姿勢は自己理解へとつながるものであり，本校での職業選択の基盤となっている．

自己の適性と向き合い，社会に生きる実感と自信を一人でも多くの生徒に感じてほしい．高校受験には失敗したけれど，卒業時には定時制に入ってよかったと心底感じられる学校でありたいと思っている．

〈注〉
1）東京都教育委員会『平成 19 年度　学校基本調査報告』2007 年 5 月
2）東京都教育委員会『定時制高校検討委員会報告書』2002 年 5 月

2．職場で働く青年の実際

はじめに ―― 小嶋晃一

この節では，青年の労働の実態，厳しさとやりがい，その中での青年の職業的成長と課題について明らかにする．

本節は次の５つで構成されている．

⑴　青年労働者へのインタビューから
⑵　青年労働者へのインタビューから見えてくるもの
⑶　中小企業で働き成長する青年たち
⑷　東京建築カレッジの挑戦
⑸　生産の世界の情報化と課題

⑴では，青年の労働・職業の現実と，青年のリアルな職業世界での発達のプロセスを明らかにするために，11 名の青年から，職場での労働の実際，厳しさとやりがいと，その中での成長について，インタビューしたものである．インタビュー対象者には，正規雇用の青年だけでなく，正規雇用より厳しい労働環境におかれている非正規雇用で働き，その厳しい労働環境を変え

ようと取り組んでいる２名の青年もとりあげた．

⑵では，インタビューから見えてくる，青年の労働の実際と，その労働を通じた職場の同僚などのまわりの人たちとかかわる中で，青年はどのようにして成長しているのかを分析した．そこから，青年の職業的成長を促すうえでの学校教育の課題についても探った．

⑶は，大阪商工団体連合会（大阪民主商工会）事務局の上中香の報告である．日本の中小企業は企業数の99％，勤労者の８割を占めている．ハイテク技術を支えるものづくりの職人の多くが中小企業にいる．日本の経済とものづくりを下支えしている中小企業の青年について焦点を当てた．ここでは，厳しい経営環境の中でも，起業したり，創意工夫・経営努力・チャレンジすることで，日々成長している４人の青年業者の姿を追っている．業者青年たちが，厳しい経営環境の中でも，展望を見失うことなく，がんばりつづけている背景にある民主商工会での支え合いの報告である．

⑷は，渡辺顕治が，認定職業訓練校である東京建築カレッジの挑戦の報告である．1996年から2007年まで教務職員として勤めたカレッジの取組み，そのカレッジで育った青年の卒業後の職業的成長と課題について述べている．カレッジは，工務店などで建築の仕事に従事していることを入学資格とし，カレッジで週２日間，２年間学ぶ学校である．学校と現場での訓練を組み合わせた点が，ドイツのデュアルシステムに似ている．しかし，ドイツのデュアルシステムは，実技は現場での訓練で，学校では理論を学ぶが，カレッジでは，学校で理論だけでなく実技も学ぶ．カレッジでは実習棟実習を中心におき，「木の良さを生かす」伝統的構法を重視し，本物の家づくりの担い手を育てる．それは，渡辺が指摘するように「もうけ主義の枠を超えて施主に向き合い，地域に根ざし，よきものを追求し，分かち合う営みへの偉大な挑戦である」．

⑸は，坂口謙一が，生産の世界を直撃している，情報化―ディジタル・マニュファクチャリングの姿を紹介している．青年が働く生産現場が，情報

化・自動化へと変わっていく中で，人間らしい労働を妨げる新たな事態が生まれないか，それにどのように立ち向かったらいいのか，などを考えるための出発点になる報告である．

(1) 青年労働者へのインタビューから ―――― 小嶋晃一・林萬太郎

今日の青年労働者の労働の実態と，その中での青年がどのようにして職業的に成長していっているのかを把握するために，2008 年 9 月から 12 月にかけて青年労働者へのインタビューを実施した．本書は，「職業指導の対象をノン・エリート高校生に焦点化」したものである．そこで，インタビュー対象をノン・エリートの青年労働者に限定した．インタビューに応じた青年は 11 名（内，4 名は同一職場で，まとまってインタビューに応じた）と青年労働者の上司が 2 名であった．11 名の青年の内訳は，次のとおりであった．

工業高校卒	8 名	→	製造業
工業高校・専門学校卒	1 名	→	介護職場
普通高校・大学卒	2 名	→	派遣労働者，地域ユニオン専従

インタビューの中で，青年労働者の労働の実態（厳しさとやりがい）と，その労働を通じ，職場の仲間等まわりの人たちとかかわる中で，どのようにして青年は職業的に成長していっているか，さらに，青年の職業的成長を保障するうえでの学校（主に高校）教育の役割と課題を明らかにするために，次のようにインタビュー項目を設定した．

① 出身高校，② 勤務先，③ 勤続年数，④ 労働条件，⑤ 現在の仕事の内容，⑥ 仕事をどのように覚えたか，⑦ 仕事の厳しさとやりがい，⑧ 職場の仲間・労働組合・上司等との関係，その中での成長，⑨ 現在の仕事にたどり着くまでのいきさつ，⑩ 高校卒業後，最も影響を受けた

人，事件，⑪ 高校教育で役立ったもの，⑫ 高校教育への要望，⑬ 今の高校生へのアドバイス.

次に，インタビュー結果の内容を，各インタビューごとに紹介する.

■聞き取り１．TA さん

2003 年３月，都立Ａ工業高校電子機械科卒業後，都内の時計製造メーカーＰ㈱Ｔ工場に正社員として入社し，現在に至っています.

【労働条件】 就業時間は，08：00 ～ 17：00 で，交替制はありません．残業は，月平均 10 日位で 20 時間位．休日は，日曜・祝日・土曜で完全週休２日制．賃金は月給制で，現在手取約 15 万円．社会保険・労働保険はすべて加入．労働組合はあり，加入しています．現在の労働条件にはやや満足しています.

【現在の仕事】 時計のモジュール部品の金型製作に就き，仕上げ（組立，微調整）作業をしています．顕微鏡で測定しながら，μm（1/1000mm）単位（時には 0.1 μm もある）の作業をしています．顕微鏡を覗いての仕事は，最初は気分が悪くなったりしましたが，今は慣れました．ラインでないので，ときどき休憩がとれるので，視力はあまり落ちていません.

【仕事をどのように覚えたか】 入社後，約１週間半の新入社員研修．内容は会社の説明．最終日に各自がプレゼンテーション（会社のアピール，問題点）をさせられました．その後，配属先も入った大枠の部署ごとの研修が９月まで続きました．製造部門での研修で，単品（治具等）を旋盤，フライス盤，手仕上げによる製作をする手づくり部門でした．日報と最後の発表会が大変でした.「感想」よりも「結果・考察」が重視され，学校のレポートと比べ非常に大変でした．ここでは，パソコンによるワープロが使えることが必須です.

この後，金型製作に配属．金型はどのように使われているのか知らないと（ダメだ）ということで，プレス作業を１年間，OJT（on the job training）で学びました．入社して，1年半経って，はじめて，金型製作仕上げの仕事に就けました．ISOで標準教科書はあるのですが，先輩の直接指導を受けながら仕事する中で，仕事を覚えました．指導しいていただいた先輩は63，4歳くらいの嘱託の人でした．

仕事中，指導されたことや，気がついたことをメモしています．そのメモのノートは18冊になりました．

【仕事の厳しさとやりがいについて】 ちょっと手を抜くと，それが製品に反映する厳しさがあります．数ミクロンのズレが，後で大変なことになります．ごまかしが効かない．達成感を感じるのは，金型の抜き個数がアップしたとき，難しいものをやり遂げたときです．そのとき，一歩，成長したかなと思います．

【職場の仲間，上司との関係．その中での成長】 平均年齢が50歳近い男ばかりでありましたので，年齢差に慣れるのが苦しかった．しかし，上下関係はありますが，気楽に話せ，相談にも乗ってくれ，親しみがあります．「俺は上司だから，俺のことを聞け」ということはないです．昔は，「見て覚えろ」だったそうですが，今は「わからなかったら聞け」です．同年齢同士だと自由に話せるが，年上だと話せない．ということがありましたが，今は，上司でも，（けじめと節度をもちつつ）必要なことは言うという考えが身につき，喋れるようになりました．

【高校卒業後，最も影響を受けた人】 身近な職場の先輩（50歳位）です．仕事後の飲みを含めて．職人さんの世界（図太さ）について教えていただきました．また，教わり方も学びました．会社外では，高校時代の自動車部のOB会や自分と違う道に進んだ人からいろいろなことを知ります．自分の小さなところにとどまっていてはだめだと思うからです．

【高校教育で役立ったもの】 高度なことまでは必要ないですが，基礎的なことです．社内で，安全，基本マナー，基本経理，QCなどの勉強会があります．そのとき，学校で学んだ三角比，暗算・読み・書き等の基礎的知識が役立ちます．工業では，作業的なものはある程度でよく，知識・理論（たとえば，熱処理）のほうが役に立ちました．「工業高校卒だから知っているだろ」というような基本を知っていて，その先は会社で学ぶ．知ったかぶりや頭でっかちはだめです．どちらかというと高専卒は頭でっかち．学校の教科書（とくに製図）は役に立ちました．図面はある程度読めないとだめです．多少電気も使います（IC 回路が組み込まれた時計の部品を作る金型製作において，金型がその時計の性能にどう影響するか検討する等のとき）ので，電子機械科卒でよかったです．

【高校教育への要望】 発表の機会を設けてほしかったです．時間内に要領よく発表できる，質疑応答やディスカッションができる力をつけてほしかったです．大卒や高専卒はこれが得意です．（高校の時のように）レポートは書いて終わりでは不十分です．

【今の高校生へのアドバイス】 挨拶ができること，きちんとした会話ができることです．学校は会社と比べたら楽です．会社に入ったら，絶対勉強があります．

【その他】 130 人の課の安全衛生委員の代表を２年近くやっています．

夜勤は，正社員（約 1,500 人）はあまりやらなくて，契約・派遣社員がしています．契約・派遣社員は約１割程度かな．一時期に比べて減りました．正社員になった人もいます．製造部門には，「技術重視」から，あまりいません．関連会社やラインでは契約・派遣社員がいますが，労働条件は正社員のほうが絶対によいです．

■聞き取り２．TB さん

2003 年３月，都立Ａ工業高校電子機械科卒業後，家に近く，車が嫌いでもないので，企業全体の従業員（常用）が１万人を超える自動車メーカＱ㈱本社工場に正社員として入社し，現在に至っています．

【労働条件】 就業時間は，08：00 ～ 17：00 で，交替制はありません．残業は，月平均18日位で20時間位．休日は，日曜・祝日・土曜で完全週休２日制．有給休暇は，入社時10日，現在20日．賃金は月給制で，基本給19万円，現在手取約17万円．社会保険・労働保険はすべて加入．労働組合はあり，加入しています．現在の労働条件には満足しています．

【現在の仕事】 入社後，現在に至るまで，本社工場の間接部門で品質保証（新製品の総合評価）を行っています．この仕事は，世に出してよいものかを量産に入る前に実施するもので，試作と生産車の間の車を扱っています．

【仕事をどのように覚えたか】 入社半月間の教育では，工場見学やQCについて．連休前に仮配属．モデルチェンジ直前の車や新製品の評価の仕事に就きました．５歳年上の先輩につき，10人のグループで仕事をしました．１台に多くて３～４人で評価をします．はじめは，車に乗らないで，停車状態での評価の仕事．しばらくしてから，助手席に乗っての仕事．機能チェック，騒音・排ガス・出力・燃費測定，加減速性能など．また分解したり，悪路走行後の亀裂チェック，摩耗，オイル劣化，耐久性などの評価もしました．

取得した資格は，① 自動車整備士３級を入社２年目の終わりに取得．社内で１日，７～８時間の教育を日曜日ごとに１年間かけて受けて取得しました．試験は会社の外のある大学で受けました．② フォークリフトの資格．③ 玉掛．④ 車の免許（法定）も取得しました．⑤ 社内資格については，アーク溶接，VDT業務，粉塵，社内教育の玉掛・ホイスト等の資格を取得しました．

【仕事の厳しさとやりがい】 先輩はやさしいけど，時には厳しく怖かった人です．当初は，免許がないので車に乗れなかったこと，免許を取っても，若いという理由で車に乗れなかったことが，悔しかったです（やりたいのに，やれない悔しさ）．

残業について，同社のA工場の品質保証では，１日２時間（約月44時間）が基本といわれています．本社工場の品質保証では，月20時間程度でありますが，モデルチェンジのとき，非常に忙しく，帰りが深夜12時，１時になったこともありました．

入社当時は，特別に車が好きであったわけではなく，また，「３年で，この会社を辞めようか」と思ったりもしました．しかし，今は，この仕事に就き，自分がもまれ成長し，車が好きになり，新車にも乗れるのでよかったと思っています．

【職場の仲間，労働組合，上司等との関係．その中での成長】 高校卒業後，最も影響を受けた人は５歳上の先輩で，少しヤンキーな人でした．入社時，私が目標とした人でした．その先輩にとっては，はじめての男性の部下だったこともあって，厳しく大切にかわいがられました．現在，上司はいますが，私がグループのメインとなって仕事をしています．苦労は年上の人に教えることです．

【高校教育で役立ったもの】 回路図の見方や，図面の見方，製図などが役に立っています．車については，入社してから勉強しました．

【高校教育への要望】 自動車科があればよかった．自動車部に入っていたらよかったと思っています．

【今の高校生へのアドバイス】 好きなことが仕事になれば，長続きすると思います．

【その他】 派遣社員は，ラインで生産した車の品質管理や組立，車体のなどに生産変動に応じて２～３割いるようです．

■聞き取り３．TC さん

2007 年３月，都立Ｋ工業高校機械科卒業後，企業全体の従業員（常用）が１万人を超えるＲ自動車㈱Ｂ工場に正社員として入社し，翌年の 2008 年３月 31 日に退職しました．その２カ月後の６月に，都内のＳ製作所㈱に入社し，現在に至っています．

(a)　R自動車㈱B工場での労働の実際

〜夜勤と残業が入った長時間労働〜 139時間残業の月もあった〜

高校の卒業式が済んで間もない（2007年）3月の13日から31日まで，本社で研修．3月末頃，配属先が小型車製造のB工場塗装に決まり，その塗装での教育が4月20日頃までありました．その後，本格的な部署に配属され，先輩の仕事を見たりしながらの仕事がありました．本格的な仕事に就いたのは，6月半ばからでした．その塗装現場のメンバーは，正規雇用者が職長を先頭に6名，期間工が12〜13名でした．

勤務は，週40時間の他に，残業が，1日平均で，4，5月は2〜3時間，6月は3〜4時間と多くなり，7月はさらに増え4〜5時間くらいもありました．8月に入って，職長から「今月は残業が140時間になる．労働組合に申請して140時間がとおったから，（法に違反していないので）気にしないで働いてくれ」と言われました．この職場は，① 6：30〜15：20，② 17：15〜2：05の2交替制でした．（TCさんの）夜勤は，入社間もない4月17日頃から入りました．①では，「早出しろ」と言われ，正規より30分早い6：00に勤務に就き，②では，勤務が2：05には終わらず，7時，8時くらいまで仕事させられました．私にとっては，この長時間の夜勤がとてもつらい．休憩は2時間ごとに3〜4分しかない．仕事の関係上，長くは休憩できません．

6月から，ときどき土曜出勤が入りました．7月は土曜出勤がほとんど毎週ありました．しかし，土曜出勤の代休が取りにくい状況でした．7月に，ミーティング中に意識がもうろうとして倒れました．医者の診断では「ストレスと過労からのもので，神経もやられている」とのことでした．私が倒れてから，はじめて土曜出勤の代休が与えられるようになりました．

140時間の残業が言いわたされた8月の中旬，夜勤と残業が入った長時間労働に耐えきれず，ハローワークや出身高校にも相談に行きました．上司に退職を願い出しましたが，上司から「辞めないで本社工場でやったらどうか」などとも言われたこともあって，その後半年以上も辞めずにいました．

R自動車B工場を辞めたい理由は，残業と交替制（夜勤）が入った長時間労働が辛いことのほかに，さらに，祖父の介護問題がありました（家庭は祖父母との3人家族）．本社工場に配転となれば，夜勤がなく，残業もB工場よりは少ない．自宅からの通勤が可能になり祖父の介護をする祖母を手伝うこともできます．

だが，残業は，8月は実際には139時間，9月は100時間位，10月は80～90時間，2，3月は月50～60時間位とやや少なくなりつつありましたが，本社工場への配転は実現しない等，根本的には改善されませんでした．そこで，R自動車を2008年3月31日に退職しました．

(b)　S製作所㈱での労働の実際

R自動車㈱退職の2カ月後（2008年6月），高校時代のクラスメートの紹介で，S製作所㈱に正社員として再就職しました．その会社は従業員（常用）が50名ほどの精密機械メーカーで，社長を含めた6人で新製品の開発に従事しています．旋盤やフライス盤等を使った加工作業をしています．

以前勤めていたR自動車のような社内教育システムはなく，先輩の仕事を見て「自分で覚えよ」という教育です．聞けば教えてくれますが．

【労働条件】　就業時間は，08：30～17：30で，交替制はありません．残業は，月平均20日位で40～50時間位．週休2日制ですが，月曜から金曜の間に祝日のある週の土曜日は休暇となりません．有給休暇は，入社時10日です．賃金は月給制で，基本給19万円，現在の手取約24万円です．社会保険・労働保険はすべて加入しています．労働組合はありません．不完全な週休2日制である現在の労働条件にはやや不満です．

【仕事の厳しさとやりがい】　毎日2～3時間の残業ですが，R自動車㈱に比べたらよいほうです．残業に身体が慣れてきました．しかし，上司（とくに会長）のパワハラ的とも受け取られかねない指導がすさまじい．「前の会社に戻れ」とか「おまえは向いていない」等と言われます．会長は，優れた精密機械を開発した会社を創り上げたという自負心が強く，職人気質な方です．

やりがいは，加工がうまくいったときです．ここでは，0.01mm単位の精密さが要求される仕事です．

【高校教育への要望】 実習内容を強化してほしいです．1/100mm単位の加工やバイトの研削等についても教えてほしかった．数学をもっとわかりやすく教えてほしかったです．会社の会長は，「学校の成績は関係ない．いかに，うまく精密に作れるかだ」と言ってます．

【今の高校生へのアドバイス】 高校時代は楽しんだほうがよい．高校時代，祖父母から，「会社に入れば，金が入るので，遊べる」と言われていましたが，卒業してR自動車に入ってからは，働くだけでした．たまの休みは，とても疲れているので，身体を休ませるだけです．

■聞き取り4．T工業㈱の4人の青年労働者

TDさん（都立B工高機械科1996年3月卒・卒業直後入社）

TEさん（都立C工高機械科1998年3月卒・卒業直後入社）

SAさん（埼玉県立D工高機械科1999年3月卒・卒業直後入社）

TFさん（東京私立E工高機械科卒2001年3月卒・卒業直後入社）

T工業㈱は従業員90名の各種ギアポンプ製造メーカーです．この会社の従業員で組織されている労働組合は，全日本金属情報機器労働組合（JMIU）に属し，会社側と「労働条件に関する同意約款事前協議制」等の協定が取り交わされています．その「事前協議」の事案には，「従業員の採用計画，配置」「工場の統廃合・新設」「生産工程の変更」など会社経営の内容まで入っています．さらに，「この協定は，臨時工，季節工，パートタイマー等の雇用形態に関わりなく会社と雇用契約を結んでいる全ての従業員に適用する」と明記されています．

【労働条件】 就業時間は，08:15～16:40で，交替制はありません．残業

は基本的にないようにしていますが，仕事の進捗状況・納期等の関係で，組立職場で月10時間位の残業をしなければならないこともあります．休日は，日曜・祝日・土曜で完全週休２日制です．有給休暇は，入社時14日，現在21日です．賃金は月給制で，TEさんとSAさんは手取約21万円，TFさんは17万５千円．社会保険・労働保険はすべて加入しています．労働組合には全員加入しています．現在の労働条件には「満足」が３名，「やや満足」が１名．

【仕事の内容】 聞き取りに応じた青年労働者４名の内，TEさんを除く３名は，機械職場に配属されて旋盤やフライス盤を使った機械加工作業をしています．

TEは入社後，ずっと組立職場に配属．他の部署で欠員が生じると，組立職場から引き抜かれることが多いため，ほとんどの部署に，一緒に仕事した仲間がいます．これは，組立職場で仕事をするうえで有利なことです．

【仕事をどのように覚えたか】 入社３カ月間は研修（機械加工，組立，検査にそれぞれ１カ月間）．その後，配属先で，先輩の作業を見習いながら仕事を覚えました．機械職場では，はじめは，数の多い（1，２個失敗しても大丈夫のように）簡単なものの加工作業をしながら仕事を覚えました．しだいに，自分なりに工夫を加えていき，数の多い簡単なものから，複雑で単品もの加工へと進みました．

【仕事の厳しさとやりがい／職場の仲間等との関係，その中での成長】 厳しさについては，４人とも「夏は暑い，冬は寒いこと」と語っています．TDさんは，「毎日会社に出勤が辛いこともあった」と，SAさんは「一日中立ちっぱなしの仕事は，はじめのときはきつく感じた．10kgの品物を機械に載せたり外したりすることがキツイ」と語っています．達成感については，全員が共通に「とくに複雑で難しい製品を作れたとき」と語っていました．

職場内での人間関係については，「入社時，ピアスなどで指導されることがあったが，当然のことだと思っている．職場内での（人間関係での）厳しさはなかった．人間関係がよく，過ごしやすい職場だ．困ったことがあると相談に乗ってくれる職場だ．歳が離れていようと，気を遣ってくれる」（TDさん），「先輩たちが，仕事が終わっても，外で遊びに連れて行ってくれて，相談にも乗ってくれる．女性がいないのが，やや不満」（SAさん）（笑い）等と，人間関係がよく，先輩たちが相談に乗ってくれる職場であると，全員が共通に語っていました．

青年にとって，よい職場ではあっても，長い職場生活の中では，ときには迷いも生じます．TDさんは，入社後3，4年頃，仕事や組合のことでいっぱいになり，美容師や車方面に行こうかと悩んだこともあったが，しばらくしたら，吹っ切れたとのことです．TDさんは，この経験から「悩んだときには，一点に集中しないで，他の面から見ることが大切」ということを学んだとのことです．

組立職場TEさんは，「気を抜けない仕事ですので，マンネリになりません．すべての部品が揃ってないと組み立てられません．納期のために，他の部署にも目配りが必要となります．達成感は，全員が各々の仕事をこなしたとき」と，自分の仕事だけでなく，工場全体に目配りすることの重要性を，仕事の中で学んでいます．

労働組合については，聞き取り当時，青年部長をしていたTDさんは，「組合があるから，労働条件が守られている．他の組合のない職場の様子を聞くと，T工業は権利が守られていることがわかる」と，SAさんは「動員などがあって面倒くさい．でも，これも仕事かなと思っている」と，TEさんは「組合については，わからないことばかり，でも，みんなが嫌な顔をしないで動員に行く姿を見て，組合は必要なものだと感じている」と，各々語っている．組合については，その認識レベルに違いはありますが，彼らにとって「大切なものである」と感じていることがわかります．

【高校卒業後，最も影響を受けた人】 ほとんどが職場で仕事について指導してくれた先輩をあげています．「がんばっている先輩の背中を見て，自分もがんばらなければと思う」(SA さん).「マンツーマンで教えてくれた人.その人が病気で職場を離れたとき，心細さがあった．今でも，その人から教えをもらっています」(TE さん).

【高校教育で役立ったもの】 全員が工業高校機械科出身で，高校のとき，機械加工の体験ができたことが，機械に触る抵抗感がなくなり，現在の仕事をするうえで役立っている．

【高校教育への要望】 楽しく勉強できること．高校では，ノギスでせいぜい 1/10mm までしか測定しない．1/100mm まで測定できるようにしてほしい．実際の生産現場を見せてほしいです．

【今の高校生へのアドバイス】 いろいろ経験を積むこと．時間を守ること．疑問があったら聞けです．

《青年労働者の上司のＳさんとＴさんの話》

Ｓさん：都立Ｋ工業高校電子科卒，33 歳（2008 年９月当時）.

昨年２月まで設計部，現在，品質保証課課長をしています．当社の検査は，各職場での自主検査（全数検査）です．それは，各職場の技能の向上につながります．この各職場での自主検査を指導・援助するところが品質保証課で，この検査・品質保証とのかかわりで，インタビューに応じた４人の青年全員と日常的にかかわっています．指導に当たっては，相手が，どういう人間か，技術レベルはどうかを見極めて行っています．

各職場は，設計が作成した作業指導書にもとづいて作業しています．教育は，現在のところ，職場任せの状況ですが，各職場で作業手順書を作成させることも試みています．また，３年前の夏から，日刊工業新聞社発行の DVD による学習（月１回）を実施しています．

当社の社訓は「人格，すなわち品格に通じる」です．この社訓と労働組合の「人間的に，生活も潤す」という考えと一致します．「人を育てる」「生き方を学ぶ」，これがこの企業の教育です．労働組合が会社にも働きかけて，全社員参加の日帰り旅行に取り組んだり，仕事納めは，１人残らず全員が参加するように工夫するなどしています．それは，人と接することが成長するうえで役立つからです．さらに，考えていることを素直に表現できるように指導しています．

高校では，人を育ててほしい．（Sさんは）高校で習ったことはあまり役に立っていませんが，レポートの指導は厳しかったので，それは役に立っています．高校時代は，仲間づくりとバイトで過ごしました．生徒は先生と話せることが成長するうえで大切です．

学校では，社会に出るとき，労働組合について教育してほしいです．

Tさん：職場では，仲間意識を大切にしています．毎朝，朝礼で，（機械職場では）TD 君（組合青年部長）が，その日，やるべき作業について話しています．労働組合での活動から，仕事をやる方法を見つけています．

当社では，全員が触って，製品ができます．会社は組織的に動いています．そのためには，相手を尊重することが大切と指導しています．

学校では，職業観を育ててほしいです．

■聞き取り５．Uさん

1999 年３月，大阪府立Ｆ工業高校を卒業．

卒業時に就職したトヨタＬ＆Ｆで今も働いていて，10 年目に入います．フォークリフト等の整備と販売をするサービスエンジニア．既婚．正社員．

勤務時間は９時～ 17 時 30 分で，交替制はありません．残業はほぼ毎日あって，月に 30 ～ 40 時間です．日祝は休み，土曜は隔週休みの隔週週休２日制で年間休日 108 日です．有給休暇日数は入社時 10 日，現在は 20 日です．賃金は基本給で約 15 万円で，手取りで 20 万円位です．労働保険・社会保険はすべて加入しています．現在の労働条件には「やや不満」．とくに，基本給の低さには大きな不満をもっています．

企業内教育は，当初５年間は年に１～２回，５日間，名古屋本社のスクールに通って機種別・項目別の研修を受けました．その後はOJT基本ですが，必要と認められればスクールにも行くこともあります．

高校で勉強したことのうち，溶接などは直接役立っていますが，旋盤などは直接は役立っていません．しかし，機械の基本を学べたという点ではよかったと思っています．

高校への要望としては，就職を決める前に会社の内容をもっと詳しく教えてほしかったです．

■聞き取り6．Mさん

1999年3月，大阪府立F工業高校卒業．

高校卒業後，関西社会福祉専門学校へ進学し，介護福祉士の資格をとりました．専門学校卒業後，車いすを修理する会社に就職しましたが1年弱で退職し，その後NPOでケアスタッフとして働いています．既婚．正社員．

勤務時間は10時～17時が原則ですが，シフト制で曜日によって異なります．当初は事務スタッフ兼ケアスタッフとして働いていましたので残業がありましたが，補助金カット以後ケアスタッフのみとなり残業はなくなりました．完全週休2日制．有給休暇日数は当初6日，現在20日．労働保険・社会保険はすべて加入しています．賃金が手取り18万円と少なく生活できませんので，休日にはアルバイトをしています．現在の労働条件には「とても不満」です．

企業内教育は，研修期間（本来1人の仕事に，経験者と2人で入る）ありますが時給が3分の2になるので，2回やっただけで，あとはまわりを見て覚えました．

高校で勉強した専門科目は，車いすを修理していたときは少し役立ちましたが，今は専門が違うので役に立っていません．しかし，高校でのしつけ的なことを含む人間としての基本は身についたと思います．

■聞き取り７．池田一慶さん

1998年３月，都立の普通高校卒業．2005年３月，公立の大学物理科卒業．大学卒業後，教員や公務員をめざしましたが成れませんでした．すぐ働きたかったので，「月給31万円以上可」の広告に惹かれて，業務請負会社の日研総業㈱に大学卒業した年の５月に入社．日野自動車㈱本社工場に派遣されました．

【労働条件】　２カ月から３カ月更新の派遣社員．就業時間は，①08：00～16：55，②20：30～５：25の２交替制．「４勤２休」，または，「５勤２休，土・日は休み，祝・祭日は出勤」．残業は，月平均1.5時間位．有給休暇はなし．賃金は時給制です．時給1,150円．毎月，賃金から，寮費３万5,000円，寮の備品費およそ8,000円（光熱費＋備品レンタル代120円／日，夏冬各４カ月ずつエアコン代180円／日），所得税，社会保険，雇用保険が引かれて，月手取約14～15万円です．社会保険・労働保険はすべて加入．現在の労働条件には「とても不満」です．

【仕事の内容】　直径300～500mm，重さ10～60kgの鉄のリングをディファレンシャルギアに仕上げる仕事に就きました．２～３人の正社員が段取りをし，派遣社員の私が鉄のリングを機械にセットし，機械を稼働します．１名が仕上がった歯車を検査する．１つのラインに歯車加工機が荒削り用２台，仕上げ用１台あって，それが４ラインある．すなわち，派遣社員の私は，正社員からの段取りの指示に従って，12台の機械を一人で操作するのです．１日100個から170個の歯車加工をしました．

【仕事の厳しさ】　職場は，冷暖房なし，油まみれ，バリ落としで出る鉄粉が室内に漂っています．重い鉄のリング，油で汚れた床は滑りやく危険です．夜勤は，知らないうちに身体を弱らせていきます．

【差別され，人間として扱われない】　期間工と派遣社員は同じ非熟練の作業を，正社員は熟練作業を行っています．派遣社員は１年以上も同じ職場にいても，いつまでも同じ業務を続けさせられています．あとから同じラインに入ってきた正社員は，派遣社員の仕事をあっという間にこなし，次々と新しいものを覚え，派遣社員を追い抜いていきます．派遣社員には何も教えられず，何もさせてもらえないのに，正社員から「そんなこともできないのか」と一喝されます．

派遣労働者は使い捨て労働力として扱われ，人間として扱われない．正社員から酷い侮辱と酷いいじめを受けています．実際に，私は，正社員が派遣社員に手をあげている姿をも目撃しました．「雇用調整」が必要になると，派遣社員は，正規の業務から外され掃除などの仕事にまわされる等，徹底したいじめを受け，「自己都合による退職」に追い込まれます．しかし，派遣労働者は２～３カ月程度の細切れ雇用のため，派遣社員同士のつながりがつくれずバラバラで反撃もできない状況でした．

派遣社員は，期間工よりも待遇が悪いです．期間工には１年勤続するごとに慰労金として 41 万円，夏休みと正月休みに５万円の手当が支払われますが，派遣社員にはそれらがありません．同じ仕事をしていても，期間工と派遣社員では年間で 100 万円ほどの所得に差があります．

私は，2006 年３月，会社の花見で，正社員から「その歳じゃ，人生終わっているな」と馬鹿にされました．このとき，同じ派遣社員の和田さんが，その正社員を怒鳴りつけてくれました．この事件をきっかけに，私と和田さんが組んで，NPO 法人ガテン系連帯を立ち上げました．ガテン系連帯は，個人加盟の組織で，派遣労働者の連帯で，人間らしい生活の実現をめざすものです．

【ガテン系連帯での活動をとおして得たもの】 第一に，この連帯ができる以前にはできなかったことができるようになりました．たとえば，派遣会社日研総業㈱から日野自動車㈱に派遣された労働者は，① 時給が 100 円アップ，② 寮費が１万 3,000 円値下げ，④ 作業着が無償で貸与，⑤ ５連休など連休があると，１回につき３万円の連休手当を支給，⑥ 寮の部屋にカギを付ける等々が実現しました．

第二は，職場が違っても，同じ派遣労働者としての仲間ができ，「人間として働き，生きよう」とする自覚が生まれました．「苦しんでいるのは，自分一人じゃない」と，人のことを考えるようになりました．悩んでいる派遣労働者のために全国を駆け回っている．人のために，こんなにやれたのは初めてです．

【正社員も苦しんでいる】 正社員は不良品が出ると責任をとらされる等，追い詰められ余裕がない，さらに，派遣社員を扱いにくい．派遣労働者は，仕事をきちんと教えられず，人間的に扱われない．それゆえ，派遣社員の労働は正社員が望むようなものにならないことがしばしば生じます．それが，正社員による派遣社員に対する酷いいじめの一因にもなっています．こんな労働環境では，良いものはつくれないと思います．人間らしい働きがあってこそ，良いものがつくれるはずです．

■聞き取り8．山田真吾さん

【カメラマンのアシスタントとして働く】 2001年3月，千葉県立の普通高校に入学．家は貧しく，奨学金をもらい，アルバイトをしていました．高校時代は生徒会役員をやっていました．その生徒会の顧問（国語）の影響や先生の勧めもあって，将来教職に就きたいと思い，東京にある私立大学2部文学部に入学．昼は薬局の事務の仕事をしていました．教職の夢はありましたが，左利きのため習字を教えるのが難しい等の理由から教職への道を諦めました．父親がカメラマンであったこともあって，写真の道に進もうと，大学の写真サークルの仲間の紹介で，カメラマンのアシスタントの仕事に就きました（2005年3月大学卒業し，その約2カ月後の6月）．

仕事は朝7時30分から，午後5時には終わらず，午後9時，10時頃まで，時には翌日まで働くこともありました．給料は，1日5千円から7千円で，領収書には1万円上乗せして，つまり，5千円貰ったら，1万5千円の領収書を書かされていました．いくらがんばっても，月10万円にしかならず，食事は安いもやしを炒めて味つけしたものや家から送られた米を炊いたご飯で，当時は，非常にやせていて，骨と皮ばかりのようでした．体重は今より7 kgほどやせていました．家賃を4カ月滞納し，給料の前借りやクレジットカードでお金を借りたりしました．カメラマンから「おまえは俺の使用人だから，使用人らしく働け．おまえの代わりはいくらでもいるんだぞ」と言われ．さらに，「この仕事は半年」と言われました．はじめは，これを「半年たつと一人前になって独立」と受け取っていましたが，「半年もったらいい」という意味のようでした．

【深夜の損害賠償請求のファックス】 12月末，夢をかなえるためにはじめたカメラマンの仕事でしたが，このままでは自分の生活が成り立たなくなってしまうから仕事を辞めようと思いました．「もう仕事に就きません．辞めます」と手紙を送ったら，「あなたがいたことで会社は迷惑を被った．損害賠償を請求する」というファックスがカメラマンから深夜0時半に送られてきました．請求額は7万円でした．

2006年1月中旬，首都圏青年ユニオンに加入して，損害賠償の撤回と不正な領収書の返還を求めて団体交渉することになりました．しかし団体交渉まではいかずに書面のやりとりで解決することができました．今までカメラアシスタントをしていてすごく悩み，どうしてよいのか，自分の人生の先が真っ暗になっていたのに，団体交渉の書面を送っただけで無事に解決してしまうという体験をし，労働組合ってすごいなと思いました．

それまでは，労働組合と聞くと赤い腕章とはちまきをしたおじさんたちが，握りこぶしをあげているというイメージでしたが，そうではなくて自分たちが苦しんでいることに対して，苦しんでいるのは一人じゃない，みんな同じように苦しんでいる．それをなんとかしていこうというのが労働組合だということを知りました．

【首都圏青年ユニオンの専従として働く】 首都圏青年ユニオンは，「1人でも，誰でも，どんな働き方でも入れる，若者のための労働組合」です．

2006年８月から，このユニオンで専従として働き，現在（2008年），書記次長をしています．

このユニオンの特徴をいくつか紹介します．

① 専従任せにせず組合員自身が動く：団体要求書も，専従者だけでなく，組合員自身でつくります．いろいろな要求書のパターンがパソコンに入っていて，それを使って作成します．それをファックスや郵便で会社に送ります．このユニオンとはこういう労働組合です．団体交渉に応じないと労働組合法違反だということをわかっていただくために，このユニオンの取り組みを紹介した一般新聞の記事をいっしょに付けて会社に送ります．

② メールを駆使して参加型の団体交渉：組合員にメールで団体交渉の参加を呼びかけます．たとえば団交会場が渋谷だったらハチ公前に集まります．そこで，要求書のコピーをみんなに回し，円陣を組んで交渉のための準備をします．それから，団体交渉に臨みます．団体交渉の場が一番の学習の場になっています．組合員は，自分たちの要求事項を自分たちの目線で交渉しながら，労働基準法や労働者の権利について知り，会社の社長の言うことへの反論力も身につけることができます．

③ 開かれた執行委員会：執行委員会は，みんなが参加しやすいように夜７時から開かれ，組合員なら誰でも参加できます．執行委員会では毎回１回200円から300円の食費を取ってみんなでご飯を食べます．仕事が終わって家に帰ってもコンビニの弁当で，一人でテレビを見ながらしかご飯を食べないという組合員がいるなかで，ユニオンの事務所に来れば同じような境遇で悩んだり苦しんでいたりする若者がいたり，同じような状況で闘っている仲間がいて，ご飯を食べながらそれをみんなで共有しあい若者同士の横のつながりを強めていきます．

【厳しさとやりがい】 最近，相談の中身が深刻で，労働問題だけで済まないで，生活問題と深くかかわった深刻な相談も受けるようになりました．生活状況が辛い人からの相談を受け，どうしたらよいのか考えるとき，世間に対する厳しさを感じます．しかし，取り組みによって，交渉前は暗かった人が，交渉で明るく変わっていく姿を見ると，「やってよかった」とやりがいを実感します．

【今の高校生と高校教育に対して】 高校時代は，いろいろなことをして，いろいろな人と出会うこと．いろいろな本を読むことだと思います．高校の先生方は賛成しないかも知れませんが，アルバイトもしてみることも大事です．アルバイトはお金を稼ぎ，人間として生きる力を身につける第一歩です．アルバイトは学費を稼ぐことや自分のお小遣いを稼ぐことなどを学ぶことができるので，社会に出るならし運転のようなものだと思います．そこで，仕事に困ったとき，労基署の使い方や労働組合・ユニオンの可能性，そして憲法の重要性を生徒に教えてやってほしいです．

(2) 青年労働者へのインタビューから見えてくるもの ―――― 小嶋晃一

第一は，人との出会い，つながりが，青年を成長させている．それは，技術の向上にもつながっている．ということである．

企業内教育は，主としてOJTによる．そこで指導する先輩との出会い，つながりによって，職業的に成長している青年の姿が，多く見られた．自動車メーカに就職したTBさんは５歳年上の指導員の「先輩はやさしいけど怖かった」「入社時，目標とした人だった」と語っている．彼は，この先輩と出会うことによって，「もまれ，車が好きになり」，自動車整備士などの多くの資格を次々と取得し，小グループのチーフとなって仕事をするまでになっている．T工業㈱の青年で，インタビューに応じた４人とも，「（職場は）人間関係が良く，過ごしやすい職場だ．困ったことがあると先輩が相談に乗ってくれる」という趣旨の発言をしている．これは，彼らの上司もいる工場内でのインタビューでの発言であることに留意する必要があろう．だが，この職場の労働組合は，「人と接することが成長するうえで役立つ」ということで，労働組合側が会社側にも働きかけて，全社員がつながることを重視している．人とつながり，人を育てることが，労働者の技能向上につながり，それは製品の品質向上につながる．そして，それは，会社の利益にもつながっているのである．

厳しい労働環境におかれている非正規雇用の青年も，仲間と出会い，つながる中で，自覚的労働者として成長していく．派遣労働者の池田さんは，同じ派遣労働者の和田さんと出会うことによって，NPO 法人ガテン系連帯を立ち上げることができた．この連帯での活動を通して，池田さんは，「人間として働き，生きようとする自覚ができた．苦しんでいるのは，自分１人でじゃないと，人のことを考えるようになった．……人のことをこんなにやれたのは初めてだ」と，インタビューで語る池田さんの落ち着いた確信に満ちた目の輝きが印象的だった．

第二に，多くの青年は，「ものをつくり上げたとき，やりがいや達成感を感じる」と語っている．このように，本来，労働対象に労働手段を使って働きかけ，それによって労働対象を有用物に変える労働は，人間にとって喜びなのである．だが，長時間労働や人間として扱われない労働は，苦しみとなるのである．人間的な働きがあってこそ，良いものが作られる．それは，企業にとってもプラスである．この点で，Ｔ工業㈱の取り組みが注目に値する．それは，この経営の労働組合が会社に働きかけて，「人間らしい働きの場」をつくっていることである．

第三に，青年の労働条件が劣悪である．

賃金面で見ると，東京における正規雇用で残業が月 20 時間以下の青年の場合，高卒後５年で，手取 15 万円から 17 万円（税金・保険料の控除を含めると 18 万円から 21 万円と推定される），高卒後 10 年で手取 21 万円（控除含めて 25 万円と推定）程度である．一時金は，年合計４カ月程度であるので，年収は高卒後５年で 290 ～ 320 万円，高卒後 10 年で 400 万円程度と思われる．労働運動総合研究所が 2008 年 12 月８日に発表した首都圏に住む世帯別「最低生計費」についての試算結果によると，20歳代男性単身世帯の「最低生計費」は税込みで月額23万3,801円，時給1,345円，年額280万5,612円である．比較的恵まれているといわれている正規雇用者でも，賃金は高卒5年で，「最低生計費」より上まわる額は年額で10万円から40万円程度でしかない．高卒10年になると既婚者もいる．年収400万円での結婚生活は経済的に楽とはいえない．これらは，日本の労働者全体の賃金水準が据え置き，あるいは切り下げられたことを反映している．大阪のUさんは，基本給が15万円，月30～40時間の残業をして，やっと手取20万円である．また，NPOでケアスタッフとして働くMさん（既婚）の手取は18万円と低く，生活できないので休日にアルバイトを余儀なくされている．これは，今日の日本における介護政策の貧困によるものである．

残業は，正規雇用者（T工業㈱の労働者を除く）は，月20時間以上である．製造業の間接部門では，「品質を守る」ということから，期間工や派遣社員等の非正規雇用者の人数は少なく，正規雇用者の残業も比較的少ない．これに対して直接部門のライン職場では，非正規雇用者が多く，正規雇用者の残業も多い．そこでは残業が月40～50時間，ときには，月140時間の残業命令もだされ，しかも，そのような長時間労働を当該の労働組合が認めているのである．

このような正規労働者の労働条件よりもさらに劣悪な状況におかれているのが非正規雇用者である．なかでも，派遣労働者は，派遣先企業にとって必要なときはこき使われ，不要になると簡単に辞めさせられる「使い捨て労働力」である．2008年に発生したアメリカ発の金融危機による「減益」を理由に，「派遣切り」など非正規雇用の解雇・雇い止めが行われ，それによって失業する労働者は，2009年1月30日発表の厚生労働省調査によると2008年10月から2009年3月までに12万5,000人である．この解雇・雇い止め者の約7割が派遣労働者である．派遣・請負の業界団体は，製造業で働く派遣・請負労働者の失業は，40万人と推定しており，実際には，さらに大規模な解雇・雇い止めが予想される．また，池田さんの証言にもあるように，派遣労働者は派遣先で差別され，人間として扱われていない．

第四に，青年の厳しい労働環境を変えていく担い手は，ほかならぬ連帯した青年自身である．そして，労働環境を変えていく取り組み方も，青年自身によって創意的に生み出されるものである．首都圏青年ユニオンの取り組み，① 団体交渉における要求書は組合員自身がつくる，② メールを駆使しての参加型の団体交渉，③ 開かれた執行委員会などによって，誰でも主体的に参加でき，成長していけるものとなっている．

第五に，高校段階での教育について，多くのことを示唆している．

インタビューに応じた青年11人中，９人が工業高校卒である．彼らは，高校での工業教育について，「高度なことまでは必要ないが，基礎的なことが……役立った」（TA さん），「機械加工の体験が，機械に触る抵抗感がなくなった」（Ｔ工業㈱の４人の青年），「機械の基本を学べたという点ではよかった」（Ｕさん），「しつけ的なことを含む人間としての基本は身についた」（Ｍさん），「レポートの指導は厳しかった，それは，（文書報告が重視される会社で）役立っている」（Ｓさん）と応えている．工業高校で学ぶ専門知識や技能は，それだけで仕事ができるというものではない，また，それらのすべてが仕事に直接役立つものでもない．しかし，工業高校で学んだことが，会社の中で，仕事をなんとかやっていけるのではという一定の自信，それは，不安は多々あるが，でもやっていけるのではという程度の自信になっているということが，上記の彼らの発言からうかがえる．

一方，要望として，「プレゼンテーションやディスカッションできる力を育ててほしい」，「せめて，百分の１ミリ単位まで測定する加工実習をしてほしい」などが出されている．

今日，非正規雇用を増大させるなど日本の労働環境がいちじるしく厳しくなっている状況下では，働くルールの学習とともに，同じように苦しんでいる仲間がつながり連帯することが必要である．それは，派遣労働者の池田さんや首都圏青年ユニオンの山田さんの経験からもいえる．

以上のことから，ノン・エリートのすべての高校生に対しては，彼らの将来の職業的成長のために，次のことが必要である．

① 職業教育を保障すること．

② 働くルールについての教育．

③ 仲間とつながり，連帯することの大切さを教える．

(3) 中小企業で働き成長する青年たち ―――――――― 上中 香

1）中小企業における青年の労働実態

2007年4～8月にかけて，全国商工団体連合会（全商連）の青年部協議会（全青協）が「全国業者青年実態調査」を実施した．全商連とは，建設・製造・飲食・小売・サービス業などの個人事業主（主に従業員9人以下）が加入する各地の民主商工会（民商）が都道府県単位で加盟し，営業と暮らしを支え合う組織（会員約24万人）である．

1985年，2001年につづき，3回目となる今回の調査では仕事の状況，やりがいやこだわり，困っていること，くらし・生活状況など50項目を設定．対象は主に35歳以下の青年部員（青年事業主と家族専従者）約1万人と会員以外の業者青年を対象に調査し，5271人から回答を得た．

調査結果の構成は，30歳以上が79％，20代は20％．事業主が57％，家族専従者が31％．事業所で働いている就業者数は「自分だけ」が19％，「自分と家族」が31％，「家族以外の就業者数4人まで」が33％．業種（7区分）は，多い順に建築業が33％，サービス業が17％，製造業が13％，飲食業が11％，卸小売業が11％，運送業3％，情報関連1％，その他となっている．

■調査から見えてきたもの

① 商売・経営に対する高い向上心と努力

自営の道を選んだ動機をみると「家業だから」(41%) がトップで,「自分の考えで仕事ができる」(36%)「自分の能力を発揮したい」(32%) と続いている. 設問は3つまでの複数回答であることを考慮すると, 家業として親の仕事に身を任せるというよりも, 自らの境遇を活かして「自己実現したい」という前向きな意識が見える.

仕事のやりがい・こだわりでは,「頑張った分だけ利益があがる」(52%) がいずれの業種でもトップに上げられ,「顧客の満足」(37%),「技術力」(30%),「人間的な成長」(26%) に見いだしている.

事業や家業の今後について49%が「拡大したい」と攻めの姿勢がみられ, 商売上の努力では「技術や専門的知識の向上」(59%),「顧客ニーズをつかむ」(26%),「事業への意欲・向上心を高める」(26%),「コスト削減」(20%),「商売のネットワークの拡大」(18%) と続き, 厳しい商売環境の中でも利益追求だけでなく, 中小商工業の担い手としての心意気と志がうかがわれる.

② 労働実態

業者青年の労働状況をみてみると, 1日の労働時間は「7～9時間」が42%で最も多く,「9～11時間」が27%で次いでおり, 前回の6年前とほぼ同じ傾向であるが, 依然として9時間以上働いている青年が半数近く占めている.

業種別では「製造・加工」と「建設・土木」以外が「9時間以上」が過半数を占め, とりわけ価格競争が激しい「料理・飲食」と「運送」では「11時間以上」働いている割合は41%と32%でとくに高くなっている. 休日の実態をみても, 過半数の青年は「週休1日」体制で生活しているが,「不定期」「ほとんど休めない」と答えた青年は32%, 3人に1人という高い率になっている.

「ほとんど休めない」の割合では「卸・小売」(19%),「料理・飲食」(13

%），「運送」（12%）がとくに高く，逆に新しい業態である「情報関連」では「週休２日」の割合が41%ときわめて高くなっている．

③　所得水準と生活状況

所得水準を見てみると，所得300万円未満が49%．フリーターの所得と変わらない200万円未満の比率が23%と４人に１人の割合に達しており，とくに「料理・飲食」では200万円未満が41%と高い率になっている．その結果，「生活できるだけの収入や給与はとれているか」に対する回答では，「とれている」（21%），「ほぼとれている」（44%）に対し，「とれないときが多い」と「とれない」をあわせると（33%）で，本業だけでは生活できず，夜はアルバイトをする青年も出てきている．

また，生活上の問題で困っているのは，「高い国保料（税）」（47%），「高い年金保険料」（34%），「住民税」（27%）である．国保加入者の２割近くは保険料支払い困難（「減免制度利用」13%，「滞納」５%），国民年金は４割以上が支払い困難である（「免除申請」14%，「滞納」は29%）．

国保料は自分や家族の命にかかわるのでなんとか支払っているが，年金は後回しに．商売よりも税金で頭を悩ます業者青年もたくさんいる．

2）青年の職業的成長

次に，青年の職業的成長（苦労や失敗，成長）の具体例を紹介する．

① 大阪府豊中市でコーヒー豆販売業を営むＳさん（33歳）は，高校在学中に喫茶店でアルバイトをしているうちに，接客業の楽しみを覚え，いつしか「独立して店をもってみたい」という夢をもつようになった．高校卒業後，中華料理屋の厨房で働き，その後は製造業（鋳物鋳造）へと働く場所を変えながら，どんな業種が自分にあうのか模索する日々．そんな中，コーヒー好きが興じて，21歳で自宅にコーヒー焙煎機を購入．そのうち「このコーヒー豆はどのように作られているのか？　自分の目で，現場を見てみたい」という思いにかられ，26歳のとき単身ハワイ島へ．のべ半年間，コーヒー豆

栽培のお手伝いを体験．そこで知り合った日本人に背中を押され，翌2002年，27歳で大阪・豊中市に豆販売の店を開業することになった．

最初の1年目を振り返ると「世間知らずで無知だった．いい豆を店頭に並べてさえいたら，勝手に売れるものだと信じていた」の言葉どおり，利益どころか維持費・家賃を支払うだけで精一杯．2年目からは，新聞配達をして一定の収入を確保しながら，店を続けた．この経験が勉強になり，わざわざ買いに来てくれるお客さんのありがたさ，喜んでもらえる接し方を学び，人間としての幅を養うきっかけになった．

3年たってだめならあきらめようと思っていたが，こつこつ続けてきた成果がリピーター数・固定客の増加としてあらわれてきた．次のステップにと，4年目からは思い切って日曜のみの営業に切り替えることに．平日は「2店舗目の喫茶店」を出す資金づくりで外へ働きに出た．客との信頼関係が強いこともあり，日曜日のみの営業でも売り上げは落ちない．豆販売店を続けながら，もっと多くの客にコーヒーの魅力を伝えたい，飲んでもらいたい，喫茶店を通じて街のコミュニティーをつくりたいと2009年の「開業」にむけて日々がんばっている．

② 大阪府八尾市で鉄工業（プレス・旋盤加工）で働くYさん（39歳）．工業高校卒業後，就職した製造会社を22歳でやめ，父が経営する鉄工所で働くことに．受注生産の製品（自動車バッテリー充電器）の製作が30年来つづいており，取っ手にプレスの傷がつかないよう独自の改良を施したり，ほかに見込み生産の機械部品を加工している．

Yさんが働きはじめてすぐに痛感したのは，工業高校で習ったことがそのまま通用しなかったことである．

現場でわたされた図面は，教科書のような正確な寸法線・寸法補助線は使用されておらず，ごちゃまぜ．加工の「現場」ならではの状況に，混乱することもあった．また，学生時代に資格をとったガス溶接を扱うときに，左右の手の持ち方が逆で「何を勉強してきたんや」と親方から言われたこともあった.

30歳になり少しずつ取引先とのやりとりに入るようになり,「知らんではすまされへん. プロとして親の技術だけでなく, 幅広い知識がいる」と痛感.

37歳の時に, 異業種の若手経営者が集まって自らの経営内容を語る力をつけながら, 製品や試作品を共同開発する『ネットワーク』を発足した.

そのメンバーの一人, 建築鉄骨業の青年から「溶接で使用する溶接補助具をつくろう」と提案が. 試作品づくりのため, 自分で図面をおこし, 4回書き直し, 10カ月かけてようやく形になった.

「それぞれが持っている技術を活かして製品開発することは, 厳しい中で生き残るためにも必要なこと. 相手と激論になってまわりからケンカしているように見えたようだが, よりいいものを作りたいという真剣な思いがあったからこそ. 今は, いろんなことを知りたいと視野を広げる分だけ, 逆に危機感を感じたり, 無知に対する恐れを感じるようになった」とYさん語っている.

現在は, 自営業者と近畿圏の大学の先生・有識者が集まり,「ものづくり研究部会」(大商連内に設置) に参加しながら, 定期的に府下各地の製造業の工場訪問にも行ったりしている.

③ 大阪府堺市で畳屋を営むKさん (35歳・3代目). 自宅兼作業場だった父母の家業を毎日見て育った. しかし, 子ども時代はいっさい手伝いをせず, 親も跡継ぎのことは一切言及しなかった.

それでも, Kさんは家業を意識する中で商業高校へ進学. 卒業後は, 外の空気を吸うことがいずれ役に立つと思い, 貿易会社に入社. そんなとき, 跡を継ぐため父親と一緒に働いていたKさんの兄が, 父親と折り合いが合わず美容師の道へ進むことに. その後, 父親と一緒に仕事をしてきた母親が病気になったことをきっかけに, Kさんは会社を退職し, 20歳のとき跡継ぎになることを決心した．

Kさんは，親方（父親）ともめることはない．早く一人前になろうと，親方の言うことをしっかり聞くことに徹しているからである．Kさんが親方を尊敬しているのは技術の面だけなく，多くの職人が苦手とする日常的な帳簿づけ・確定申告をしっかり自分でやる．そんな幅の広さも尊敬している．

Kさんの仕事でやりがいは，気温なども考慮に入れて，仕業（畳の仕上げ）が枠内にぴったりはまったときの快感．真夏の猛暑の中でも涼しい風が吹くような感覚になり，畳が「ようやった」と言ってくれるそうである．父親の引いた線路を走るのではなく，時代が違えばおのずと線路は違う．同じ線路で行けるほど時代は甘くないと，技術向上だけでなく，異業種とのつながりもつくりはじめている．

④ 大阪府貝塚市で建築鉄骨組立業を経営するMさん（女性・37歳・3代目）．二人姉妹の長女として生まれ，幼いときから遊び場は父母が働く建築鉄骨が置いてある工場．設計図面の裏にお絵かきや鉄骨の錆止め塗りの手伝いもしていた．母親も工場で仕事をしていたので，長女のMさんが食事・そうじ・洗濯の手伝いを行い，自然と家業を継ぐのはあたり前の意識になっていた．

鉄骨業は力のいる仕事なので職人（従業員）が行い，経理など経営面に強くなろうという思いで簿記1級を取得．1994年に父親が亡くなり，しばらくは母親が事業を引き継いだものの経理等はまったくの苦手．1998年に資金繰りに困り，民商の融資学習会に参加することに．そこで，「無担保・無保証人」の公的な融資制度があることを知ってびっくりした．自分がやるしかないと奮起し，今後の事業計画や返済計画など必要書類をきっちりそろえ，面接もこなし，通常1カ月以上かかるところを1週間で融資が下りることに．この経験が大きな自信になり，母親に「もう完全に，私するからね」，「頼んどくわな」と事業主に．職人（従業員）は5人，30～40歳代と若く，みな20年前後のベテラン．番頭格の職人が作業や現場をきりもりし，Mさんは経理・税務・融資など主に経営面での取引先との折衝を行っている．

耐震偽装事件以降，建築許可がなかなか下りず，仕事の進行にかなりの遅れが出るなか，工期時間を短縮するため材料をきっちり寸法切りするなど創意工夫している．また，「正確さ」を仕事の売りにして，絶対に安売りはせず，「値段も一流やけど，腕も一流やな」の信頼を取引先から得ている．

3）今後の課題と展望

前述した実態調査の結果からもわかるように，業者青年は厳しい経営環境の真っ只中である．元請からの低単価・短納期が進み，原油高・原材料高がさらに追い討ちをかけるなか，商売の存続と引き継ぐなり手（後継者）不足という深刻な課題がある．

しかし，こうしたなかでも紹介した４人の青年のように起業したり，創意工夫・経営努力・チャレンジするなかで，日々成長している．

Ｋさんが言うように，親の引いた線路で走れるほど時代は甘くないということを，みんな若くして痛々しいほどわかっている．そうかといって，親のやってきた路線を否定し，とにかく新しいものをというような気負いや，悲壮感も感じさせない．あるのは，目の前の厳しい現実を，自分なりにあれこれ工夫して乗り切ろうと奮闘している姿である．

そして，個々の経営努力だけでは乗り切れない大きな波に，異業種とのつながり・ネットワークをもちながら，仕事の幅を広げ乗り越えようとしている．

これまでは「強い企業，産業を強くすれば日本経済はよくなる」といわれ，金融投機で稼ぎ，勝ち組企業が儲ける外需だのみの経済であった．貧困・格差が大きな問題になるなか，内需（国内での消費）を重視した政策へと転換しつつある．そうなると，地域の人びとの生活や福祉，雇用，環境に貢献するものづくり・サービスが重視・注目される．

これまでもてはやされたITや金融などのベンチャー企業ではなく，置き去りにされていた中小零細企業に光があたる．現在の業者青年，これからそこで働く青年にも，「厳しさ」と「希望」の２つが混在している「転換期不況」だということをしっかりと見据えていれば，展望を見失うことなく青年らしく立ち向かっていけるだろう．

(4) 東京建築カレッジの挑戦――渡辺顕治

若者の人生の中で，職業選択の問題は大変重要である．自分は一体に何になるのか，何ものでもない自分から何ものかになるうえで，職業の問題は決定的ともいえるだろう．「職業に貴賤無し」といわれる．それは，職の実践が社会に役立ち，自身の成長を生み，かつ，明日も元気で働ける報酬の裏づけをもつかけがえのなさをいうのだと思う．そうした「職」は人生の幸せをも左右するものだろう．

1）技術をわがものに―職業訓練の学校の試み―

ここで紹介するのは「東京建築カレッジ」という小さな職業訓練の学校である．東京土建という日本最大の建築労働組合が母体である．東京池袋北口駅から徒歩10分，平和通りという商店街のど真ん中にある．カレッジには高校新卒の若者から，20～30歳代，ある場合には40歳代の建築の仕事に従事する人たちが，週２日，２年間学ぶ．年齢も経歴も異なった集団であるが，建築の仕事について働きながら，技術を学び技能を向上させようという点については共通の思いをもっている．

カレッジのカリキュラムは，構造系，施工系，計画系，教養（総合）系に分かれ，それぞれ，実技科目と学科目が配置されている．大学の建築科のカリキュラムと共通している．しかし，大きな特徴は実習棟実習を中心においていることである．その取り組みの中にそれぞれの科目の要素を統合する総合学習（カリキュラム）を追求している．とくに，開校５年目からは実習棟に伝統的構法を取り入れた．伝統構法は，本質的に木という材の良さを生かし弱点を強さにかえる構法（技術）である．それを可能にする材の選び方，加工の仕方，組み方を不可欠に含む．よく釘を使わない建築術ともいわれてきた．近年，構造体の耐震性の確保を理由とする規制（建築基準法）で，伝統構法は行われなくなったり，「木の良さを生かす」という本質を歪めた工法に変わっている．カレッジは職業訓練の教材として伝統構法を復権させた．限られたスペースに２間×２間半の木造２階建てを建てる．基本構造を大黒柱構法で造る．１階の壁は貫構法，２階は筋違（すじかい）でかためる現代工法である．実習棟づくりの前提として道具づくり，道具使い，要素的な木組み（蟻，鎌継手）の作成（墨付け加工）の集中的な訓練を行う．道具づくりは基本中の基本である．それをステップにして板図（施工図），尺杖（矩計）をつくり，実習棟全体の部材に墨付け，加工し一つの構造体を組み上げる．今日の住宅づくりでは，地域の独立的工務店が一棟丸ごと請け負いじっくり完成させるという手づくり仕事は大幅に減少している．対照的にハウスメーカーが進出し，限られた納期に早く効率よく組み立てることを至上とする量産仕事が増えている．構造材，仕上げ材は工場で事前に機械加工されている（プレカット）．そうであればこそ，学校で木という材料の特性を生かす教育的に組織された実習棟を一棟丸ごと建てる実習を行う意味は大きく，貴重である．実習棟は実験棟である．荷重をかけ，構造体として建物のたわみ方，構法ごとの壊れ方と強さの特徴を検証し，材料を生かす木組みや構法のあり方を考える．こうして実習棟は道具づくりの基本から構法，力学を含む学習の対象（技術）である．実習を通じて技術を使う能力をわがもの（技能）とする．

12期生には，建て売り住宅建築の現場で７年間働き，一棟建ち上げる経験を積み，効率的な行程管理も身につけ，“稼ぐ”ことには不安はない．しかし，現場がプレカットでなかったら自分は何ができるのだろうと不安になって，カレッジで建築の基本を学びたいと入学した人がいた．カレッジの職業訓練が見習者のためだけでない新しい可能性，方向性を示唆している．

2）資格だけでは食えない―修了後10年の歩み―

カレッジは創設から11年が立った．18歳で一期生として入学した人も，30歳になる．「30にして立つ」といわれるが，カレッジ修了後，卒業生はどんな道筋を歩いているのだろう．「建築生産」という授業で卒業生がその後を語った．一端を紹介する．

遠藤幸和さんは35歳（1972年生）．練馬の工務店で働いている．3代目である．カレッジへ来る前は，アナウンサーを養成する専門校に通っていた．しかし，アナウンサーになれるものは限られる．コネもいる．見切りをつけた．大工職人としては遅いスタートで，カレッジの学習を全身で吸収し，自立の力に換えた．

■遠藤さんの話

カレッジの修了はスタートラインの手前です．長丁場の人生を送り続けるためには技術がないとやっていけない．カレッジのカリキュラムはすべて使う．基礎工事でもマンションのリフォームでもカレッジで学んだコンクリートの知識は有益であった．卒業後，2級建築士，増改築相談員，福祉住環境コーディネーターの資格をとった．しかし，現場では，学校を出た，二級建築士をとったといっても「あっそ」というだけ．資格で仕事ができるわけではないのである．手すり一本付けるにも壁の裏側がどうなっているか．建物がどういう構造でどんな工法でつくられているのかを見抜かないといけない．下地のないところに手すりは付けられないのである．客は「お金を掛けず，しかし，見栄えはよく」と言う．それにバランスよく応えるのが技量である．それを示さないとお金はもらえない．仕事をやって，客と話して，信頼されるようになるには，世の中のことにアンテナを張る．雑学でも無駄なことはない．趣味をもつなら趣味を生かす．必ず生きる客がいる．スタートを切るのに必要な知識や技術は学校で学べる．それから先は自分で切り開くことである．

3）独立職人を支える力

千明哲治さんは30歳（1977年生）．高校新卒でカレッジに入学した．家業は鳶職である．基礎工事や足場掛けが主な仕事．兄が継ぐことになっていた．次男の彼は何をするのか．高校は商業高校の情報処理科に入学したが，職業への道はひらかれなかった．家業を手伝いながらカレッジに進んだ．

■千明さんの話

カレッジに最初は興味をもてなかった．授業は何を言っているのかさっぱりわからない．古いノートを見たら，「尺鋸（しゃくのこ）30cmののこぎり」と書いてあった．当時はそんなこともわからなかったのである．木造実習で継ぎ手などを作った．これに感動．刃物を研いで木を加工するのが好きになった．大工になりたいと思うようになったきっかけである．実習の先生に大工になりたいといったら，先生の現場に来ていいといわれた．そこで，土台から，のみ，大玄能を使って刻む．蟻，鎌を何個も作る．最後の仕上げまでやらせてもらった．研ぎもやった．家に帰っても研いだ．その後を考えると最初にいい仕事をさせてもらったと思う．卒業して「うちはプレカットでやるほど仕事はない」という会社に入社し，５～６年位働いた．しかし，その会社ではお客さんから直に受ける仕事は毎回毎回同じ型になってしまう．「こんな風にしたほうがいいのに，なんで親方は変えないのか」と思うことがあった．現場の図面も親方がパッパッと書くだけ．細かい納まりは職人や親方に聞くしかない．周りがなんとかしてくれるだろうと甘えも出た．ここであと５年働いても変化はないと悩んだ．１年間，考えた．若いしエネルギーはある．だんだん自分の考えを押さえられなくなって，親方に話した．当てはないが会社を辞めた．助けてもらったのはカレッジの仲間である．横のつながりで仕事を回してもらったり，手伝いに行ったりした．今でも仕事でいろいろ壁にぶつかることがある．カレッジの先生に相談したり，仲間に聞いている．生涯の仲間である．最近，高校の友だちが久々に連絡をくれた．「ベランダから雨がもってクロスが汚れる．ボードを張り替えてほしい」という．友だちだから安く見積もった．そうしたら「もう少し安く」といわれた．断れないで，「安い仕事でやりたくないなー」と思いながらやった．やり終えてきれいになって友だちは「うれしい，うれしい」という．ほんとに気持ちが伝わってきてうれしかった．「お金はいらない」とさえ思った．どうがんばっても自分一人しかいない場合，限界を感じることがある．体をこわしたらおしまいである．これからは乗り越えられる仕組みを考えていきたい．

カレッジの修了生は300人になる．遠藤さんのように文字どおり跡継ぎの人，千明さんのように雇われ職人から独立職人として歩き始めた人，二世でも独立も視野に入れている人，雇われ職人として修行し，現場の職長の立場に立つ人など行路はいろいろである．「独立の一歩をどう踏み出したらいいか．具体的準備は？」「一人でやっていて大変な時の保障は？」在校生は質問する．職人としての独立には高い関心がある．その過程はカレッジのつながりだけで支えられるものではないだろう．文字どおり社会的支援が不可欠である．

4）偉大な挑戦

今日，建築の世界のみならず，物と物，人と物，人と人の関係は金の関係に還元され，その枠（制約）によってぞれぞれの良さを生かす結びつきは歪められ，軽んじられ，放棄さえされている．金のない者は有毒性のより強い（安い）材料を使うのが当然視されるかの流れである．そうではなく，小さい事業体にしても，もうけ主義の枠を越えて施主と向き合い，地域に根ざし，良きものを追究し，分かち合う営みへの挑戦は偉大なものである．その発展の中に生産者と消費者との新しい連帯も見いだすことができるだろう．カレッジもその脈流と結びつき，支えるものになることによって，青年の社会的自立に一層貢献することができるだろうと思う．

〈参考文献〉
東京建築カレッジ「池袋北口職人大学」編集委員会編『池袋北口職人大学』彰国社 2003年
渡辺顕治『青年期と職業訓練』かりばね書房 2008年

(5) 生産の世界の情報化と労働―ディジタル・マニュファクチャリングへ― 坂口謙一

プロローグ

「即断即決でやらなければ，ITは，いわれているように，距離と時間をいっぺんに縮めてしまったわけですね．……要はスピードですから，必ず一日で結論を出してほしい」

2000年5月に放映されたNHKスペシャル「IT・情報技術革命の衝撃2～ものづくりが激変する～」の冒頭の一幕である．電機メーカーのある部署で，管理職クラスの男性社員が，部下を集めて号令をかけている．彼はNHKの取材に対して次のように言う．「これはもう逃げられない現象ですから，ぜひ乗り切らないかんですね……」．

《1分1秒のムダも許さない，新たなる時間との闘い》

当時NHKは，生産の世界を直撃している激動をこう表現した．もう一昔前の古びた過去の出来事である．

1）生産の世界の企業組織

本節では，商品を生産する一連の活動を生産の世界と称している．この生産の世界は，仮に一つの中規模な製造業企業（会社）の営みとして想定すると[1)]，全体としては「営業部」,「技術部」,「生産本部」の3つの事業部門から構成されている．

「技術部」は，製品（商品）の開発と設計を担当する部門であり，「開発課」と「設計課」から成る．

「生産本部」は工場長が管理する部門であり，「生産技術部」,「生産管理部」,「購買部」,「製造部」,「品質管理部」の5つの部署から成る.「生産技術部」は製品を効率的に製造する方法や設備・工具類を管理・準備する.「生産管理部」は製品の生産量や納期管理を担う.「購買部」は材料や部品等の資材を調達し,管理する.「製造部」は加工や組立,発送等の製品の製造現場を担当する.「品質管理部」は製品や部品の検査,製造物責任等を担う.

2）生産情報システムの登場とその閉鎖性

情報技術のいちじるしい発展とともに,生産の世界でも情報化が急速かつ広範に進行している.

その根幹となる動きは,製造部門の個々の労働手段にコンピュータが組み込まれ,基幹的労働手段が機械からコンピュータ制御オートメーションへと変化し,これまで人間が担っていた製造労働の一部がプログラムに置き換えられてコンピュータに代替されるようになったことである.これを自動化と称している.

日本の製造業での自動化の端緒は,1950年代に見いだすことができる.1956年,最初の国産NC（数値制御：Numerical Control）工作機械が開発された.NC工作機械の数値制御はさん孔テープによる方式であったが,その後コンピュータ制御方式CNC（Computerized Numerical Control）へと進んだ.米インテル社が世界最初のマイクロコンピュータを開発したのが1971年である.これ以降,コンピュータ制御技術は急速な発展を遂げていくことになる.マイクロコンピュータという超小型コンピュータの登場により,コンピュータを多種多様な機械やモノの中に組み込むことが可能になったからである.今日日本は産業用ロボットの世界一の普及率を誇っており,2004年末現在で世界の産業用ロボットの40%強に当たる約35万台が稼働している[2)].産業用ロボットは歴史的に見ると,鋳造,プレス,溶接作業など危険で単調な業務部門から使用されはじめ,とくに自動車工業における自動化・無人化の隘路を大きく切りひらいた[3)].

コンピュータの超小型化・微小化の動きは加速度的に速い．2007 年時点で縦横が 0.05 ミリメートル，厚さが 5 マイクロメートルの超微小コンピュータが開発されており，薄い紙にも埋め込めるほどになった[4)]．

また，このような超小型・微小コンピュータを，いわゆる組み込みコンピュータとして制御に利用するためのソフトウェアの開発・整備は 1980 年代以降大きく進展した．実時間性・リアルタイム性[5)]を備えた無償の OS（オペレーティングシステム：Operation System）である TRON（The Realtime Operating system Nucleus）の開発・改良の動きがその動向を支えてきた．

他方，世界的にも国内的にも 1980 年代前半から情報通信ネットワークが本格的に登場しはじめた．情報通信ネットワークとは，コンピュータが組み込まれた通信ネットワークである．1980 年代には LAN（Local Area Network）が実用化され，LAN は，社会的にはとくに製造部門の中で重要な役割を果たし，コンピュータ制御オートメーションのシステム化を実現した．

この 1980 年代前後からのシステム化されたコンピュータ制御オートメーションの初期の典型が FMS（Flexible Manufacturing System）である．FMS は，CNC 工作機械や産業用ロボット，マシニングセンタ，自動搬送機，自動検査機，自動倉庫等が体系的に配置され，上位コンピュータと結合されたものである[6)]．

また，FMS とともに，CAD/CAM（Computer Aided Design/Manufacturing）や CAE（Computer Aided Engineering）が登場・普及し，製品の開発・設計，解析，製造等のコンピュータ化が促進され，FMS と CAD/CAM/CAE との結合による FA（ファクトリーオートメーション：Factory Automation）を経て，1990 年代中頃には，開発・設計，製造等の他，販売をも情報化により統合しようとする CIM（Computer Integrated Manufacturing）が登場，注目された．

3）生産情報システムの開放化と企業経営

上述のように，1990 年代中頃までの生産の情報化は，製造部門の自動化を中核として，生産管理等の上位業務，開発・設計等の先行業務とのネットワークを介した連携を強めるものであった．生産を支える情報システムづくりの最初の一時代が築かれてきたといえる．CIM段階では，システム的には，図面や部品表，作業工程データ等の生産技術情報をデータベース化して，それを生産・顧客管理，開発・設計，製造等がネットワーク経由で共有し合う仕組みを中核とする業務連携が構築された（図1—5）．

ただし，1990年代中頃までの生産情報システムの多くは，各企業内のみで運用される閉鎖的な性格のものにとどまった．これは，個々の企業が単独で生産に関する業務をほぼすべて遂行するなど，製品を市場に提供するために必要な業務と資産の大部分を一つの企業内にかかえる近代的な企業経営が優位に価値づけられる時代には合理的であり，重要な技術的基盤になった．

この近代的企業経営の仕組みを大きく変革しはじめたのが1990年代後半から急激に普及しはじめたインターネットである．インターネットは，全世

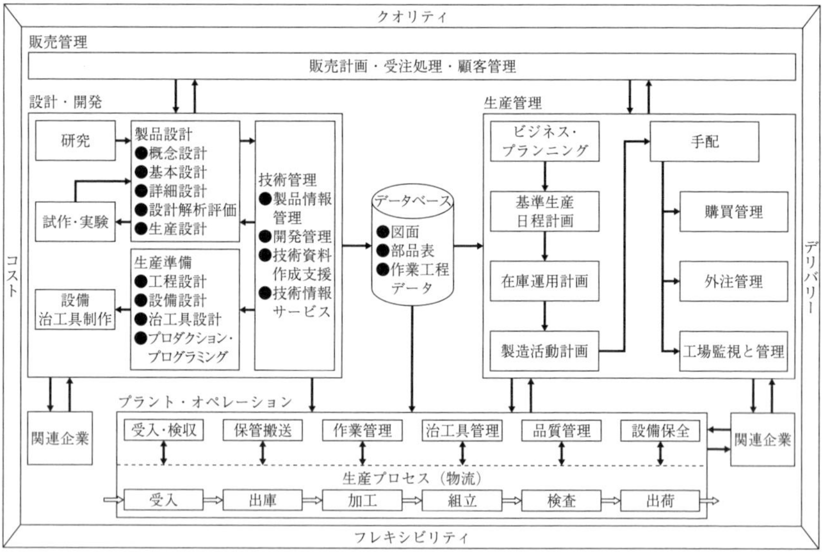

図1—5　CIMのシステム構成[7)]

界的規模のコンピュータネットワークのネットワークであり，そこでの通信はTCP/IP（Transmission Control Protocol/Internet Protocol）等の標準化された通信プロトコルに則って行われ，ユニバーサルでオープンな性格であることを特質としている．このためインターネットは，CADソフトウェア等のビジネスソフトウェアの標準化（汎用ソフトウェアの開発・利用）や企業間で商取引情報を共通の書式に則りディジタル化して送受信するEDI（電子データ交換：Electronic Data Interchange）の普及など，それ以前からの企業間，部署間での業務の標準化の動きを一気に加速させ，閉鎖的であった企業の世界を大きく変容・解体していく基盤を形成した．

すなわち，インターネットの登場と普及により，特定の敷地内の同一の企業内や部署内でしか実現することができなかった緊密な業務連携は，いまや世界規模で展開可能となり，物理的にも時間的にも遠く隔てられた企業間・部署間で容易に実施できるようになった．秘密裏で行うことが多い企業の諸業務をオープンなインターネットを通じて実施する際の問題は，情報の暗号化や認証システムの高度化，VPN（仮想専用線：Virtual Private Network）の利用などにより克服されてきた．1990年代半ば以降の，インターネットをベースとした情報化の爆発的進展が全世界に与えた影響力はすさまじく，この当初の激動を「IT（情報技術）革命」と呼ぶようになった．

4）移動体通信手段の情報化

今日，ディジタル化された携帯電話は，生産の世界に限らず，働く世界のの通信手段として欠かすことのできない必需品になっている．

「携帯電話」という名称の移動体（mobile）通信機器が日本で最初に登場したのは1987年であった（日本電信電話株式会社の商品）．これとほぼ時期を重ねて，日本では「ニューメディア」の名のもとに，コンピュータと通信技術とを結合した種々な情報通信技術の実用化への取り組みが始まった．その後，1993年にエヌ・ティ・ティ移動通信網株式会社（2000年から株式会社エヌ・ティ・ティ・ドコモへ商号変更）が日本国内でディジタル方式の携帯電話サービスを開始．同社は1999年，携帯電話による世界最初のインターネット利用サービスｉモードを開始した．同年，カメラ付き携帯電話の先駆けとなるカメラ付きPHS（Personal Handyphone System）も初登場した．

携帯電話の広まりは，働く者同士が，社屋外，移動先など，場所の制約をあまり受けずに口頭連絡を取り合うことを可能にした．また，ディジタル通信方式の携帯電話の普及は，携帯電話でのインターネット利用を一般化し，どこからでも文字や画像を送り合うことができるようにしたほか，Web利用の物理的制約をいちじるしく軽減することになった．また，携帯電話のカメラ機能は，各種の画像記録のほか，バーコードとの連動等を実現させている．これらにより携帯電話を利用した場合，どこにいても，パーソナルコンピュータとほぼ同様に，ネットワーク経由で発注，作業指示，工程状況監視，作業報告等のさまざまな生産労働を行うことができるようになった．

5）情報化＝コンピュータ化から見る生産労働の変容

「情報化」という日本語をグローバルな視点から客観化してみよう．たとえば『JIS工業用語大事典（第５版）』（日本規格協会，2001年）では，「情報化」の英語訳が「computerization」とされている．「情報化」ということばは「コンピュータ化」ということばに置き換えることができる．

情報化＝コンピュータ化であるという概念理解から，前述したような生産の情報化をとらえると，生産を支える情報技術の変化が生み出す生産労働の変容には，たとえば表１―４のような内容が認められる．

本表は，生産を支える情報技術の変化とそれにもとづく生産労働の変化について，情報技術のハードウェア的側面に着目しながらその一部を整理したものである．しかし，コンピュータやそれを組み込んだ情報通信ネットワークを動作させ，その機能を高めるためには，コンピュータプログラムやソフトウェア，通信プロトコル等が不可欠である．したがって，表中の技術的変

表１—４　情報化による生産労働の変化の一例

技術的変化	現　　象	生産労働の変化
コンピュータの小型化・高性能化	高性能で安価なパーソナルコンピュータの普及	• 各種指示，帳票，報告等のデータ処理の一般化 • ３次元データ等の高負荷データ処理の促進 • 製造現場でのコンピュータ利用の一般化
コンピュータの超小型化・微小化	自動化の促進	• コンピュータ制御労働手段の管理・保守の拡大
	移動体ディジタル通信機器の普及	• 移動先，社外等での各種指示，帳票，報告等の送受信の普及
	IC タグの普及	• 資材，製品等のデータ管理の促進
光ファイバケーブル網の拡張，サーバ，ルータ等の高性能化	高速・大容量データ通信の拡大	• 各種指示，帳票，報告等のデータ通信，Web 処理の拡大 • ３次元データ等の大容量データ通信業務の促進

化と生産労働の変化のいずれについても，いわゆるソフト面での開発・改良が深く連動している．

また，生産の世界の情報化は，前述のように商品生産を支える情報システムの構築・発展の動きとしてとらえることができるので，このシステム化は，労働の面からいえば，まずなによりも，情報技術を使用した情報処理業務とともに，その保守・管理作業を日ごとに増加させていくことになった．このことは，情報技術の発展が急速であることばかりでなく，情報セキュリティ対策など，ネットワークの巨大化に伴う新たな業務等により急増しつつある．

さらに，生産情報システムは，生産管理，開発・設計，製造，販売等の，商品生産を実現するための種々の業務を，情報化によって連結・統合し，一元化しようとする方向で発展を遂げているので，当該システムづくりの仕事には，商品生産に関する諸業務を，全体として把握し，そこでの情報の流れを的確に理解・調整することが求められている．

こうした情報関連諸業務は，もはや一つの企業が単独で担うレベルを大きく超えつつある．

6）情報化によるリアルタイムな情報共有という戦略

1990年代に入って以後，標準化された通信プロトコルを利用し，かつ通信費が安価なインターネットの急激な普及により，製造業界でも単一企業内での業務連携ばかりでなく，他社との連携・提携が推進されるようになった．このことの典型が，特定の商品の開発・設計，製造，販売等を複数の企業が分担して行ういわゆる水平分業型企業経営の登場である．情報化の観点から見ると，この経営戦略のもとでは，商品生産を実現する一連の基幹業務にかかわる働き手と労働手段が，インターネット等の広域ネットワークをベースとして，価値ある情報をリアルタイムで（時間差を限りなく小さくする方向で）共有することによって，商品生産全体の効率化・最適化が強力に推進されている．

複数企業間・異種企業間での情報化された事業提携においては，各企業側では，他社と「差別化」できる中核業務（コア・コンピタンス）に特化するなどの事業再編を進め，負担が大きい業務を他社へ委託（アウトソーシング）する戦略を伴っていることが少なくない．1990年代以降，電子製品製造業界では，EMS（Electronics Manufacturing Service）という，他社ブランドの製品製造をもっぱら請け負うほか，開発・設計や情報システム構築などの関連業務をいわば黒子として営む新たなグローバル企業が出現している．EMSでは，インターネットを利用して世界中から品質と価格に見合う最適な部品を調達するなど，情報通信ネットワークを駆使した経営手法が取られている[8)]．

7）高付加価値製品のディジタル・ジャストインタイム

今日の日本の製造業界では，高付加価値製品を短い納期で次々と必要量のみ生産していくことが大きな課題とされている．

図１―６は，2005年12月から2007年４月にかけての国内における新車乗用車販売台数の推移を示したものである．対象車はベルタ，LS460，ブレイドの３つであり，すべてトヨタ自動車株式会社が製造・販売した普通乗用

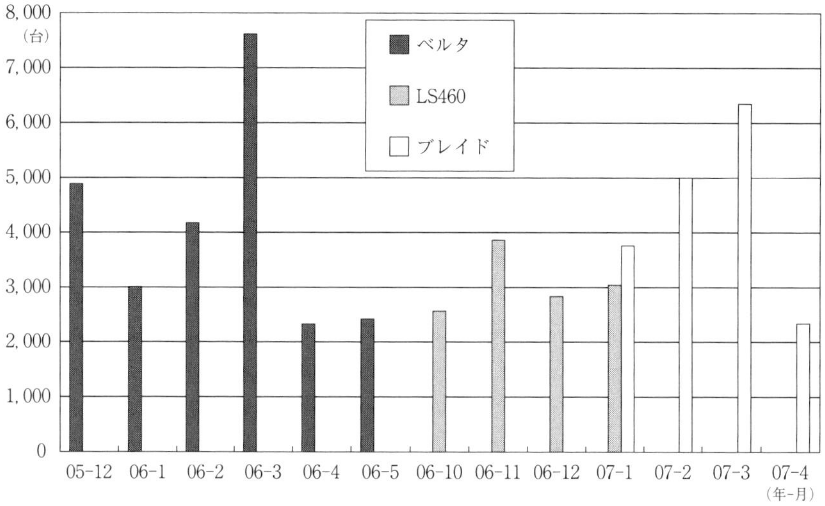

図1—6　国内新車販売台数

車である（LS460は「レクサス」ブランド）.

本図のデータは，社団法人日本自動車販売協会連合会がWeb上で公表している新車乗用車の月間販売台数「ランキング30位」による．それぞれの販売開始日はベルタが2005年11月，LS460が2006年9月，ブレイドが2006年12月であった．ベルタは販売開始7カ月後の2006年6月段階から販売台数が30位以下に落ち込み，ランキング外となった．LS460とブレイドは，同様の状況が販売開始5カ月後から発生している．このことは，企業が市場に新たな製品を投入しても，きわめて短期間で売れなくなる場合が少なくないことをよく示している．商品を生産する企業側からすれば，消費者のその時々の多様なニーズを的確にとらえた商品を，次々と生産し，時機を逃さずに市場へ投じていくことがきわめて大きな課題になっていることになる．

製造業界にとって，情報化や発展した情報システムは，こうした直面する課題を解決していくための有効かつ強力な「ソリューション」になっており，生産の世界のスピードをいちじるしく加速させ，フレキシビリティを格段に強化し，生産力を飛躍的に高めるとされている．情報化や発展した情報システムは，いまや情報関連企業が，製造業界等の他種業界へ「IT ソリューション」等の名称で販売するパッケージ商品の一つにさえなっている．

8）事例―日産自動車株式会社 NPW を中心に―

自動車は部品点数が数万点に及び，機械組立型製品の代表的存在の一つである．このため，自動車産業は，関連業種が多岐に及び，工業生産に対して大きな影響力を有している．

日産自動車株式会社は，こうした自動車産業界において，2001 年前後にそれまでの経営危機から一気に脱却し，「V 字回復」と呼ばれる急激な転換を成した．この経営回復は，同社独自の受注生産方式であり，「受注生産型『同期生産』」とも呼ばれる NPW（Nissan Production Way）に支えられてきた．

NPW は，消費者の一つひとつの注文内容にもとづいて日々の生産スケジュールを迅速に編成するとともに，確定した生産計画や生産情報を，自社内と他社とで同時的に共有することにより，消費者が個々にカスタマイズした多種多様な製品を，定められた期日に注文どおりに納車することをめざしたものである（図 1―7）．

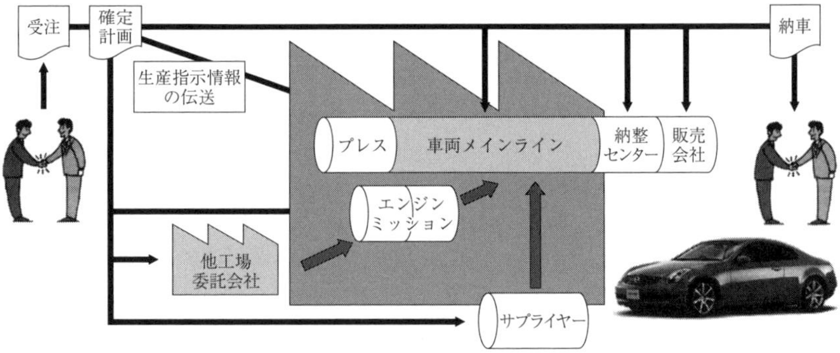

図 1―7　NPW の仕組み[9)]

こうしたNPWを中核とする同社の生産活動は，技術的には，自社工場内の車体溶接—塗装—組立間のメインラインが重要な位置を占めており，なかでも36軸のCNCロケータと16台の溶接ロボットから成る車体溶接システムが中枢に位置づくとされている[10)]．他方，経営戦略・生産管理的にみると，このNPWは，各種生産情報のディジタル化の強力な促進とその統合的・一元的利用を基盤に位置づけたものとみることができる．事実，同社の売上高に占める情報システム投資額の割合は，2000年前後から急激に伸び，2002年前後には1980年代半ばの約3倍になった[11)]．

さらに今日，日産自動車も含めて，生産の世界における顕著な動向の一つは，上流工程から下流工程へ，あるいは「業務・計画システム」と「制御システム」との間など，関連業務や隣接作業間でのデータのやり取りが，途中で一度でも途絶えることなく「一気通貫」で行われるようにする試みである．「図面」は国内外ともに紙ベースや2次元CADデータを廃止して3次元CADデータのみを取り扱うという「図面レス」化と，この徹底した3次元CAD利用を基礎とする一連の3次元生産方式「デジタル・マニュファクチャリング」と呼ばれる動きは，その典型である．たとえば，3次元CADデータにもとづいて，◯各種の高度化したシミュレーションを行い，実物試作の回数減や完全撤廃をめざす，◯製造現場での作業指示をディスプレイで表示し，作業者に手順を3次元アニメーション等でリアルに伝達する，◯3次元CADデータをサービス部門にも直接送り，製品の構造等を3次元表示して顧客や一般消費者向けの説明に利用する，などはいまや中規模企業でも普及しつつある[12)]．

なお，情報化や自動化では，人間の労働のすべてがコンピュータに代替されるのでない．熟練技能工の作業など，プログラム化が不可能あるいはきわめて困難な労働が必ず存在するばかりでなく，企業が経営戦略上コンピュータ化が適さないと判断した労働は人間に委ねられたまま意図的に残される．機械組立での熟練多能工による新たな労働形態として近年注目されているセル生産方式（一人屋台生産方式）はその典型の一つであろう．

〈注〉

1）松林光男・渡部弘編著『〈イラスト図解〉工場のしくみ』日本実業出版社　2004年

2）『日本経済新聞』2006年10月31日（日刊）

3）中山茂編集代表『「通史」日本の科学技術』第4巻　学陽書房　1995年　p.385

4）株式会社日立製作所製．『日本経済新聞』2007年2月14日（日刊）による．

5）実時間性・リアルタイム性とは，「私たちの生活や日常の現象に追従して反応し，要求された時間に間に合うように答えを返してくれる機能」のこと．坂村健『ユビキタス，TRONに出会う』NTT出版　2004年　p.19

6）北村洋基『情報資本主義論』大月書店　2003年　p.101参照．

7）堀内良雄『製造業のIT用語がわかる本』工業調査会　2000年　p.28

8）NHKスペシャル「地球市場　富の攻防7～影の巨大メーカー～」2003年9月放映　参照．

9）『工場管理』Vol.49 No.3　2003年11月　p.13

10）同上誌　p.51-52

11）（特別講演）日産自動車株式会社「日産自動車におけるPLMへの取り組み」，日経デジタル・エンジニアリング主催「Automotive IT Forum 2003 Winter」，2003年11月27日，東京，による．

12）日経ものづくり，ローランド・ディー・ジー『3Dものづくり　製造業勝利への道』日経BP　2004年．武藤一生『進化し続けるトヨタのデジタル生産システムのすべて』技術評論社　2007年．鳥谷浩志『3Dデジタル現場力』JIPMソリューション　2008年　参照．

第2章

高等学校における職業指導

1．高等学校における就職指導システム ―――――― 伊藤一雄

2008年3月段階で，高等学校を卒業して就職する生徒の割合は19.0％である．しかし，その内容をみると学科等により大きく異なる．普通科においては9.6％と1割に満たないが，専門学科の場合は，学科の内容により異なるが，職業を中心とする学科では就職する生徒の比率が46.4％と普通科の4倍である．総合学科の場合は普通科と専門学科の中間で25.7％である．しかし，実数では普通科卒業生の就職者数は7万5,090人である．これは専門高校卒業生の就職者数である11万7,237人と比較すると60％強を占めている．専門学科の中で就職者数の最も多いのは工業科で5万5,384人である．総合学科は1万3,369人である．この就職希望の生徒に対する指導システムも都道府県，地域，高校等により多少の違いはある．しかし，進学とは異なり，就職指導は労働行政との関係が密接であり，採用日時，求人・求職等，基本的に全国規模で共通した業務を行わねばならない問題が多い．本節では高校を卒業後，就職を希望する生徒に対して，学校はどのようなシステム・プログラムで指導・援助を行っているのか，指導上で留意しておかねばならないことはどのようなことなのか，主として専門高校の場合を事例として，その実務について説明する．

(1) 高校における職業指導

わが国では1947年制定の職業安定法第4条④で「この法律において「職業指導」とは，職業に就こうとする者に対し，実習，講習，指示，助言，情報の提供その他の方法により，その者の能力に適合する職業の選択を容易にさせ，及びその職業に対する適応性を増大させるために行う指導をいう」，同法第26条②には「公共職業安定所は学校が学生又は生徒に対して行う職業指導に協力しなければならない」と記されている．

また，同法第4条には「この法律において「職業紹介」とは，求人及び求職の申込みを受け，求人者と求職者との間における雇用関係の成立をあっせんすることをいう」．同条②には「この法律において「無料の職業紹介」とは，職業紹介に関し，いかなる名義でも，その手数料又は報酬を受けないで行う職業紹介をいう」と定めてある．

一方，学校での職業指導は，中学では1958年，高校では1960年に進路指導と改称された．その定義は「進路指導は職業指導を包括した概念」としてとらえられ，1961年に文部省が発行した「中学校・高等学校の進路の手引き」では，「進路指導とは生徒の個人資料，進路情報，啓発的経験，及び相談を通して，生徒みずから，将来の進路の選択，計画をし，就職または進学して，更にその後の生活によりよく適応し，進歩する能力を伸長するように，教師が組織的，継続的に指導援助する過程である」と記され，その後の学習指導要領の改訂により解釈には幅があるが，定義そのものは変更されず今日に至っている．その職業指導の実務として職業紹介をとらえ，本章では高校の職業紹介の実務に焦点を当て説明する．

職業指導は，厚生労働省と文部科学省という行政上の二省にまたがる分野である．基本的には「仕事の世界に入る生徒に職業的発達（Vocational Development）を円滑にするため，進路発達（Career Development）を促進する過程であり，各人が自分の諸特性を把握，伸長し，職業に就いての探索を深め，主体的に自分の進路を決定し，その後の職業生活を通じて自己実現できるような能力，態度，価値観を育てる活動」とみることができる．

一般に，高校を卒業して就職を希望する生徒には３種類の道がある．

① 縁故による就職：家業や親戚等の仕事に従事する場合がこれに相当する．

② 公共職業安定所（以下本章では安定所と略す）の紹介による就職：これは定時制高校の在学生等に対して行われる場合が相当する．

③ 学校紹介による就職

現実には③による就職が最も多いのであるが，この学校が行う職業紹介も職業安定法からみて３コースある．

(a) 職業安定法第 26 条による職業紹介

就職紹介を学校が安定所に依頼する方法である．就職生徒の少数化した現在では中学校卒業の就職希望者のほとんどがこれに該当する．また，定時制高校の一部もこの方法をとっている．

(b) 職業安定法第 27 条による職業紹介

学校が職業紹介の一部または相当部分を分担する方法である．求人の受付は職業安定所で行い，一定の指導を受けて確認印を押された求人票が学校に直接持参または郵送される方法である．現実には実務の相当部分を学校が受けもっている．主たる内容は，安定所で確認された求人の申し込みを受理する．生徒の求職申込みを受理し，求職生徒を求人者に紹介する．就職後の指導も含めた「職業指導」を行う．また，公共職業能力開発施設への入所斡旋の指導を行うことである．

(c) 職業安定法第 33 条の２による職業紹介

学校が無料就職紹介を独立して行う方法である．大学等での就職紹介がこれに相当する．厚生労働大臣への届出を必要とする．

この３種類の就職紹介の方法で，第 27 条にもとづく職業紹介が高校の中で最も多く採用されている．

(2) 職業指導の実務

ここでは専門高校の中でも関西の平均的な工業高校をとりあげ，就職希望者を対象にした職業指導について説明する．進路指導は高校入学時より卒業まで連続して行われるのであるが，その中でも職業指導にかかわる業務が集中するのは卒業学年である．全日制なら３年生，定時制なら３～４年生である．表２―１に就職希望者に対する指導日程，表２―２に就職希望者に対する指導内容をあげた．職業指導にかかわる業務についてその流れが記してある．高校での職業紹介の業務というのは忙しく，気の休まる間がないことが理解いただけるだろうと思う．

表２―１　就職希望者に対する指導日程

日程	指導行事および内容
4月	進路希望調査，職業適性検査，前年度卒業生の追跡調査
5月	職業安定所との業務連絡会，就職説明会
6月	就職模擬試験，進路説明会，保護者懇談会
7月	求人票受付開始，求人票の見方，受験心得についての説明会＊ 応募書類の説明（統一用紙の趣旨徹底）＊
8月	求人票の公開，職場見学等＊，受験事業所の決定，校内推薦委員会
9月	応募書類の発送＊，模擬面接，採用試験開始　受験報告書提出＊
10月	職業安定所との業務連絡会，採用内定者未定者の指導，承諾書発送
11月	採用未定者の指導，受験先の確保
12／1月	進路変更生徒の指導，保護者懇談会
2月	入社までの指導
3月	入社日の確認と連絡

注）表は全日制の３年生の場合を中心にしてあるが，定時制の場合もこれに準ずる．
　＊については指導上重要箇所であり，本文に詳説してある．

表2―2　就職希望者に対する指導内容

4月	中旬	卒業予定者を対象に進路希望の最終調査を実施する．工業科の場合，卒業予定者の約半数が就職を希望する．職業適性検査と就職模擬試験などを実施する．多くの学校では厚生労働省編の一般職業適性検査と日本労働研究機構のレディネステストを実施している．
5月	初旬	職業安定所と学校との定例会合で職業情報，とくに求人情報の提供を受ける．
	中旬	進路指導主事を中心に担任と生徒対象の就職説明会を実施する．職業安定所から得た求人状況と過年度の卒業生の進路実績の動向が中心となる．
	下旬	担任は第1回目の個人面談を行う．この段階では生徒の意向を聞く程度であるが，本人の希望と現実の職業需給状況とがあまりにかけはなれている場合は変更を指導することもある．
6月	初旬	就職模擬試験を実施する．これはその後何回か実施する．
	中旬	保護者対象の進路説明会を実施する．この説明会は就職に限定していない．一般に進路指導主事や卒業生の講演等の後，保護者と担任との懇談が行われる．担任は生徒にかかわる家庭状況，進路に対する個別的な問題，親の希望等を把握する．
	下旬	応募書類の記入方法などの説明会を生徒対象に行う．統一応募用紙の趣旨についてはとくに詳しく説明する．
7月	上旬	求人受付が開始される．受付は事業所の人事担当者が求人票を郵送ないしは直接持参することによりなされる．好景気の時には進路指導室の前に求人事業所の担当者の列ができるほどである．しかし，不況の時期は閑散としている．毎年きている求人がこない場合は依頼のため，事業所訪問や電話依頼等を行う．高等学校の求人は全国的に統一された求人票でなされている．この求人票は求人を希望する事業所が職業安定所の指導を受けたことを示す確認印が押されたものである．単なるパンフレット類だけでは求人の受理はできない．事業所の中には高校の求人システムを理解していない人事担当者がいるため進路指導主事はこうした依頼主に求人の方法の説明もする必要がある．
	下旬	求人票を学級分コピーしＨＲ担任に配布できるようにする．この作業も大変である．求人の多い年は進路指導室のコピー機がオーバーヒートすることもある．
8月	初旬	求人票を生徒に公開する．生徒は担任の指導も受けながら，応募事業所を選択する．その間生徒，保護者，担任の三者面談を実施して，応募先の調整を行う．高校の就職は大学などと異なり，全国一斉に9月中旬に実施されるので，求人状況の多少により都道府県で差があるが，近畿地区では第一次の応募は一人一社に絞っている．これを一人一社制と呼んでいる[1]．求人先がその学校に推薦を依頼した数を上回って応募することは結果として，全体の競争倍率が高くなり不合格者が増加することになる．そのため学校は事業所がその学校に依頼してきた推薦数以内に応募者を押さえている．これがなかなか大変である．株式一部に上場されている大手の事業所に応募が集中する傾向にある．本人の適性，家庭状況，学業成績，なども勘案して校内選考が行われる．親は自分の子どもがかわいいし，担任も自分のクラスの生徒にできるだけ希望する事業所を受験させたい．だからといって自由にすれば，特定の事業所への応募が集中し，そ

	の「つけ」は生徒にかかってくる．進路指導主事の胃が痛くなる日々が続く．応募問題については業績主義にもとづいた校内選考基準を設け，事前に選考の方法や内容を生徒や保護者に示し，その透明性をはかっておく必要がある．
初旬～下旬	生徒の職場見学．これについては職場訪問の項を参照してほしい．就職希望者の受験先が全員決定したと思ったら夏休みは終わっている．例年のことながら進路指導主事を中心とした進路担当者には夏期休業中が最も忙しい時期でもある．
9月　初旬	生徒が書いた応募書類の点検をする．応募書類の発送をする．原則として応募は一人一社に限定するのが，長年，高等学校卒業予定者に対する指導原則であった．それは，採用試験を9月中旬のほぼ同じ日に行い，競争倍率が低く押さえられ内定者が増加するというメリットもあった．1990年代中頃から2000年代中頃にかけての求人数の減少に伴い，北海道・東北地区，九州地区などでは求人数より求職者数が上回る事態が生じ，やむなく一人一社制を崩さざるを得ない現実がある．2008年9月段階では関西地区等比較的求人数の多い地区は9月の応募段階では一人一社制を守っている．応募書類は，9月初旬の指定された日に事業所に一斉発送する．これは発送日主義といわれている．全国的に統一されているが，沖縄県や離島などをもつ県で発送日がやや早くなっている地域もある．
初～中旬	就職の模擬面接を行う．学校長に面接を依頼したり，進路指導主事が事業所担当者に代わって模擬面接をすることもある．生徒には言葉遣い服装などの細かい指導も兼ねた面接になる．
中旬	事業所のほぼ90%以上が採用試験を実施する．受験生徒には記憶の新しいうちに受験報告書を提出させ，試験内容等に問題はないか点検する．
下旬	採用試験の結果の通知が郵送されてくる．合格して喜んでいる生徒を見るのは嬉しいが，反対に不合格になり落胆している生徒の姿を見るのは担任や進路担当者とっては辛いことである．
10月	就職内定者は内定事業所に承諾書を送る．不合格者の次の応募先を探す．好景気の時期は二次，三次の採用を実施する事業所も多いが，不況になると，そうした求人は減少する．卒業生や職業安定所と連絡をとり，求人先を探すのも進路指導主事の業務である．この段階ではHR担任の指導が大変である．クラスの中は採用内定の生徒と不合格の生徒が混在する．進学と異なり，就職に浪人は許されない．学校行事の時期であり，ささいなことが原因で生徒同士のトラブルが発生することもある．最後の一人が内定するまで担任，生徒，進路指導主事の神経を張りつめた日々が続く．
11月～12月	通常であれば，この時期に就職希望者はほぼ内定している．不景気で求人絶対数そのものが少なく，不合格者の続出する年は，二次，三次の求人を求めて進路指導担当者は走らねばならない．
1～2月	例年この時期になると進路指導担当者を悩ませるのが，進路変更の問題である．せっかく内定した事業所に入社せずに，進学に進路を変更したいなどの生徒が出てくる．本人，保護者，担任と進路指導主事も交えて，安易な進路変更は避けるように説得することになる．生徒に承諾書の重みを重ねて説明することになる．

3月	生徒の進路先など各種統計の作成・処理をする．多くの学校の卒業式はこの月の初旬から中旬にかけてである．卒業式の生徒の和やかな顔を見るのは嬉しいのであるが，事業所の入所は4月初旬である．この期間に車の運転免許等取得をする生徒も多い．卒業したという開放感と，就職内定したという安心感から，交通事故などを起こし入社式に出席できないなどの問題もある．入社関連の行事が済むまでの生活指導を家庭にも依頼しておくことになる．

(3) 学校進路指導と職業紹介

就職する生徒の指導・援助は進学希望の生徒以上に注意する必要がある．それは学校という「教育機関」から，実社会の「仕事の世界」に生徒を送り出すという任務のためである．現実には就職した生徒の離職率はきわめて高い．

2008年5月段階でも中学を卒業して就職した生徒の約半数，高校の場合でも30％が就職後1年以内に離転職している．離転職することが，必ずしもマイナスでないことは，多彩な人生経験をもつ先人の生活からも知ることができる．それでも生徒は就職時には，そんなに早く離職しようとは思っていなかったはずである．進学する生徒以上に教員や親が留意しなければならない点がここにある．「一昔前の生徒に比較して近年の生徒の体格はよくなったが，精神的に脆弱で我慢が足らない」などということは，事業所の経営者からもよく聞くことである．たしかに就職難の中で苦労しながら，自分の職務能力を身につけて今日に至った事業主などからみれば否定できない側面もある．しかし，学校を卒業し初めて就職した事業所の「社風」のようなものは生徒に大きく影響する．その点で事業所選択は大切である．高校卒業生に求人をする事業所は，そのほとんどが中小零細事業所である．株式一部上場の事業所等に就職する生徒は少数である．この中小零細事業所に就職する生徒には，就職したい事業所の特徴を十分に理解させることが大切である．次にあげた3点は，筆者の高校進路指導主事としての実践である．これは現在でも指導上の共通点としてあげることができると考える．

第一点は生徒の就職先の仕事の内容である．高学歴化が進み，上級学校への進学者が増え，今後もその傾向は強くなることが予想される中で，どのような仕事を生徒に選択させるかが重要な柱となる．昔から「芸は身を助ける」という言葉があるが，体で覚えたものはなかなか忘れない．生徒が就職して何年か経過した時，どのような職務能力が身につくか，これを十分に調査することである．たとえば筆者在住の京都市には「仏像の修復」や「ふすま絵の修理」等をはじめ，人目につかない手仕事が多くある．これらの仕事は就職時には他業種と比較すると賃金も相対的に安いし，事業所の厚生施設等も必ずしも充実しているとはいえない．しかし，10年，20年と経験を積む中で伝統産業を支える人材が生み出される．この分野の仕事は，高学歴者が参入しても学歴とは直接の関係はない．むしろ早い就職が有利な点も多い．高卒就職者が減少する中で人手不足の事業所も多い．将来は生徒にどんな職務能力が獲得できるかに焦点を当て，職場を開拓するのも一つの方法である．こうした事業所で従業員の定着率が高いところがあれば，まさに高等学校卒業者が就職する事業所として適切なのではないかと考える．

第二点は事業所の経営者の姿勢である．現存する大規模事業所といえども，50年ほど前は中小というより零細事業所であった企業も多い．それらの事業所が成長してきたのは経営者の姿勢である．事業所の歴史の中で，経営者がどれだけ自分の血族，親族など以外に経営の実権を有能な部下に任せているかである．従業員が100名程度の事業所で，経営者以下役員すべてが同族であり，個人経営とまったく変わらない経営方針をもつ事業所の中に「従業員の定着率が悪い」と言って嘆く経営者がいるが，嘆くほうに問題がある．いつまでも同族的な経営で進歩発展のない事業所では，賃金などの条件が多少よくてもやる気のある従業員は去っていくであろう．進路指導の担当者は，そうした事業所の経営姿勢をみておく必要がある．

第三点は，事業所の経営者と一般従業員との意思疎通がどれだけなされているかである．一方的な価値観を押しつける経営者や，組織の風通しの悪い職場での犠牲者は，最年少となる新規就職者である．この点は卒業生を通じての調査や，小規模ではあっても労働組合を含め職員組織がしっかりしているかどうかで判断できる．

以上３点をあげたが，これ以外に，各地域の特色を活用することである．同時に，卒業後も就職した生徒と学校がコンタクトのとれる体制をつくっておくことが必要である．人事異動などで進路指導主事や担任が母校にいなくても，アフターケアのとれる制度を学校として設けておくことは必要である．こうした体制をもつ学校はまだ少ないのではないか．また存在していても，どれだけ有効に機能しているかが問題である．ペーパー組織の廃絶は学校現場で最も避けなければならない課題の一つである．受動的でなく積極的に生徒の現状把握に努めるようにしたい．就職した生徒が母校の教員からの電話一本で，職場で問題と考えていたことが誤解だとわかり，離職を思いとどまるようなこともある．進路指導は生徒への継続した指導・援助活動である．

(4) 進路保障をめぐる諸問題

これまで職業指導を中心に進路指導をめぐる課題について述べてきたが，実際の場面では，社会的な状況により対応は異なる．好景気で10月半ばで全員の就職が決定するような年もあれば，まったく求人がなく，卒業が近づいても就職先が決定しない生徒が少なからずおり，進路指導担当者をやきもきさせる年もある．求人数の多い年には，求職者の数を求人数が上回ることになるから，事業所の早期選抜等が問題になり，逆の場合は，選考をめぐる問題が多くなる．この選考問題では，本人の属性と関係のない，家庭状況などの問題で不合格となるという問題が何度も生じている．学校を卒業してはじめて就職しようと意気込んでいた生徒は，この現実にショックを受け，なかなか立ち直れないことが多い．

こうした本人と関係のない属性が要因で，労働市場から締め出された生徒の進路をめぐる問題を解決し，その進路先を保障しようとする教員や行政関係者をはじめとする多くの人たちの取り組みが，進路保障の問題をクローズアップさせた．この進路保障の問題を理解するには，人材選抜をめぐる基本的な問題を理解しておく必要がある．そこで，まず近代社会における職業選抜の基本原則について説明する．

いわゆる先進諸国といわれる国々では，近代化の一端は職業選択に際して，家柄や門地等，本人とは直接に関係のない属性を中心に行われていた時代から，本人の能力や適性などにより求職者を選抜する業績主義（Meritocracy）への移行としてみることができる．メリトクラシーという言葉はイギリスの社会学者ヤング（Young M. D.）の造語である．彼は家柄や門地など「本人はなんであるか」を問うことで社会的な支配が確立していた時代，すなわち，貴族社会（Aristocracy）という用語に対比できる概念としてこれを使用した．近代化された社会とは，本人のメリットである「何ができるか」という業績に重きをおく社会であることを意味する[2)]．進路保障というのは職業選抜が業績主義にもとづいて行われているかどうかを点検し，もし問題があれば学校，行政，事業主など関係者を含めて解決していく取り組みを意味する．この問題は先進諸国といわれている国々においては共通の原理である．その基本的精神は憲法第 14 条の「すべて国民は，法の下に平等であって，人種，信条，性別，社会的身分又は門地により，政治的，経済的又は社会的関係において，差別されない」と，同 22 条の「何人も，公共の福祉に反しない限り，居住，移転及び職業選択の自由を有する」で明文化されている．進路指導担当者も含めた関係者は，生徒の受験した事業所がこの精神に逸脱した選考をしてはいないかチェックする必要がある．そして，もし生徒が本人の能力や適性以外の要素により選考されているという事実があれば，事業所に対して問題点を指摘し誤りをなくすように取り組む必要がある．

1）統一応募用紙

就職希望者に対する指導日程の中に「統一用紙の趣旨徹底」というのがある．これは生徒が就職先に提出する応募用紙を統一したものである．なぜこれが重要視されるかといえば，この用紙が決定されるまでは，各事業所の社用紙が就職選考試験の応募用紙として使用されていたからである．それには本人の適性や能力とまったく関係のない属性的なものを記入させるものが多くあった．親の職業，収入，なかには自宅は持家か借家か，間取りはどのようになっているかまで記入させる事業所もあった．とりわけ本籍地を書かせることにより，同和地区生徒を就職試験で排除するという事例が多くの事業所で見られた．学業成績も優秀で人物的にも問題のない生徒が，就職試験で不合格になる事象があちこちの府県で発生した．この問題に対処するため近畿地区の進路指導担当者が集まり，社用紙の，本人の能力や適性と関係がないと考えられる項目は，不記載で応募書類を提出することを申し合わせたのが，統一応募用紙が生まれるさきがけとなった．1969 年に同和対策特別措置法が公布されるといった社会的な変化の中で，1971 年に近畿地区の就職応募用紙として統一されたものが決定された．その後文部省は「高等学校の就職応募書類の様式の統一について」とする通知を 1971 年 4 月 30 日付で各都道府県に出している．この段階では全国的に統一された用紙が使用されるまでに至っていなかったが，関係者の努力により 1973 年より全国的に統一した応募用紙が使用されるようになった．一部の地域でやや書式が異なるところもあるが，本人の能力，適性と関係のない属性的な事柄により，就職の選考で受験者が不利にならないようにとした基本的趣旨に変わりはない．この統一用紙は，自分の能力や適性と関係のない事象で事前選考されることを防ぐとともに，日本国憲法に記された基本的人権の理念にもとづき，進路指導を行うための方法としてとらえることが重要である．

2）求人票

新規高校卒業生の求人が，安定所の指導を受けた求人票で統一されるようになったのも1970年の文部省と労働省の局長通達からである．それまでは，これも統一応募用紙の場合と同様，事業所によりその書式や内容はまちまちであった．したがって生徒は事業所のパンフレットなどにより求人情報を得ていたため，同じ勤務条件でも表現方法などに違いがあり，また事業所にとって都合の悪い内容は正確に記されない傾向があった．この求人票が採用されることにより，求人条件などが統一された書式で記されるようになった．これにより，学校現場での業務はずいぶん改善された．問題はこの求人票を生徒がどれだけ活用するかである．この求人票を正しく理解できるように指導することも担任や進路担当者の仕事である．なにも指導せずに求人票を公開した場合，生徒は賃金や休日などだけを見て，職種内容などを無視する場合もある．この求人票を有効に活用して指導することが大切である．

3）職場訪問

生徒がどの事業所を応募するかということは，本人，親権者にとって重要なことである．そのため，求人票の検討，担任教員，進路指導主事の話を聞いて，そのうえで事業所を見学したい生徒もでてくる．事業所訪問の時期は，主として夏期休業中になる．この場合事業主にはあくまで見学であり，応募ではないことを連絡しておく必要がある．景気のよい年には訪問するだけで就職する意思があるとして歓待し，不景気の年は逆に訪問者に対して冷淡な態度をとる事業所もある．また，生徒の親の職業や，現住所などを細かく聞く事業主もまれにあるが，これは生徒の自宅へ求人を直接に勧誘することや，身元調査等につながる恐れがある．このような問題のないように，事業主には生徒の訪問前に趣旨を説明しておく必要がある．選考はあくまで，応募書類が発送されてからであることを確認しておくことである．この訪問にはできるだけ教員が引率することが望ましいが，そうでない場合は，できるだけ複数の生徒で訪問できるようにし，あとで事業所訪問の感想などを聞き取る必要がある．

4）応募と受験

応募は統一用紙を用いて，９月初旬に全国一斉に郵送により行われる．この書類は ① 紹介書，② 履歴書，③ 調査書の３点である．それ以外の用紙はない．この書類の点検も担任や進路担当者の業務になる．応募書類の誤字，脱字，略字などの訂正指導も重要なことである．受験後は生徒にすみやかに受験報告書を提出させ，どのような選考がなされたかを進路担当者は把握する必要がある．事業主に悪意はないといっても不必要な質問は生徒を傷つけることがある．選考段階での問題は年々減少してきてはいるが，それでも女子生徒に対して恋人はいるのかなどと，本人の能力や適性と関係のない質問をする人事担当者もいる．ペーパー試験の内容も高校の学習内容と大きく逸脱した問題などは，口頭で注意を喚起する場合もあれば，一校のみでなく進路担当者の連絡協議会や行政を通じて改善措置を要求することもある．

以上，就職紹介の業務を中心とした進路指導の要点を記した．これ以外にも多くの問題があるが，不合格になった生徒の指導についてはとくに留意すべきである．基本的に合否の判断は学校を通じて本人になされるが，不合格の場合もその理由がはっきりしないものについては確認しておかねばならない．少なくとも属性主義にもとづく選考がされていないかは点検すべきである．

その反対に事業所から指摘された問題は真摯に受けとめ，次年度以降の指導の参考にしたい．内容によっては本人にも正確に伝える問題もある．社会的なマナーなどの欠如は多くの事業主から指摘されることである．また，初めての就職試験に不合格になった生徒に対してはそのショックを和らげ，次の応募にむけての助言と援助を早急に進めることである．全員の就職が内定するまで，未決定者の進路の確保を優先した指導が必要である．

〈注〉

1）一人一社制は求人数が求職者数より多い場合は成立するが，その反対の場合は，応募できない生徒が生まれる．1990年代の不況時には求人数が就職社数を下回る自治体が続出したので，やむなく一人一社制を崩さざるをえない地域がでてきた．近畿地区の場合は，9月の第一次選考時は一人一社制で応募し10月中旬からは複数応募を認めている．

2）柴野昌山他『教育社会学』有斐閣　2000年　p.25-29

〈参考文献等〉

仙﨑　武『学校進路指導の研究』創栄印刷　1996年

伊藤一雄『職業と人間形成の社会学』法律文化社　1998年

文部省委託研究「職業教育及び進路指導に関する基礎的研究　最終報告」1998年

日本進路指導協会『小学校・中学校・高等学校　新学習指導要領と進路指導の展開』1999年

仲野組子『アメリカの非正規雇用』青木書店　2002年

溝上憲文『超・学歴社会』光文社　2005年

福地　誠『教育格差絶望社会』洋泉社　2006年

全国進路指導研究会『働くことを学ぶ』明石書店　2006年

統一応募用紙

（応募書類　その1）

履　歴　書

写真をはる位置（30×40mm）

平成　年　月　日現在

ふりがな		性別
氏　名		
生年月日	昭和・平成　年　月　日生（満　歳）	
ふりがな		
現住所	〒	
ふりがな		
連絡先	〒	

（連絡先欄は現住所以外に連絡を希望する場合のみ記入すること）

学歴・職歴		
	平成　年　月	高等学校入学
	平成　年　月	
	平成　年　月	
	平成　年　月	
	平成　年　月	
	平成　年　月	

（職歴にはいわゆるアルバイトは含まない）

	取得年月	資格等の名称
資格等		

趣味・特技		校内外の諸活動	
志望の動機			
備考			

（別紙1）

全国高等学校統一用紙（文部科学省、厚生労働省、全国高等学校長協会の協議により平成17年度改定）

調　査　書

（応募書類　その2）

ふりがな		性別	現住所	
氏名	昭和・平成　年　月　日生			
学校名			在学期間	平成　年　月　入学（第　学年）編入学・転入学
課程名	全・定・通	学科名　科		平成　年　月　卒業・卒業見込

学習の記録											
教科・科目		評定				教科・科目		評定			
教科	科目	1年	2年	3年	4年	教科	科目	1年	2年	3年	4年

	修得単位数 1年	2年	3年	4年
総合的な学習の時間				
留学				

特別活動の記録	

出席状況		1年	2年	3年	4年
	欠席日数				
	欠席の主な理由				

身体状況							検査日・平成　年　月
身長	cm	視力	右（　）	聴力	右	備考	
体重	kg		左（　）		左		

（視力欄にA～Dが記入されている場合、A:1.0以上、B:1.0未満0.7以上、C:0.7未満0.3以上、D:0.3未満を表す）

本人の長所・推薦事由等	
記載者	印

上記の記載事項に誤りのないことを証明します。

平成　年　月　日

（所在地）〒

（学校名）

（電話番号）

（校長名）　印

全国高等学校統一用紙（文部科学省、厚生労働省、全国高等学校長協会の協議により平成17年度改定）

2．職業指導と職業教育

(1) 教育実践としての職業指導　　　　依田有弘

学校教育において職業指導とは何をすることなのか．

現代の学校は，生徒たちに職業的準備を与えることがその果たすべき主要な機能の一つとなっている[1)]．職業指導はこの職業準備にかかわる教育活動であり，職業の選択，準備，学校から仕事への移行の過程を通して個人を教育的に援助することと，差し当たりはとらえてよいであろう．

選択，準備，移行は必ずしもこの順に直線的に進行するものではなく，行きつ戻りつの過程をたどるものだが，まず，職業を選択することにかかわる問題について考えてみよう．

職業によってまともな安心のできる生活を築くことも大切にしたいが，同時に自分の本当にやりたいことを見つけ，自分がやりたい仕事を職業にしたい，自分にあった職業に就きたい，こうした希望を青年は強くもつ．しかしこれは相当に困難な課題である．単に青年期一般の難しい課題というだけではない．わが国の学校や職業の制度が特有の困難を生みだしている．この困難については二側面から考える必要があろう．一つは選択する主体の側の問題であり，もう一つは職業選択に関わる社会的条件の問題である．

1）学習主体の側からの困難

本当に自分のやりたいことを見つけるには，その前提として，個性的な発達が保障されねばならない．自分の興味，能力，特別な才能などに気づかせ[2)]，それを伸ばしていくことを励まし，伸ばしていける環境，教育課程を用意するなどが求められる．これが現在の日本の学校には決定的に欠けている．

そもそも新制高等学校の出発後まもなくの1949年4月に，文部省学校教育局より学習指導要領一般編に相当するものとして出された『新制高等学校教科課程の解説』では，新制高等学校の３つの目標として，① 民主社会のよい形成者となれるように個人の能力を発達させる，② 個人的能力と特別な興味を最大限に発達させるための多様な機会を各生徒に与える，③ 適切な職業上の指導を行い，職業について十分知悉させ，職業選択の援助を与え，指導の結果選んだ職業について特別の教育をしてやり，卒業後も絶えず注意と指導をする，が掲げられていた．そしてそれに応ずる教育課程編成が推奨された．新制高等学校出発当初は，それが文部省の方針であった．

しかし，ほどなく文部省は方針転換し，「生徒の能力，適性，進路等に応じて適切な教育を行う」を旗印とし，教育課程改訂（1955 年，1960 年）による大学進学コースの公認，学区の拡大，学科の再編などを通じて，高等学校を，進路に応じて種別化し，大学入学試験準備に適合した学力を一元的価値尺度とした格差構造をもった組織に変えてしまった[3)]．

1960 年代以降，高校進学率の上昇に伴い，受験学力の弊害は日本の学校全体をおおうようになった．佐藤興文は，受験学力について次のような鋭い分析を行っている[4)]．受験体制下の教育課程では，学習結果に対する評価の位置と機能が極端に肥大化する．学習そのもの，学習内容の価値を越えて，学習結果が評定されたものが重きをなすようになる．学習，学習内容，身につけた能力そのものの価値は，その影を薄らげ，評定の手段としてのみその価値が現れるようになる．テストのために学習があり，テストに出るか出ないかが学習の動因となり，テストにおいてはじめて学習の価値が実現される．評価の規制が，学習「意欲」を引き出し学習を成りたたしめるための重要で有力な媒体となり，むしろ不可欠の学習の成立条件となるにいたる．生徒は評定，試験，テストを媒介として学習にかかわり，学習内容に結びつく．学習内容に直接にかかわりじかに結びつくことが妨げられる．学習内容のもつ独自の持ち味にふれず，豊饒な価値にふれながらそのものから隔てられる．“学校の勉強がつまらない”“勉強などやる気がしない”という声が広がる．

学習内容そのものの内在的価値にふれることを阻まれるということは，学習者の内部で本来そのような価値に感応すべきはずの精神機能が働くことを求められず，促されないということにほかならない．学習内容である“もの”にじかにふれ，直接に全体として反応するという，いわば精神の直接性が弱まる．

こうした受験体制下の学習過程のもつ傾向は，自分の興味，能力，特別な才能などを教科学習の中で生徒が自ら発見し，自覚することを妨げる．

もちろん受験体制下の学習であっても，学習内容のもつ独自の持ち味にふれることができ，おもしろいと感じ，強く興味をひかれることもあるだろう．しかし，生徒たちはそれをゆっくりと味わい，興味を深めていく余裕をもてない．次にあげるのはある登校拒否生徒の証言の中の一部である．

「わたしは，小学校のころ，どんなテストでも 90 点以下をとったことがなかった．だから，学校は面白かった．でも，あれは「きょうも 90 点以上とったぞぉ！」という喜びじゃなかった．あれは「きょうも 90 点以下でなくてよかった」というほっとした気持ちだった．わたしの勉強の仕方は，後ろの地面がまくれあがってきて，わたしを呑みこもうとするのが怖いために，ただ前に走るしかないようなものだった[5)]」．

高校，大学が学校ごとに格差づけられ，序列化され，その序列が就職にも大きな影響を与え，学校序列のどこに位置できるかによって，人の生涯の社会的位置づけが大きな影響を受けるという考え方が多くの人びとに受け入れられているもとでは，学校で失敗する，“落ちこぼれる”ことは人生に失敗することだとの強迫観念が生徒たちの心をとらえる．おもしろいと思い，興味をひかれることを深めていくことは，ほかのところで落ち込みをつくることになりかねない．興味をもったことを深めていける環境条件の整備がほとんどなされていないこともあるが，「こんなことにうつつを抜かしていてよいのだろうか」という不安が，序列競争の世界にたち戻らせる．

学業成績を規準とする序列競争は，“敗者”の自覚をもたされた大量の生徒たちをつくり出す．劣等感と優越感の狭間で苦しみ，多くが自己を否定的に見る見方に陥ってしまい，どうせ自分はだめだという感覚をもたされてしまう者も多い．

“学校の勉強がつまらない”“勉強などやる気がしない”となりがちな日本の学校で，わからないまま置いて行かれる経験をしたりして，小学校や中学校といった早い時期から，「学校でよい成績を取ること」に見切りをつけ，「学校で一生懸命勉強する」ということをやめてしまう生徒も増えている．とくに，1990 年代以降，少子化等の影響で一部の大学で非選抜性が高まり，全体として受験圧力が低下する中で，こうした傾向はより強まっている．さらに，若者を中心とした不安定雇用の増大，労働環境の悪化は，生徒たちが将来に対する明るい希望をもつことを困難にしており，この傾向に拍車をかけている[6)]．さらにこれらの中に，学ぶことそれ自体になんらの意味を見いだせないという根本的な学習意欲の喪失が広がりつつある[7)]．

1990 年前後の時期を境にして，在籍してはいるが学校にコミットしていない，「パートタイム生徒」とでも呼びうる新しいタイプの若者が一定の規模であらわれてきたことが指摘されている[8)]．苅谷剛彦は，高校生の調査から次のような特徴をもつグループを抽出した．彼らは，比較的社会階層下位グループに属すことが多いが，「将来のことを考えるよりも今の生活を楽しみたい」と思っており，学校での成功をあきらめ，将来よりも現在に向かうことで，自己の有用感を高め，自己を肯定する術を身につけている．学校の業績主義的価値から離脱し，学校での学習のレリバンス（有意味性）を切り捨て，今の生活を楽しむことが，彼らの自信を高め，自己を肯定するはたらきを強めている[9)]．遠藤竜馬は，彼らが担い手となって，学校という支配的文化への緩やかな対抗性を共通の指標とするユース・サブカルチャーが形成されたと指摘している[10)]．新谷周平は，若者集団への参与観察とインタビューによって，若者がフリーターを経験するプロセスがサブカルチャー（この場合は，「地元つながり文化」）の影響を強く受けていることを示した[11)]．

これらの現在の若者の状況は，職業指導実践に対して大きな困難を与えている．自己を否定的にしか見ることができず，どうせだめと思っていては，積極的に将来を計画する基盤に欠ける．学習そのものの価値をまったく見失ってしまっている生徒も，同様に職業指導を行っていく基盤がないというべきだ．学校よりもユース・サブカルチャーに強くひかれる若者たちには，新谷も言及しているように，ポール・ウィリスが『ハマータウンの野郎ども』で指摘しているのと同じような，非常に複雑で困難な対応が要求されよう[12)]．

２）職業選択をめぐる社会的条件からの困難

ある職業に就くことは，今日ではほとんどの場合雇われて働くことになる．ある職業に就きたいと思ってもそれがそのまま実現するとは限らない．職業を実現するには少なくとも次の３つの条件が必要だろう．まずその職業で働くうえで必要な能力を備えなくてはならない．二番目にはその職業の求人があるといった機会がなくてはならない．三番目には，雇われ，その職業への配属が実現しなくてはならない．

日本国憲法第22条は職業選択の自由を保障している[13)]．この規定は，まずは封建時代にあった身分によって職業が決められるというような制限を否認するものだが，職業を選択する自由と先の三種の社会的な制限とはいかなる関係になると見ればよいのだろうか．

憲法第27条の労働権保障と職業選択の自由を関連させて考察し，この関連を明確に示している松林和夫の議論に沿って考えてみよう[14)]．松林は，労働権は適職選択権として構成されるべきだとしている．それは，第二次世界大戦後の国際人権章典等で確認されてきた[15)]．1948年の「世界人権宣言」は「何人も，労働し，職業を自由に選択し，公正かつ有利な労働条件を獲得し，失業に対して防護される権利を有する」(23条１）と労働権は職業の自由な選択権を含んでいることを示している．また，1966年に採択された「経済的，社会的及び文化的権利に関する国際規約」(国際人権規約Ａ規約）では，

「この規約の締約国は，労働の権利を認め，この権利を保障するための適切な諸手段を講ずる．労働の権利には，すべての者が，自由に選択するもしくは承諾する仕事によって，生計を立てる機会を得る権利を含む」（6条1.）と規定され，労働権には，自由に選択した職業によって，もしくは本人が受け入れ承諾した仕事によって生計を立てる機会の保障を含むことが示されている．そしてさらに6条2．は「この規約の締約国がこの労働の権利の完全な実現を達成するために講ずる諸手段には，個人に対して根本的な政治的及び経済的自由を保障する条件のもとで，技術・職業の指導及び訓練のプログラム，着実な経済的，社会的，文化的発展を達成するための，また完全かつ生産的雇用を達成するための政策と手段，が含まれなくてはならない」と，労働の権利の実現のための手段として国は技術・職業の指導および訓練のプログラムを展開すべきことを示している．

松林は，これら国際的動向をおさえつつ，日本国憲法における労働権と労働の自由（職業選択の自由（22条），苦役からの自由（18条））との関係を考察している．労働権の保障は市民法において形式的価値しかもたなかった労働の自由の実質化を意味する．同時に，労働権の保障は，単なる労働の機会の保障ではなく，労働の自由の保障を前提とした，生存権的基本権の保障でなければならない．すなわち，労働権は生存権的基本権として公的機関による積極的保障措置が要請されると同時に，労働権は労働の自由の具体化であるから，公的機関の保障措置はあくまで労働者個人の自発性の尊重を前提したものであることが要請される．したがって，「現代における労働権とは労働者が公的機関の制度（職業紹介，失業給付，職業訓練，失業対策事業など）を利用して自発的に自分の好む適職を選択し，あるいはより良い労働条件の雇用を選択する権利，すなわち適職選択権あるいは適職選択の自由を，その規範的内容の指導理念としている[16]」．

このように労働権をとらえるならば，学習権，教育権を労働権の本質的保障の内容をもつものととらえうるし，教育権の内容には労働権を構成する技術・職業教育の保障が入っているととらえなくてはならない[17].

以上のような憲法的人権保障の基本的考え方からするならば，基本的なすべての職業について，公的職業教育・訓練制度が，教育権・労働権保障の一環として整備されるべきで，すべての人が自己の選ぼうとする職業について，その制度を利用して必要な能力の獲得を目指すことが保障されるべきだということになる[18].

就労の機会の保障も労働権の内容だといえよう．労働は自立的生存のためのただ一つの手段であり，失業は労働者の生存と自由を脅かし，人間としての尊厳を否定しかねない（憲法第13条　個人の尊重，生命・自由・幸福追求の権利）．それゆえ失業は社会悪であり，労働することを権利として宣言しているのである[19]．先にふれた世界人権宣言や国際人権規約でも，労働権実現のために，失業を防ぎ，就労の機会を保障する政策を国家が行うことを要請している．就労機会の保障は最低限の要請であり，職業選択の自由は，単なる就労の機会保障を越えて，自分にとっての適職を選び取っていく権利と考えられている．この意味で，第３章１．に述べている「人間らしい労働」の実現の取り組みとも深く関係する．また以下に述べるように労働権は団結権・団体行動権と統一的に把握されなくてはならない．

労働は人格形成に寄与し，幸福追求の手段である．また自己実現を追求する活動でもある．しかし資本主義社会における労働は，資本に従属した労働であり，疎外労働である．それゆえ労働者は，団結権・団体行動権（憲法第28条）を使って，人間らしい労働に変えていく努力が必要だし，またある程度可能である．労働権と団結権・団体行動権は労働基本権として統一的に把握される必要がある[20].

雇われるということにかかわって，わが国では職種別の雇用がほとんど行われないので，雇用されても，配属が決まらないと実際に行う職業が決まらない．このため，就職に際していかなる職業に就きうるかは偶然性に支配される要素が大きくなり，具体的な職業選択に展望をもちにくくする状況がある．配属の決定や配置転換については，労働法上種々に見解が分かれているが[21]，個人の自由や人間の尊厳の理念にもとづけば本人の同意が要請される．先にふれたA規約，6条1．では「自由に選択するもしくは承諾する仕事によって」とされていたことを想起する必要がある．

わが国の現実は労働権（適職選択権）保障の原則が求めるものといちじるしい乖離がある．公的な職業教育の機会はわずかしか整備されていない．専門学校（専修学校）が一定の量で存在するが，医療衛生関係や福祉関係等，公的職業資格の取得をめざすものが大半で，職業の広い領域の教育が用意されているわけではない．学校から社会への移行において，一定の職業を身につけるために職業教育機関に進むというステージが保障されないし，それをめざすことが生徒にも親にも教師にも意識に上ってきにくい．職業教育の内容によって職業をイメージすることもできないし，まず，どういう職業へ向かって自分の生活の舵を切るのかという段階をもてない．職業を学びつつ，その職業についてより具体的なイメージをもち，その職業への指向性を高めていくといった段階をもつことができない．しかも，職業への入職は，実際には多くの場合，ある特定の会社に入ることであり，その際どの職種で働くことになるのかはごく大雑把にしか選択できない．自分の職業人生を将来にわたって描くうえでの大きな困難がある．

さらに今日の若者は，不安定雇用の広がり，失業の多いことなど厳しい労働環境にさらされている．この中で，一層将来展望を描くことが困難となっている．

3）学校職業指導の課題

学校での職業指導実践をすすめるためには，1）で述べたように，職業指導のための基盤が欠けているという今日の学校がかかえている根深いところにある問題点や，2）で述べたようなわが国学校制度や，雇用をめぐる現状における問題点を常に視野に入れ，そこに軸足を置いて考えていく必要がある．これらは根底に横たわる問題であることを強く自覚する必要がある．そのうえで，高校での職業指導実践の課題をあげておこう．

① 1）であげた今日の学校教育がかかえている問題に取り組むことである．これは職業指導だけの問題ではないのだが，この問題への取り組みがなければそもそも職業指導はその実践基盤が脆弱なままで，有効な取り組みとなすことはできない．もちろんこれは取り組みの順序の問題ではなく，リアリティのある職業指導の取り組みは同時にこの問題への取り組みの一部を構成するという関係にある．以下のようなことがポイントになると思われる．

教科学習で，それまで積み上げてつくられてきている競争と評価のための価値観に起因する学習からの阻害状況の転換を図ることである．学習内容そのものの内在的価値，学習内容である“もの”にじかにふれさせることにより，実体的教育価値に気づかせ，学習観を転換させる．学習内容の有用性，意味がつかめるような，また学んでわかる・できる・知るようになることの楽しさを味わえるような授業の展開を，学校全体で取り組むことである．教育評価本来の位置を取り戻し，できたことを積極的に評価し，励ますことが大切である．

学校生活ですべての生徒に出番を保障する．文化祭，体育祭等のさまざまな取り組みを積極的に組織し，個々人の能力が生かせる活躍の場を用意することである．活躍の場は教科学習でも積極的に用意する必要がある．

教師も含めて共に学び，共に働くことの意味，意義，必要性，楽しさを，教科学習においても教科外の活動においてもあらゆる場で味わうことができるようにする．友人関係をつくるチャンスを多面的に展開する．

これらの中で，学習観を転換させ，できる自分，なんとかやっていけそうな自分を発見させ，ともに努力し，学習する仲間を発見させ，仲間と共同して積極的に学ぶ姿勢をもてるようにしていくことが要となる．「やればできるようになる」「努力すればなんとかなりそうだ」「仲間と助け合えばなんとかなりそうだ」という感覚を実感として取り戻すことである．こうした感覚なしには自分の将来計画を考えることは難しい.

それらの中で，新たな自分を発見することが可能となる．自分のとくに興味をもてること，得意な分野，とくに発揮できそうな能力などに気づかせ，それを伸ばせるような，個性的発達を保障することを学校全体として取り組む必要があろう.

② 現代の労働について学ぶことである．労働が人間にとってもつ本質的な意味（労働が人類の生存条件をつくり出していること）と同時に現在社会における労働の実態（労働の疎外，労働様式，労働諸条件等）をさまざまな問題状況を含めリアルに学ぶことである．同時に人間らしい労働に変えていこうとする動きについても学習する必要がある.

③ 現代の職業についての学習である．人間は働かなくてはならないが，労働は職業として行われる．具体的な仕事の内容を含み，社会的制度として成立している職業について学ぶ．その職業に必要な能力を身につける方法，中長期的観点から見て必要となるであろう職業能力の内容，職業教育の現状や問題についての学習を含む.

④ 働くルールについての学習．労働権，団結権・団体行動権などの労働基本権，労働者保護の法規，労働組合の役割，失業の場合や社会保障等について，知識だけでなく，それらを実際に行使できる力も含めて身につけることが課題となる.

⑤ 仲間をつくり集団を組織し，集団的に物事を進めるすべを学ぶ．厳しい職場で働き続けていくうえで，支え合える仲間をつくれるかどうかが決定的に重要だ．自主的な集団活動を学校のさまざまなところでつくり出すことは大切な課題となる.

⑥ 職業専門的な知識と技能，態度の学習．職業に就く前にそこで必要な能力を身につけることは本来必須のことであり，教育を受ける権利，労働権の一環として保障されるべきことである．職業能力を身につけていくことは，その職業についてより具体的イメージを育てることでもあり，自分の生き方

の計画をより具体的にし，将来へ向けての自分の課題をより明確化することでもある．それは，展望をもって，安心して学校から職業への移行の過程をわたっていくうえでの条件となる．しかし日本では，公的な職業教育の機会がはなはだ不十分にしか準備されておらず，問題であることは前に述べた．制度的な整備がまず第一ではあるが，とくに困難な高校普通科では少しでも機会をつくるさまざまな工夫が必要であろう．

⑦ 職業を選択するということは自分だけで決められることではない．相当程度の偶然的要素が入り込む過程である．「自分にあった職業を探す」という態度そのものが基本的にリアリティに欠ける[22)]．職業を選択するのは，自分で行う決断である．偶然的要素に満ちている過程における可能な決断は，自分の職業人生の方向性を決め，その方向に向けて自分を形づくっていくことである．目標とする職業や職場で必要となる力を見通し，それを自らにつけていく具体的プロセスを踏み出すことである．これを励まし，偶然的要素に左右されつつも，主体的に自らの職業人生の方向性を賢く選択できる力を育てることが求められる[23)]．

(2) 職業学科における職業指導――依田有弘

1）職業学科卒業生の進路

2008年3月に高校を卒業した者の学科別男女別進路を表2－3に示す．学科によって違いが大きいが，就職者の比率は職業学科卒者で大きい．普通科卒では10％に満たないが，男性の工業科，農業科等，女性の農業科，商業科，工業科等では50％内外の比率を占める．就職を職業別に見ると，普通科男性は，55％が生産工程・労務作業者で，続いて保安職業従事者（11％），サービス職業従事者（11％），販売従事者（8％）がほぼ同じくらいずつを占める．女子は，サービス職業従事者（26％），生産工程・労務従事者（24％）が4分の1ずつを占め，販売従事者（22％），事務従事者（13％）と続く．

表2−3　2008年3月高等学校卒業者，学科別男女別進路

区　分		計	大学等進学（%）	専門学校進学（%）	予備校·訓練·各種（%）	就　職（%）	無　業（%）
男	計	551,068	51.4	12.0	9.1	21.8	5.8
	普　通	389,663	61.9	10.6	11.1	9.9	6.5
	農　業	16,178	14.2	18.8	5.3	57.7	4.1
	工　業	80,350	17.0	12.7	3.0	64.3	3.1
	商　業	26,770	33.6	20.6	2.7	38.8	4.4
	水　産	2,465	16.6	10.9	4.7	65.8	2.1
	家　庭	1,752	13.0	16.4	2.2	61.4	6.9
	看　護	284	64.1	11.6	2.1	19.0	4.9
	情　報	338	49.1	19.2	5.3	22.8	2.7
	福　祉	489	22.3	24.9	2.9	45.4	5.3
	その他	14,141	66.1	7.3	12.7	7.1	6.7
	総合学科	18,638	36.3	21.3	3.7	32.9	5.8
女	計	537,102	54.3	18.8	4.5	16.1	6.4
	普　通	400,398	62.0	17.5	5.1	9.3	6.2
	農　業	12,694	14.4	24.5	3.0	51.3	7.6
	工　業	8,081	19.4	22.4	3.5	46.6	8.2
	商　業	49,260	21.8	22.9	2.1	47.1	6.4
	水　産	766	7.4	16.6	3.4	64.5	8.2
	家　庭	13,498	24.4	26.5	2.2	38.9	8.5
	看　護	4,047	81.4	9.5	0.9	6.6	2.4
	情　報	236	34.7	24.6	2.1	35.2	2.1
	福　祉	2,466	19.9	23.1	1.0	49.5	7.3
	その他	18,626	68.6	13.4	4.9	6.1	7.1
	総合学科	27,030	34.8	28.6	2.4	27.4	7.3

大学等進学：大学（学部），短期大学（本科），高等学校（専攻科）等への進学者
専門学校進学：専修学校専門課程への進学者
予備校・訓練・各種：専修学校一般課程，各種学校，公共職業能力開発施設等入学者
無業者：アルバイト，パート等一時的な仕事に就いた者，無業者，家事従事者等
出典）「2008年度学校基本調査報告書」より

これに対して，工業科男子では，８割近く（77%）を生産工程・労務従事者が占める．また商業科女子では，約半数（47%）を事務職が占め，残りを生産工程・労務従事者（17%），販売従事者（17%），サービス職業従事者（14%）がほぼ３分している．また，生産工程・労務従事者としてくくられているが，技術職や設備・修理などの間接工では，工業高校卒がより好んで採用され，直接工である生産工程従事者は学科を問わずに採用される傾向がある[24]．弱まってきているとはいえ，職業学科では専門教育に対応した職種への就職

が見られる．とくに工業科男子は，無業の者となる比率も一貫して他学科卒者より少なく，就職が相対的に好調である．

2）実習の教育的意義

職業学科は，就職の点で普通科からの就職に対して一定の優位性を保っているが，いわゆる入試学力で見ると，地域によっても変動はあるが，多く底辺あるいはその近くに位置づけられている．そのため，入学時から「学校でよい成績を取ること」に見切りをつけ，「学校で一生懸命勉強する」ことをやめてしまっていて，「自分はどうせだめ」との感覚を強くもっている生徒が大勢いる．そのためまず，学習観を転換させ，できる自分を発見させ，成功体験を積ませ，「なんとかやっていけそうだ」という感覚をもてるようにすることが肝要である．職業学科の教育課程で大きな位置を占める実習のもつ教育的価値がこの課題におおいに力を発揮しうる．

実習では，とくに工業，農業，水産学科の場合，道具や機械を使って直接的に素材に働きかけて生産物を生成させる作業を通して学習する．その過程では，学習対象が言語化され文字を通して学習するのとは異なり，“もの”自体を直接に扱う．そこには学習対象となるもののすべてが存在する．たとえば旋盤作業であれば，旋盤の回転音，切削される金属の発するきしみ音，におい，切り屑の出てくる様，ハンドルを握る手の感覚，というような言語化されるときには抽象されてしまうようなすべての要素が存在する．そしてそれらが示すものを読み取って作業を進める必要がある．切削工具の選択，材料の種類や仕上面荒さ等による切削速度の選択など切削の理論に属することもすべてがそこに存在する．作業を行う生徒たちは，どこまで自覚的になれるかは別として，直接それらに感応し，頭，手，体の全部，自分のもっている知力，体力，感性等のすべての能力を総動員して作業することになる．どの深みまで達することができるかは別としても，生徒たちは学習内容に直接結びつかざるをえない．

しかも，座学での授業のように寝ているわけにはいかないし，途中で実質的な不参加を決め込むこともできない．途中で投げ出すこともできない．作業には必ず参加せざるを得ないし，最後までやり抜いて作業を完成させなくてはならない．

自分が作業しなくてはならないから，必ずなんらかの能動性，目的意識性が伴う．自分自身が目標を描かなくては作業にならないし，そこにいたる手順手立ては道具・機械と材料の関係等から必然性をもって作業者に迫る．その必然に自分を従わせなくては作業は失敗する．細心の注意と努力と緊張と忍耐が強いられる．

教師の適切な指導が必要なのはいうまでもないが，生徒たちは作業をやり通すことにより，道具や機械の仕組み，労働対象の性質，生産プロセス等についての表象，概念を獲得し，道具や機械を扱う技能，作業段取りの技能，自分の心身のコントロール等を身につける．そうして獲得した能力は製品となってあらわれ，できなかったことができるようになり，自分の能力の発達，展開を自覚できる．そこに感じる喜びが達成感の内容であろう．実習では教育内容そのものに直接的にふれる確かな学習が成立しやすいし，具体的教育的価値が実現しやすい．生徒はやり抜いたこと，それによってできるようになったことを実感できるし，それが自分自身についての見方や，学習観を変えていくきっかけとなる．できる自分を発見できるチャンスが大きい[25)]．

実習ではまとめのレポートが課されるのが普通である．文字に苦手意識を中学までにもってしまった生徒も多いが，このレポートに書くことは自分の体験したことなので，実体的なイメージをもてるし，わかっている場合も多い．言語表現が現物と結合しやすい．レポートを通じて言語表現への苦手意識を克服できるチャンスが得られる[26)]．

職業学科の実習は，実際に世の中で行われている作業の一部を，学校の中にもち込めるようにしたものを対象としている．実習を行った生徒は，自分たちの学習したことが，実際の世の中で使われていることを容易に見て取れる．それまで見ても見すごしていたものが見えてくる．非常な緊張感を伴ってアーク溶接の実習をなし終えた生徒が，町の中に今まで気づかなかった溶接による接合物が多々あるのを見て，自分たちの学んでいることと実社会とのつながりに気づき，「あっ，あれは自分にもできるんだなぁ」とうれしかったと感想を書いてきたという[27)]．自分たちの学んでいることが社会でも通用するという実感をもて，社会に有用な能力を身につけていることを確認できた喜びが表明されている．こうしたものに根ざす学習意欲は本物である．こうして学習観の転換がもたらされ，本物の学習意欲が形成される．

また，ここには職業教育こそが学校の内から職業の世界を，実感を伴って知らせることができることが示されている．自分も職業世界でなんとかやっていけそうに思えるし，しっかりやっていけるように自分を育てようと，もう一歩を踏み出すことを可能にする．職業教育と職業指導が車の両輪となって働くことによって，青年の職業的発達を促すことができる．

実習は班に分かれ少人数でなされる．班作業や複数での作業もしばしばあり，チームワークが求められる．班員同士でコミュニケーションをとり，協力しあわなくては作業が進まない．集団で行う作業の中で，コミュニケーションの取り方，目標に向かっての相互の関係のつくり方，集団の組織のしかたを体験的に学ぶ．その中でそれまで見えなかった級友や自分の新しい面を発見したりする．新しい友人関係をつくるチャンスとなることもあるだろう．実習の中で学んだコミュニケーションの取り方，関係のつくり方は，将来，労働の場で必ずや必要になる働く者相互の関係づくり，助け合い，労働組合づくりなどの基礎となる．

3）早期の専門分化を避けるべきだという論

後期中等教育段階では，職業選択の自由を保障し，自由な選択を行ううえでの一過程として，また一定の職業で必要とする能力を身につけ，職業について実際的に知るためにも，職業教育の機会を保障することが必要である．

戦後の学校教育法が一貫して要求しているように，高等学校（中等教育学校の後期課程を含む）は，普通教育および専門教育を施すことがその目的であるべきなのだ．

しかし，高校職業教育は人気がないとされ，縮小されてきた．かつて1970年ころには，高校生の中で4割を超える生徒が職業学科（農業，工業，商業，水産，家庭，看護，（情報，福祉））に在籍していたが，70年代，80年代にその割合を下げ，昨今もまた総合学科への改変等が進み，2008年には19.9パーセントになっている．高校職業教育の縮小政策を受け入れる国民の意識が背後にはあるだろう．

高校職業教育は人気がないとされるのは，一つには1955年および1960年の学習指導要領改訂以降，学習指導要領によって職業学科の教育課程は就職向け編成となり，大学進学に不利にされたことに起因する．大学進学率が上昇する1960年代半ば以降，職業学科は大学受験において不利な学科とされ，不人気が定着する．

またもう一つには，15歳での専門分化は早期に過ぎるという見解が根強く存在することである．たとえば，かつて大田堯は次のような提案をしている．「現在の高等学校は，普通高校，職業学校の種別を廃止した上で，一つ一つの高校の教育課程は若ものたちの人生選択の多種多様さに備えて，多様化すべきだろうと思う．その多様化はかっての経済成長期の文教当局の企てとは本質をことにして，当面の社会要求の必要に一方的に従属した多様化とは異なって，それを考慮しながらも，若ものたちが自分の将来の社会的部署での能力をためすことに重点をおき，その見地から，学校が用意しておく教科目をもっと多様化すべきだとする提案である．それは単に職業科目の種別を増やすという意味ではない．将来の自分の働き場所の発見をめざして，能力の訓練をうけながら自己の能力を生徒自身がためすものであるから，それが技能的なものであっても，個別の雑多な職業的技能の一つ一つをそろえるというものでなくて，もっと大きなカテゴリーでひっくくって用意しておくことが出来よう．当然そのために，すべての高校は普通高校が用意してきた教科分野の外に，職業高校がもっている作業場や実験場，技能訓練施設，それに場合によっては地域の工場や会社などの社会施設と結びついて，学びかつ作業しながら自分をためす多様な教育課程を用意することが必要になる．

これらの多様な教育課程は，現在の高校の高学年になるにつれ，より分化して準備されることになろう．わたくし自身は高校を三年間に限定する考えには立っていない．一五歳から二〇歳くらいまでの間に就職するものも，大学に進学するものもゆっくりと自分をみきわめる余裕と，そのためのいくつかのきびしい知的，肉体的試練が若ものたちに与えられてよいと思う．……

教育課程がこうした意味で多様化する反面，市民，国民としての共通教養は，低学年を中心に一層重視されることが必要であろう[28]」．大田は，高校を「自分の個性をみきわめつつ，人生選択能力をきたえられながら，選択を具体化するための準備期間[29]」と位置づけようと提案している．

これはとても魅力的に見える．しかし，次のような点でリアリティに欠ける．まず，職業教育が後期中等教育段階あるいは少なくとも中等後段階で明瞭に位置づけられていない点である．基本的な職業に向けての職業教育が整備されないと，職業選択が著しく困難であることはすでに何度も強調してきた．就職そのものは相当程度偶然性に左右されざるをえない．可能な選択は，どの分野に自分の職業的方向性を見定め，その方向に自分を形成していくことを選び取ることだろう．教育権の一環として保障されるべき職業教育あるいは専門教育の，どれかの種類を選択することが保障されるべきなのだ．

また，職業にかかわる選択能力は，職業についての教育に真剣に向き合いそれを味わわないと身につかないのではないか．極端な物言いだが，いろいろなものをあちこち手をつけてみるだけでは，迷うだけだろう．ある分野をそれなりに極めていく過程の中で始めて，それの自分にとっての意義，意味が身にしみてわかるものだろう．選び直しの余地を残しながら，仕事に就く前に職業に準備する教育を保障することは，青年の発達保障にかかわることでもあるし，職業選択の自由を含む労働権にかかわることでもある．

さらにこのことは，学校で保障するべき教養の内容にかかわることでもある．勝田守一は次のように教養と職業準備教育の関係を述べている．

「職業生活や技術にたいする教育的配慮は，それ自身必然的でもあるし，また学校の重要な機能としてとらえられなければならない．教育上のリアリズムは，まさにその自覚をもとにして生まれ，装飾的な教養主義を克服し，不合理な教化主義の批判を内在させてきた．科学教育を普及させたのも，現実的条件としては，職業的・実用的要求と技術の発達であった．

学校の教育が，現実の産業的技術に規定されてとらえられるのはいうまでもない．そこで，子どもや青年たちは，自己の職業生活を見出すほかないからである．しかし職業生活は，それと同時に，個人がそこで人間として自己を成長させ，人間としての幸福を追求する手段なのである．それは不可欠の手段であると同時に，その場所なのである．

このことを考えると，学校は，職業準備を必要悪としてではなく，将来のできるだけ多くの可能性の実現過程としてとらえる必要がある．いってみれば最大の人間的可能性を実現する連鎖の中へ職業的準備の教育を位置づけることが必要なのである．……

……学校は，まず科学の基本を子どもの主体的な学習を通して，子どものものとする場所になる．その上に，分化した専門的技術の学習が継続し，そこでも，技術教育そのものが，人間の成長の広い可能性を保障するような，『教育的』意味をもたなければならない．これは，教師という専門家の指導なしには達しえない学校独自の任務である[30]」．

これは，ランジュバンやワロンの教養論をふまえての文章である．ランジュバンは教養と職業について「職業は人間を，その専門の枠の狭い内部だけに，とじこめるべきではありません．教養はこのような傾向を是正するものです．職業が人間を孤立化させるものならば，教養は互いに接近させるものです．もともと教養は，人間全体に関係するという意味で，つまり，人間のさまざまな能力の間に均衡を実現しようとする意味で，ヒューマニスト的でありますᅟ[31]」と述べる．しかしこの教養は，ワロンがいうように，もう一方では人を隔てるものだった．ワロンは，古代世界では，ある人びとの教養はほかの人びとの隷従を条件にしていたこと，聖職者の所有物であったときには，僧院の中に閉じこめられていたこと，フランス革命ころからは，高尚な職務と呼ばれるものをはたす手段となったこと等々をあげ，「一つに結びつけるはずであった教養が，じっさいにはこれまで，どんなに分裂をひきおこしているか」おわかりでしょうという[32]．これまでの教養はつくりかえられねばならない．ワロンもランジュバンも，子どもの発達の源泉，思考の源泉に立ち返るべきことを述べている．ワロンは「事物の観念，それの新しさがあとで新しい言語に翻訳されうるような観念を有効に秩序づけるためには，事物を支点にしなければならないことを知っています[33]」と述べているし，ランジュバンは，「人間の手の働きが頭脳の働きをつくりだしたことを，忘れないようにしましょう．思考は行動から生じるもので健全な人間にあっては，行動にたちかえらるべきものであります[34]」と述べている．そしてワロンは諸個人をわけ隔てるものと見なされてきた職業の中に人びとを結びつけうる教養の原理，基礎，方法を求めるべきことを主張している[35]．ランジュバンは「学校と生活，現実と思考，物質と観念，一般教養と職業教育―これらをそれぞれ統一することが，われわれの主張です．……学校は自然と生活とに結びつき，しょっちゅう教室の壁から外に出て，観察や経験をつんで教室に帰り，反省や思索で自分を豊にし，観察し体験し感知した事象についての記述や表現や表象を習い始めなければなりません．学校は外部世界と常に連帯関係にあると感じなければならず，外部世界への接近を準備するのが学校であります[36]」と述べている．

後期中等教育段階で，職業教育や専門分化した教育を行うことは，青年の発達を保障するうえでもむしろ必要なことであり，それなくしては職業指導は十全のものになりえない[37]．また，職業学科での実習に高校教育再生の手がかりを求めることも十分根拠のあることと考える.

〈注〉

1）勝田守一『学校論・大学論　勝田守一著作集5』国土社　1972年参照.

2）ユネスコ「技術・職業教育に関する改正勧告」(2001年11月), 54参照.

3）以下の文献を参照. 佐々木享『高校教育論』大月書店　1976年. 佐々木享『高校教育の展開』大月書店　1979年. 吉田昇・長尾十三二・柴田義松編『中等教育原理 新版』有斐閣　1986年

4）佐藤興文『学力・評価・教育内容』青木書店　1978年　p.20-42

5）竹内常一『日本の学校のゆくえ』太郎次郎社　1993年　p.7-8

6）佐藤学『「学び」から逃走する子どもたち』岩波書店　2000年参照.

7）居神浩・三宅義和・遠藤竜馬・松本恵美・中山一郎・畑秀和『大卒フリーター問題を考える』ミネルヴァ書房　2005年　p.9

8）同上書　p.79-81

9）苅谷剛彦『階層化日本と教育危機―不平等再生産から意欲格差社会へ』有信堂高文社　2001年　p.207, p.220

10）居神浩他　前掲書　p.78-86

11）新谷周平「ストリートダンスからフリーターへ―進路選択のプロセスと下位文化の影響力―」『教育社会学研究』第71集　2002年

12）ポール・ウィリス（熊沢誠・山田潤訳）『ハマータウンの野郎ども』筑摩書房　1985年　p.367-384

13）22条は,「何人も, 公共の福祉に反しない限り, 居住, 移転及び職業選択の自由を有する.」(第2項省略）となっている.「公共の福祉に反しない限り」というのは, 国家資格制度のように, 国民の生命, 健康, 安全, 権利などを守るために, 資格のあるものだけにある種の業務を行うことを限定する等の場合と解釈される.

14）松林和夫『労働権と雇用保障法』日本評論社　1991年　参照.

15）本書第3章1. も参照のこと.

16）松林和夫　前掲書　p.3-4

17）本書第3章1. を参照. また, 依田有弘「教育法としての職業能力開発促進法の課題」名古屋大学教育学部技術教育学研究室『技術教育学研究』10号　1996年　参照.

18）無限定に誰にでも希望に応じて教育機会が保障されるべきだとはいえないだろう. ただし, 職業選択の自由, 教育権の原則からすれば, その教育を受けるのに必要な準備がありさえすれば, 保障されるべきと考えられる. また, その準備の機会も保障されるべきだろう.

19）松林和夫　前掲書　p.1-2
20）同上書　p.2
21）たとえば，本多淳亮『労働契約・就業規則論』一粒社　1981年．日本労働法学会編『労働契約　講座21世紀の労働法　第4巻』有斐閣　2000年参照．
22）職業適性検査というものがあるが，それで自分に合う職業の方向を見いだせるというのは幻想である．
23）新しい生き方規準をつくる会『フツーを生きぬく進路術』青木書店　2005年．同会『フツーをつくる仕事・生活術』青木書店　2007年等参照．
24）労働政策研究・研修機構編『「日本的高卒就職システム」の変容と模索』労働政策研究・研修機構　2008年　p.124
25）斉藤武雄・田中喜美・依田有弘編著『工業高校の挑戦―高校教育再生への道―』学文社　2005年　第Ⅱ部第1篇第3章参照．
26）斉藤武雄「高校観・学校観・労働観をゆさぶる」技術教育研究会高校職業教育検討委員会編『高校工業教育の復権　技術教育研究別冊2』技術教育研究会　1998年　p.60
27）斉藤武雄「技術・労働の教育がもつ可能性」教育科学研究会『現代社会と教育』編集委員会編『現代社会と教育4』大月書店　1993年　p.181
28）教育科学研究会編『よみがえる高校教育』総合労働研究所　1980年　p.29-30
29）同上書　p.24
30）勝田守一　前掲書　p.145-146
31）ランジュバン（竹内良知・新村猛訳）『科学教育論』明治図書　1961年　p.158　また，勝田守一　前掲書　p.149-150参照．
32）アンリ・ワロン／ジャン・ピアジェ（竹内良知訳）『ワロン・ピアジェ教育論』明治図書　1966年　p.23-28
33）同上書　p.29
34）ランジュバン　前掲書　p.159
35）ワロン／ピアジェ　前掲書　p.28
36）ランジュバン　前掲書　p.161
37）詳しくは，本書第3章1．を参照してほしいが，早期の分化にかかわって，ユネスコ「技術・職業教育に関する改正勧告」（2001年11月）では，「26．早すぎる，そして，狭い範囲の専門分化は避けるべきである．(a)原則として，15歳を，専門分化を開始するための最低年齢と考えるべきである．(b)専攻分野が選択される前に，基礎的知識とその系共通の技能を与える共通学習期間が，それぞれの広い職業部門のために，必要とされるべきである．」とされている．

(3) 普通高校における職業指導 ―――― 本多満正

1) 普通高校卒業生をとりまく雇用の状況

2007年3月の普通科の卒業生数は83万8,578名(「平成19年度学校基本調査報告書」)である. この人数は, 同年度の高校卒業生数の約73.1%にあたるので, 日本の高校生の大多数は普通科に在籍していることになる. 約84万人の普通科卒業生のうち就職した人数は7万8,861名と1割に満たないが, この年度の高卒就職者数21万1,108名の約37.4%にあたる. したがって, 高卒者の就職実態を考えるうえで普通高校から労働への移行の問題は量的にも少なくはないといえる. 近年, 普通高校から労働への移行過程に関する調査研究は, 高校生および高卒者が就労の定着に至るまでの間にさまざまな困難をかかえていることを明らかにした[1).]

乾彰夫らは, 東京の若年者労働市場の二極化――専門職市場が拡大した領域(情報通信業, 金融・保険業)を高学歴者が占有し, 飲食業やサービス業の特定産業には不安定雇用が急速に拡大した――によって, 高校生および高卒者の進路展望が厳しいものとなっていることを指摘している[2)]. そして, 東京都立普通科「非進学校」の高校生に対する継続的な聞き取り調査を行い, 正規雇用者において社内教育の乏しい中での長時間労働やいじめを原因とした離職の事例[3)], フリーター選択者が長時間労働や家族の経済的期待からフリーターから脱出できない事例[4)], アルバイトと失業, 無業の間を頻繁に行き来している事例など, 不安定就労の中での都市の高卒者が生きぬいている姿を具体的に描いてきた.

ところで, 求人倍率が低い地方の若者の就労状況はどのようになっているのだろうか. 李永俊らは, 2006年度平均の有効求人倍率0.44倍と全国最低レベルにある青森県の20～34歳の若年者の就労状況・職業履歴等について調査研究を行っている. 調査研究の結果, 第一には青森県では非正規雇用の職業も十分に提供されていないことが明らかになった. 具体的には, 青森県在住の20～34歳のうち正規雇用者の割合は53.2%，非正規雇用者は26.0%，無業者は11.2%になっており，東京の非正規雇用者の約40%に比べて少なく，その一方で求職中の無業者が7.2%も存在している[6)]．第二には，就職・雇用形態に対する男女間には女性が不安定就労におかれるという差があることが明らかになった．青森県における女性の非正規雇用者の割合は35.5%であり，求職型の無業者の割合も8.5%である[7)]．第三には学歴と雇用形態との関係について，男女ともに「高学歴者」ほど正規雇用者になりやすく，男性の「低学歴者」が非正規雇用者になりやすいことが明らかになった[8)]．第四には高卒者の就職斡旋について，高卒者の約40%近くが学校の就職斡旋から外れており，「縁故採用」が若者の就業において重要な役割を果たしていることが明らかになった[9)]．第五には学校と企業との信頼関係にもとづいた「新卒就業・採用システム」が大きな役割を果たし，高卒者の92.5%が最初に正規雇用者として雇われている反面，最初に非正規雇用者として就職した友人の紹介から新たな非正規雇用者を招く「フリーターの連鎖」のようなものの存在が明らかになった[10)]．

東京都および青森県を対象としたこれらの研究は，高卒者への就職斡旋および職業に関する教育の重要性を示すことはもとより，地域における若者の就業構造の特徴をふまえたうえで高卒者の就職状況を分析することの重要性と分析の際に男女間の差について検討することの重要性も示した．

以下では，有効求人倍率の低い秋田県の若者の就業構造の特徴を描き，そのうえで普通科高卒の就職状況を分析する．そして，秋田県等の普通高校での職業に関する教育の実際を紹介しながら，普通高校の職業指導に関する教育の課題を示す．

2）秋田県の若者の就業構造の特徴

表2―4は全国，秋田県，東京都の職業別就業者数をもとに各職業別の割合を算出したものである．秋田県では，東京都と比べると，専門的・技術的

表2—4　職業別就業者数の割合の比較（全国・秋田県・東京都）

［単位：人（%）］

職業	全国		秋田		東京	
総数	65,977,500	(100)	560,000	(100)	7,148,900	(100)
専門的・技術的職業従事者	9,646,700	(14.6)	64,400	(11.5)	1,310,400	(18.3)
管理的職業従事者	1,797,200	(2.7)	12,000	(2.1)	253,300	(3.5)
事務従事者	13,329,600	(20.2)	99,800	(17.8)	1,799,000	(25.2)
販売従事者	8,886,700	(13.5)	65,700	(11.7)	1,111,200	(15.5)
サービス職業従事者	6,701,900	(10.2)	55,000	(9.8)	762,100	(10.7)
生産工程・労務作業者	17,734,400	(26.9)	182,200	(32.5)	1,236,400	(17.3)

注）① 就業者数の少ない職業については掲載を省略した．
② 表記した割合は就労者総数に対する各職業別の割合である（少数点第２位四捨五入）．
出典）「就業構造基本調査（平成 19 年 10 月調査）」より作成．

表2—5　秋田県（15 ～ 24 歳）の性別・職業別就業者数とその割合

［単位：人（%）］

職業	合計		男性		女性	
総数	39,600	(100)	20,600	(100)	19,000	(100)
専門的・技術的職業従事者	4,400	(11.1)	900	(4.4)	3,500	(18.4)
事務従事者	6,900	(17.4)	2,400	(11.7)	4,500	(23.7)
販売従事者	5,700	(14.4)	2,700	(13.1)	3,000	(15.8)
サービス職業従事者	6,100	(15.4)	2,200	(10.7)	3,900	(20.5)
生産工程・労務作業者	14,400	(36.4)	10,800	(52.4)	3,600	(18.9)

注）表記の割合は，総数に対する各職業別就業者数の割合である（少数点第２位四捨五入）．
出典）「就業構造基本調査（平成 19 年 10 月調査）」より作成．

職業従事者，事務従事者の構成比が低く，逆に，生産工程・労務作業者では倍近く高い．

表２—５は，秋田県の職業別就業者中の 15 ～ 24 歳の人数とその構成比について男女別にまとめたものである．15 ～ 24 歳の就業者は，全体の７パー

表２―６　産業別就業者の構成比（東京都・秋田県）および秋田県若年就業者の性別比較

［単位：人（％）］

産業	東京	秋田	男性(15～24歳)	女性(15～24歳)
総数	7,148,900　(100)	560,000　(100)	20,600　(100)	19,000　(100)
農業	33,700　(0.5)	46,600　(8.3)	600　(2.9)	100　(0.5)
建設業	451,400　(6.3)	59,300　(10.6)	2,900　(14.1)	300　(1.6)
製造業	820,800　(11.5)	96,900　(17.3)	6,500　(31.6)	3,200　(16.8)
情報通信業	588,800　(8.2)	9,000　(1.6)	200　(1.0)	100　(0.5)
運輸業	306,200　(4.3)	21,300　(3.8)	200　(1.0)	400　(2.1)
卸売・小売業	1,238,200　(17.3)	102,200　(18.3)	4,600　(22.3)	4,300　(22.6)
金融・保険業	288,500　(4.0)	9,900　(1.8)	200　(1.0)	500　(2.6)
飲食店，宿泊業	460,100　(6.4)	24,100　(4.3)	1,200　(5.8)	1,600　(8.4)
医療，福祉	510,500　(7.1)	56,500　(10.1)	800　(3.9)	3,700　(19.5)
教育，学習支援業	334,600　(4.7)	22,700　(4.1)	400　(1.9)	1,200　(6.3)
サービス業（他に分類されないもの）	1,236,200　(17.3)	64,600　(11.5)	1,800　(8.7)	2,200　(11.6)

注）① 就業者数の少ない産業については掲載を省略した．
　　② 表記の割合は，総数に対する各産業別就業者数の割合である（少数点第２位四捨五入）．
出典）「就業構造基本調査（平成19年10月調査）」より作成．

セントほどを占める．この年齢層は，サービス職業従事者，販売従事者，生産工程・労務作業者などで，構成比に占める比率が全就業者のものより高く，これら職業に若年者が相対的に多く就いていることが推量される．男女別に見ると男性では，生産工程・労務作業者が５割を越え，男子若年者での就業先としてこの職業分野の占める大きさが際だっている．女子では，事務従事者，サービス職業従事者，生産工程・労務作業者，専門的・技術的職業従事者がそれぞれ２割内外を占めている．専門的・技術的職業従事者の3,500名のほぼ半数の1,700名が保健医療部門であった．

表２―６は東京都と秋田県の産業別就業者数と構成比，および秋田県の15～24歳の性別産業別就業者数と構成比をのせた表である．東京の若年労働者市場で二極化し拡大した領域であるとされた情報通信業や金融・保険業での就業者数は，秋田県の場合少ない．秋田県では卸売・小売業，製造業，サービス業，建設業，医療，福祉，農業の割合が高いが，東京都と比較する

と，とくに製造業，建設業，農業，医療・福祉の構成比が高い．

15～24歳の若年層で見ると，とくに男子の場合製造業，卸売小売業，建設業，サービス業のしめる比率が高く，女子では卸売・小売業，医療・福祉，製造業，サービス業の比率が高い．

3）秋田県の普通高校生の就職状況

2007年3月秋田県全日制課程の卒業生数は1万833名であり，そのうちの7,021名（64.8%）が普通科の卒業生である．表2―7は2006年度普通科卒者の進路状況である[11]．全日制就職者1,477名のうち県内就職者数は990名（67%），県外就職者数は487名（33%）である．定時制就職者55名のうち県内就職者数は38名（69.1%），県外就職者数が17名（30.9%）である．以下では資料の都合上，分析は全日制課程に限定する．

表2―8は，2006年度全日制普通科卒者の主な就職地域を男女別にまと

表2―7　2006年度秋田県高校普通科卒業生の進路状況

［単位：人（%）］

課程	総数	4年制大学		短大		専修学校等		就職（自営を含む）		その他	
全日制	7,021	2,880	(41.0)	749	(10.7)	1,435	(20.4)	1,477	(21.0)	480	(6.8)
定時制	165	7	(4.2)	7	(4.2)	31	(18.7)	55	(33.3)	65	(39.4)

注）割合は小数点以下第2位を四捨五入し算出した．
出典）「秋田県高等学校卒業者の進路状況調査（平成19年4月3日調査）」より作成．

表2―8　2006年度秋田県全日制高校普通科卒業生の主な地域別就職先

［単位：人（%）］

性別	総数	東北（秋田以外）		秋田		関東（東京以外）		東京		その他	
男性	652	29	(4.4)	456	(69.9)	63	(9.7)	87	(13.3)	17	(2.6)
女性	825	41	(5.0)	534	(64.7)	66	(8.0)	157	(19.0)	27	(3.3)

注）割合は小数点以下第2位を四捨五入し算出した．
出典）「秋田県高等学校卒業者の進路状況調査（平成19年4月3日調査）」より作成．

表2—9　秋田県の全日制高校普通科卒者の主な産業別就職状況

［単位：人（%）］

産業	普通科				工業			
	男性		女性		男性		女性	
総数	652	(100)	825	(100)	728	(100)	73	(100)
建設業	58	(8.9)	8	(1.0)	127	(17.4)	3	(4.1)
製造業	234	(35.9)	201	(24.4)	360	(49.5)	24	(32.9)
情報通信業	2	(0.3)	16	(1.9)	10	(1.4)	2	(2.7)
運輸業	30	(4.6)	18	(2.2)	25	(3.4)	0	(0.0)
卸売・小売業	64	(9.8)	150	(18.2)	41	(5.6)	12	(16.4)
金融・保険業	0	(0.0)	16	(1.9)	0	(0.0)	2	(2.7)
飲食店，宿泊業	40	(6.1)	103	(12.3)	11	(1.5)	8	(11.1)
医療，福祉	5	(0.8)	71	(8.6)	5	(0.7)	6	(8.2)
サービス業（他に分類されないもの）	65	(10.0)	152	(18.4)	45	(6.2)	7	(9.6)

注）① 就業者数10名以下の産業については掲載を省略した．
② 表記の割合は，少数点第2位で四捨五入した．
出典）「秋田県高等学校卒業者の進路状況調査（平成19年4月3日調査）」より作成．

めたものである．男女とも約70％近い人数が地元に就職しており地元志向の強さがうかがえる．秋田県の次に，東京，関東への就職者が多く，それらの合計で90％を超える人数に達している．地域別就職先については男女の差はほとんど見られなかった．

表2—9は秋田県の全日制普通科卒者の主な産業別就職状況である．比較のために普通科の次に卒業生数が多い工業科卒者の就職状況を載せた．

普通科卒就職者の場合，前掲の表2—6に示した15～24歳の産業別就業者の構成比にほぼ男女とも対応しているが，とくに男女とも製造業への就職の比重が高いことが示されている．地元に残りたい高卒者にとって製造業は重要な就職先といえるだろう．男性では卸売・小売業，建設業への就職者数が次いで多く，女性では，サービス業，卸売・小売業への就職が多い．また医療・福祉も9パーセント弱で普通科女性の貴重な就職先である．

4）就職者の割合が高い秋田県普通高校の取り組み

秋田県では2003年度から「高校生体験活動推進事業として就職を希望する高校２年生全員にインターンシップ，それ以外の高校２年生にはインターンシップ又はボランティア活動を体験させている[12]」．2004年度は「59校，4,394名の生徒がインターンシップを行っている」という[13]．インターンシップを行っている高校生数は全体の約40％にあたり，就職者数に近い．

そうしたなか，普通科で就職者の割合が比較的多い高校であるX高校とY高校では９月上旬に３日間のインターンシップを生徒全員に実施している．下記にはそれら２校の取り組みを紹介しつつ，問題点をあげる．

①　X高校の進路指導

X高校は，進学者が約20％，就職者が約70％強の全日制普通高校である．以前は，就職後半年間で就職者の３分の１が離職していた．2006年度からインターンシップを必修にしたところ，現在の卒業後半年間における離職率は20％前後になってきたという．X高校は，２年次より「進学コース」，「総合ビジネスコース」「生活福祉コース」の類型別学級編成を実施している．コース選択は入学後であり，コース選択と職業選択とは高校生の頭の中ではあまり結びついていないという．同校の冊子「進路の手引き」には主な取り組みが下記のように目的ごとに列記されている．

1　生徒理解と進路選択のための活動

各種検査・試験の実施，進路志望調査の実施，個人面談・進路相談，三者面談，職業相談メニュー（１年），インターンシップ（２年），職場訪問

2　進路意識高揚のための活動

進路説明会，進路講演会，マナー講習（２・３年），進路指導に関するLHR（学活）の活用と充実，進路ニュースの発行，インターンシップ（２年），職業相談メニュー（１年），各種模試，進路達成の体験報告会（１・２年）

[3] 採用試験のための活動

VTRの活用，模擬面接の実施，諸書類作成指導，受験報告書の提出，内定後の指導

このように進路に対する個別面談，インターンシップによる職業への意識づけ，職業斡旋が取り組みの中核になっている．インターンシップの希望を集約する時点では希望する職業を具体的にあげる生徒は少なく，実際に３年生になって求人票を見る時期から就職についての現実を直視しはじめるという．地元県内の就職先の多くは中小・零細企業であるが，多くの生徒が選択しているという（2006年度卒業生県内90%，県外10%）．

② Ｙ高校のキャリア教育

Ｙ高校は進学者40%強，就職者50%強の全日制普通高校である．２年次より「ビジネスコース」「生活福祉コース」「文理コース」の類型別学級編成を実施している．週１時間の「総合的な学習の時間」を活用して「キャリア教育」に取り組んでいる．Ｙ高校が「キャリア教育」重視で取り組んだ直接の動機は，「仕事に対してお金が目的との見方から働きがい等に転換したいという考えから」であったという．３年間の流れは下記のようになっている．

- １年生のテーマ「社会の仕組みと自分を知る」

  進路希望調査・「10年後の自分について（作文）」，性格診断テストによる自己分析，コンセンサスゲームによるコミュニケーション能力の育成，ハローワークによる進路相談メニュー，進路レポート，進路懇談会，ライフプランの作成・発表

- ２年生のテーマ「進路研究と設計をする」

  サクセスプラン作成，マナー講習会，インターンシップ，分野別進路懇談会，進路ガイダンス

- ３年生のテーマ「望ましい勤労観に基づく進路を実現する」

  適正テストSPI，履歴書作成練習，面接試験対策，小論文・作文対策

Y高校においては，インターンシップ以外にもキャリア教育を打ち出して職業に対する意識を膨らませようと取り組んでいる．働きがい等の進路意識を育むことと3年次の職業斡旋が主な職業指導の活動になっている．こうした取り組みで育つものの大切さは改めて述べるまでもないことだろうが，職業に関する知識や技能の教育が行われないままに就業への心がけの教育が施される一方で，職業にかかわる社会的な課題に踏み込んでいない点，職業に関する実質的な成長を媒介とした「企業との信頼関係」がないままの職業斡旋になっている点に取り組みの限界が見受けられる．

5）東京都の私立和光高校の職業に関する教育

これまで秋田県の普通高校の職業に関する取り組みを紹介してきたが，職業に対する意識の育ちにくさ，職業にかかわる社会的課題の探求の乏しさを，共通する問題点としてとりあげてきた．これらの問題点に対して，私立高校の自由度の高さと大胆な発想によって取り組んだ，和光高校の職業に関する実践を紹介する．和光高校は，1994年度からのカリキュラムの中に，「1978年から実施してきた現代的な課題を取り上げる『総合学習』の中に『仕事，職業』を位置づけることとし，新たに選択科目枠として『専門教育科目枠』を設け[14]」て，生徒たちが職業に目を向け，考えることをめざした．その実現にむけた取り組みの一つとして，高校2年生の必修選択枠「A1：フィールドワーク」が設置された．A1には，「ひとところば」「基地問題研究」「現代社会と技術」等の12科目が設定され，平均20名，定員25名ほどで実施されている．以下には，まずは2003年度までの科目「現代社会と技術」の中の柱となる3つの取り組みについて紹介する．その後，1996年度までの専門教育科目群について紹介する[15]．

①　働く人へのインタビュー

働く人へのインタビューは一学期に2回実施している．実践者の森下一期は，高校生が自分でアポイントメントをとり，インタビューのまとめ方を考えることを実践のポイントにあげている．インタビュー前のインタビューのまとめ方の教材として，スタッズ・ターケル『仕事』，鎌田慧編『日本人の仕事』，今井美沙子『私の仕事』の中から一つ選択させ読ませる．その他に共通に読む本は年度によって異なるが，『誰が石を積み上げてきたのか？―石工』等を読ませた年度もあったという．インタビューの報告書は，文章でまとめることを基本とし，報告書を全員で読み，報告書にコメントを書いてさらに学びあう．下記に紹介する感想は，インタビューすることが生徒に大きな影響をあたえたことがうかがえるとして森下が紹介した感想の一部を引用したものである．

「この二つのインタビューに共通しているのは，インタビュー後の大きな充実感だと思う．……なぜ充実感を得られるのかなと考えたら，その人のこれまでの人生を自分のこれからの人生に生かせるかも！　と思うからだ，と気づいた．今の私は，一応趣味らしきこともあるし，将来なりたいなあと思う職業もあるけれど，これから気持ちが変わるかもしれないし，本当になれるのかという不安などでいっぱいだ．でもインタビューをすることでその行き場のない不安が少し落ち着く気がする．……他の人のインタビューも読んで，すごく良かった．自分が調べようと思わない職業や，今まで知らなかった職業もしれたし，もっと色々な職業を知りたい！　という思いが沸いてきた．……実はとても大事なことだということに気づいた．さらに世界が広がるし，自分が調べるだけで終わってはいけないな，と思った」この感想文からは，生徒が仕事や職業について考えていくことの意味をつかみとっていった様子がうかがえる．また，インタビューにおいて，「自分の仕事に誇りをもっていてお金目的だけで仕事をする人はいなかった」ことによって「私の中で仕事に対する価値観が変わった」と述べた生徒もいたことが紹介されている．

②　夏休みの課題のアルバイトでの学び

働く人へのインタビューの後，夏休みの課題としてアルバイトかボランティアを選択させている．実践した森下は，アルバイトを重要な社会の学習ととらえ，生徒自身に自分が行っていることを客観的に見て，何が自分のものとなったかを考えさせるように，視点を提起してアルバイトに取り組ませているという．その結果，学校では得られない学習をしている生徒が多いという．以下には，ガソリンスタンドのアルバイトの体験記として報告されたものを紙幅の関係から引用者が要約して概要を紹介する．生徒はガソリン販売の利益がわずかであることに気づき，自分のアルバイト代はメンテナンス代から捻出されていることがわかった．そして，メンテナンスの実績が店の責任者の降格に結びつくという会社経営システムの厳しさを知ることになり，その中で社員の奮闘ぶりや仕事へのプロ意識に気づき，自分もプロの自覚をもつことをめざした．生徒は車の種類や整備について必死になって勉強し，その結果，店の業績に貢献することができた．そうした経験の後には，短期的に利益をあげることよりもお客の満足をうることが自身の満足感とともに業績にとっても大切なことに気づいていく様子がレポートに描かれている．

③　研究旅行

研究旅行は，10月中下旬に３泊４日で実施されている．主な目的は，現代の機械制大工業と前近代的な軽工業とを比較し，そこでの労働を考えることであるという．具体的な取り組みとしては，機械制大工業の例としてトヨタ自動車の組み立てライン，東芝青梅工場のパソコンライン，前近代的な軽工業の例として岡谷で唯一残っている宮坂製糸を見学し，インタビューする．旅行の事前学習において，日本の近代化をうながした外貨獲得が製糸業によることを考察しておくこと等，旅行の軸が宮坂製糸にあったこともさることながら，70歳，80歳のおばあさんが働く生きがいと喜びを語るとともにそれを大事にしている経営者の姿勢にふれることによって，感動深い学びができたことが生徒の感想文からもうかがえる．

④　専門教育科目群

「専門教育科目群」と称する科目群は，高校３年生を対象とする週２時間の必修選択であり，1996年度から実践がスタートした．1996年度に設置された「専門教育科目群」は，「ルポルタージュ論」「図書館・博物館」「スポーツコーチング演習」「インテリアデザイン」「専門調理演習」「インターネットコミュニケーション」「コンピュータ制御」「保育・教育」「カウンセリング」「映像」「マーケッティング」「福祉・ボランティア」「マスコミ・マスコミ論」の13科目であった．これらは，「進路選択できる力を養うもののひとつとして，職業分野や専門分野について体験的に学ぶことを内容とし[16]」，教職員のみならず，元PTA，卒業生，地域の人材等の外部の方々も担当している．専門家による専門分野への入門的，概論的内容のように思われる．実際に紹介した森下自身も「これも総合学習といえるだろう」と評価している[17]．

以上，職業および労働に関わる和光高校の教育実践をとりあげて見てきた．和光高校は私立高校として自由度の高いカリキュラムおよび教育実践を創造することによって，職業および労働にかかわる問題意識を豊かに育む方途を示したと思われる．実際に，卒業生に対して「学ぶ目的がはっきりしている」，「自分でテーマを見つけて伸びてゆける」という大学側から高い評価を受けたことからも明らかであろう．

和光高校は，たとえば2007年度卒業生235名中就職した生徒は２名（１%未満）であり，ほとんどの生徒が進学を希望している学校である．そうした「進学校」の普通科高校でもやり方によっては，職業および労働の実態を知り，考え，自己の考えが揺さぶられるなどの職業および労働に関する問題意識がより豊かになるような実践はできる．

〈注〉

1）乾彰夫編『18歳の今をいきぬく―高卒１年目の選択』青木書店　2006年

2）同上書　p.38-46

3）同上書　p.55-61
4）同上書　p.62-66
5）李永俊・石黒格『青森県で生きる若者たち』弘前大学出版会　2008 年
6）同上書　p.6-7
7）同上書　p.35-36
8）同上書　p.41-43
9）同上書　p.57
10）同上書　p.59-60
11）秋田県教育庁高校教育課「秋田県高等学校卒業者の進路状況調査（平成 19 年 4 月 3 日調査）」．この調査では学校および学科ごとの人数がわかる．
12）秋田県教育委員会「第五次秋田県高等学校総合整備計画—新時代に対応する高等学校教育を目指して—後期計画（平成 18 〜 22 年度）」2005 年 7 月　p.20
13）同上書　p.21
14）森下一期「和光高校の職業・技術に関する教育—高 2 選択科目「現代社会と技術」の 13 年，青年が職業に対峙するとき—」『技術・職業教育学研究室研究報告』創刊号　p.2-13　名古屋大学大学院教育発達科学研究科技術・職業教育学研究室，2003 年 8 月．ちなみに，森下一期「普通高校での職業に関する教育」（日高教・高校教育研究委員会他編『学ぶはたらくつながる』かもがわ出版　2008 年所収），にてこの実践が簡潔に紹介されている．
15）森下一期「和光高校の教育改革」『教育』503　1996 年　p.52-63
16）森下一期「和光高校の総合学習と教育課程」森下一期編『高校生の総合学習と学び　和光高校の実践』晩聲社　2006 年　p.92
17）和光高等学校 Web サイト（http://www.wako.ed.jp/s/index.html）

(4) 総合学科における職業指導 ―――――――― 林萬太郎

1）総合学科とはどんな学科か

総合学科とは，「普通教育及び専門教育を選択履修を旨として総合的に施す学科」（高等学校設置基準）として 1994 年度に発足された新しい学科である．文部科学省は，普通科，専門学科に並ぶ「第三の学科」として，進学にも就職にも対応できると設置を推進している．公式的には「生徒が自分で科目を選択し……主体的な学習を重視する」，「将来の進路への自覚を深めさせる学習を重視する」ことを特色としているが，一方では「中学卒業時に進路を決められない生徒，即ち，低学力の生徒のための学科」という説明もされてきた．

総合学科は，「単位制」と「自由選択制」を二大原則としている．

「単位制による課程とすることを原則」（学習指導要領総則編）としているため，学年はなく，多くの学校は１年次生・２年次生などとしている．

また，すべての学科に共通の必履修科目10教科13～14科目31単位を除いて，どの教科・科目からでも「生徒が普通教育及び専門教育に関する多様な各教科・科目から主体的に選択履修」（学習指導要領総則編）できる．カリキュラム編成上は「自然科学系列」「情報ビジネス系列」「メカトロニクス系列」「芸術系列」などの「系列」（専門科目群）を用意し，生徒はいずれかの系列に登録するが，系列を超えた履修も自由であり，技能検定認定などによる単位数も加えて合計74単位を取得すれば卒業となる．

自由選択に際しての，選択科目指導および進路指導を行うために，総合学科に特有の原則履修科目「産業社会と人間」（２～４単位）を１年次におく．

1994年度に７県７校でスタートして以来，文部科学省の強力な指導と各都道府県でこの間に進められた高校統廃合の受け皿として増えつづけ，2007年度現在で国公私立あわせて47都道府県319校（全高校数5,313校の6.0%）に達している．文部科学省および各都道府県教育委員会は「学区に１校」（全国で500校に相当）つくる方針をもっており，今後も増えつづけていくと思われる．

総合学科では，教諭および実習助手について国と都道府県が加配している．国は，「公立高等学校の適正配置及び教職員定数の標準等に関する法律」施行令第３条第２項で「文部科学大臣の定める数」と定め，その内容は教諭については概ね学級数の半数，実習助手については「学科に１名」となっている．各都道府県でも加配しているが，加配数に統一的な基準はなく教育委員会の判断によるため安定しない．当初は国に準じた加配をする都道府県もあったが，「財政危機」の中で縮小傾向にあり，現在は独自加配ゼロもある．

このように，総合学科は「進学にも就職にも対応できる」ことを目標とし，

「将来の職業選択を視野に入れた自己の進路への自覚を深めさせる学習を重視する」ことを教育の特色とし，「産業社会と人間」という必修科目をもち，多くが工業・商業・農業などの専門系列と施設・設備・専門科教員を有するなど，従来の普通科に比べて「職業」により近づいた学科といえる．したがって，高校における職業指導を考えるうえで総合学科の現状と課題を知ることは大きな意味をもつと思われる．

2）総合学科の現状

①　２つのタイプ

1 「特進型」

「自然科学系列」「人文科学系列」「芸術・スポーツ系列」などを設置し，ほぼ系列内に固定する履修指導を行い，四年制大学の理系・文系・芸術系などへの進学をめざす総合学科．

文科省の系列例示に「進学」はなく，普通科への転学も想定しないなど，総合学科はもともと進学を想定していない．しかし，文部科学省は総合学科転換を進めるために「特進型」の総合学科も実際には認めている．「特進型」総合学科の数は相対的に少ないが，一定の進学実績をあげて「成功している」学校が多いといわれている．

2 「ゆっくり勉強型」

総合学科制度化のねらいどおりの本来のかたち．現実の姿としては，工業高校・商業高校・農業高校などの職業高校と普通科高校を２～４校統廃合し，職業高校の校地に工業系列・商業系列・農業系列などと進学系列などをもつ総合学科にするなど，高校統廃合の受け皿として整備されることが多い．「低学力」の生徒が多く，学習指導・進路指導に困難が多いといわれている．

②　総合学科卒業生の進路状況

高校卒業生の進路を学科別に整理すると次のようになる．

表２―10 に見るように総合学科卒業生は専門学校進学者が多く，大まか

表2―10

［単位：％］

	大学等進学者	専門学校進学者	就職者
普通科	60.0	15.6	9.5
総合学科	34.5	27.2	27.6
職業学科	20.6	20.0	50.6
全体	51.2	16.8	16.8

出典）「平成19年度学校基本調査」より林が作成

に見て「総合学科の進路は，大学と専門学校と就職が１：１：１」といわれている．大学等進学者が多いのは，18歳人口の減少で四年制大学に入りやすくなっていることと前述の「特進型」総合学科によると思われる．就職者も多いが，職業学科から転換した学校では，従前の就職先から「専門性が低い（ない）」と断られるなど就職指導は困難が多いといわれている．「ゆっくり勉強型」総合学科では，専門学校進学か就職かという進路選択になり，結果として専門学校進学が突出して多い学科となっている．この点をさして「総合学科は専門学校予備校」ともいわれている．

3）総合学科の問題点と方向性

①「自由選択制」の功罪

「自由選択制」は，生徒には肯定的に受け止められており，なかには明確な進路目標をもって自分なりに体系立てて履修登録する生徒もいる．他方，導入当初には「英語を履修する生徒がゼロになった」「科目の内容より合格しやすい科目を選ぶ生徒が多い」などの問題が多発し，「選択する力がまだついていない」状況が問題となった．また，自由選択で体系的な科目選択をしなかった結果，修得単位数の条件が厳しい看護学校に進学できなかったという事例も出ている．そこで，現在は多くの学校では選択科目登録時に，必要な教科・科目（英語など）を必ず履修すること，履修・修得の安易さではなく進路目標などに沿って体系的に選択すること，あるいは系列外からの選択を制限したり，さらにはコース制に近づけるなどの履修指導を強めている．

② 「おかゆ学科」論

総合学科は，自分の希望に応じていろいろなことを学習・体験できる居心地のよい学科，楽しい学科にはなろうが，その裏返しとして，高校生として身につけるべき基本的な学習・体験，すなわち，未来に生きる市民として共通に必要な教養は保障されていない．つまり後期中等教育としての必要十分条件を満たしていない．結果として総合学科は専門的力量もまとまった教養も身につかない中途半端な力にならない学科，いわゆる「おかゆ学科」になっているという批判がある．

このように「ゆっくり勉強型」総合学科は，制度的にも内容的にも総合学科だけでは完結せず，大学や専門学校への進学を前提にゆっくり勉強する学校という結果になる．厳しくいえば，安易に卒業証書を渡すだけで卒業後のことは保障されていない学校であり，卒業後の教育機会を公教育で保障しない限り，学科としての存在価値に疑問が残る．

③ 「産業社会と人間」の現状と方向性

総合学科はその設置の趣旨からいえば，就職するという進路も想定している訳だから，本来は職業指導あるいは職業準備教育をその教育課程にもっていなければならない．この点で，原則履修科目「産業社会と人間」の指導内容が問題になってくる．現状は，学校や地域によって差があるが，進学・就職説明会，企業・大学の見学会，講演会，インターンシップなど，概ね文部科学省の『指導資料』に組み込まれている内容で，２単位で実施する学校が多い．現実には大学や専門学校への進学者が多いために，進学を中心とした選択科目説明会や履修指導に追われている状況にある．教職員の多忙化もあって，進路教育や職業指導が十分に実施されているとはいいがたい．

また，導入当初は総合学科だけの科目であった「産業社会と人間」だが，文部科学省が他の学科でも実施するように勧めた結果，総合選択制をとる普通高校や，総合募集（くくり募集ともいう）制の工業高校（大阪府の工科高校など）など，選択科目を多くもつ学校で実施する例が増えている．多くは「ライフプランニング」などの名称で学校設定科目としてカリキュラムに組み込んでいる．選択科目の履修指導を中心に進路教育も行うというスタイルが一般的だが，総合学科と同様に選択科目説明会や履修指導に追われている状況にある．

「産業社会と人間」を単なるハウツー教育，「心構え教育」や，作業時間に終わらせず，学校が主体性をもって活用していく立場で，社会人として必要な知識・経験を身につけて進路や職業を決め，主権者としてこれからの社会を築いていける人間を育てる方向で内容をつくろうと努力している学校もある．「産業社会と人間」を進路指導・職業指導の一環として活用するためには，研究や実践交流を積み重ねる必要がある．

④ 教職員加配の活用

教職員加配は，自由選択の少人数編成を保障するための措置なので，その配置は制約を受けるが，普通科と比較すれば25％以上もある加配をどう活用するかは重要なポイントとなる．自由選択の功罪を考えれば，生徒の希望も考慮しつつ，できるだけ選択幅を縮小してコース制に近づけることによって体系的な学習，市民として共通に必要とされる教養の確保に努め，進路指導，職業指導の時間を増やす方向性が必要になっていると思われる．

(5) 高校職業指導実践をめぐる諸問題 ―――――――― 林萬太郎

総合学科だけでなく普通科や専門学科でもインターンシップを実施する高校が増え，「検定・資格」取得に取り組む高校も増えるなど，職業指導にかかわる取り組みが学科の枠を超えて広がっている．主な取り組みについて，職業指導の観点から分析を試みる．

1）インターンシップ

職業指導の重要な内容であるインターンシップ（就業体験）を実施する高校が年々増加している．しかし，学校現場からは問題点も指摘されており，評価が定まっていないように思われる．課題を整理し方向性を明らかにして，進路指導・職業指導の一環として教育課程にきちんと位置づけていく必要がある．

① 高校におけるインターンシップの現状

1 急増するインターンシップ実施校

国立教育政策研究所の調査によれば，2007年度にインターンシップを実施した公立高校は3,516学科（実施率61.8%）となっている．学科別に見ると，職業に関する学科（以下職業科とする）81.1%，総合学科78.6%，普通科52.8%，その他の学科27.6%となる．また，体験した生徒数は国・公・私立あわせて28万8,669名，3・4年間をとおして1回でも体験した3・4年生の数は23万1,042名（19.4%）となっている．

国立・私立をあわせた全体では実施学科数で56.3%，全日制では68.1%に達し，体験生徒数では20%に迫っており，インターンシップ問題はもはや一部の学校の問題ではなくなっている．

2 インターンシップの現状

文部科学省の「高等学校教育の改革に関する推進状況」（以下，「多様化調査」）によれば，高校におけるインターンシップの平均的な姿は次のようになる．

- 実施学年は，第2学年が多いが1年・3年もある．
- 日数は，1日～5日間程度で2日と3日が多い．
- 実施時期は，当初は長期休業期間が多かったが，今は課業中も多くさまざま．
- 参加する生徒数は，数名から，学年全員まで幅広い．

実施内容も，地域の工場・商店から保育所・介護施設，各種行政機関，農協等の各種団体まで，実にさまざまで苦労のあとがしのばれる．

当初もたついていた保険制度も一応整備され，さまざまなマニュアルも発行され，一定の経験蓄積もあって，インターンシップ実施への環境は整備されつつある．しかし，新たに実施する学校にとっては初めてのことであり，大変な仕事量であることに変わりはない．この準備作業を請け負う企業もできているが，教育行政による条件整備が求められている．

成功例と失敗例については後述の生徒の評価に表れているが，これ以外にも生徒が怪我をした事例，工場の機械等を壊した事例，生活指導上の問題が発生した事例などが報告されている．

③ 関係者の間で分かれる評価

インターンシップについての評価は，関係者間で分かれている状況にある．各地の報告を読むと，生徒および保護者の反応・評価は概ね好評といえる．

生徒の感想では「仕事をするということの厳しさがわかった」「会社の人に親切に教えてもらって，うれしかった」「親の苦労が少しわかった」「今まで考えなかったが，自分の将来を考えるようになった」など概ね肯定的な反応が多く，さらに生徒が積極的に参加している場合は大きな教育効果をあげている．もちろん，否定的な反応・評価もあるがその内容は，「希望の会社・仕事でなかったので嫌だった」「３日間見ていただけで，何もさせてもらえずおもしろくなかった」「ただ働いただけで，時給０円のアルバイトのようだった」などで，事前の希望調整や受入体制あるいは実施内容に問題があったことが原因となっている場合が多いと思われる．

また，保護者の反応はほとんどの場合，生徒よりさらに肯定的な評価が多い．先にあげたような希望調整や実施内容に問題がない場合には積極的な評価をしていると思われる．

ところが，教職員は一部を除いて懐疑的に見ている場合が多いように思える．理由の第一は，今のインターンシップは社会適応訓練であり真の労働観育成になっていないという内容への批判であり，第二は，実施には多くの手間がかかるのに教職員加配などはなく過重勤務を余儀なくされるという条件整備の不十分さなどの問題である.

しかし，学習の当事者であり主体である生徒および保護者の評価は無視できないものがある．むしろ，従来の高校教育に職業指導や職業教育が不足している現状を考えれば，インターンシップの積極的な面を活用すべきだろう.

②　高校教育におけるインターンシップの意義

[1]　教育における体験・実習の基本的な重要さ

教育における体験・実習の重要さ，あるいはその教育効果の大きさはよく報告されている．これは体験・実習が「多くの場合，少人数学習であること」「他の人間との会話や共同作業が不可欠で，多くの場合チームワークとなること」「専門の教員やスタッフがいること」など，教室における座学より教育条件的に充実した環境で行われることと，実際に「もの（製品・商品)」に触れての学習であるという基本的な条件による.

現実の職業・労働のほとんどがチームで行われるということを考えれば，インターンシップについても，これら体験・実習の条件をいかに活用するかが問われている.

[2]　職業指導・職業教育としてのインターンシップ

本来，高校教育には，卒業後に社会人として一人前に活動できる基礎的な知識や技術・技能，職業に関する基礎的な知識の修得に加え，将来の進路を見定めその実現にむけて自らを高める力，職業選択の力をつける教育が求められている．さらに，高校生が産業構造の変化や雇用の実態，経済や社会の仕組みをしっかり認識できる力を身につけさせることも求められていよう．しかし，現状はこれらの教育は不十分なままであり，さらに就職難や社会的不安・閉塞感などのもとで若者が職業や生き方に対する展望をもちにくくなっている状況がある．「７・５・３現象」（就職後３年間で，中卒は７割，高卒は５割，大卒は３割が離職している）の直接原因が厳しすぎる労働条件にあることは明らかだが，「こんな仕事とは思わなかった」「人間関係」も大きな理由となっている.

このような若者の雇用と労働の現状は，職業適性も含めた職業指導の不足が彼らの選択や行動に影響を与えていることを示している．卒業後すぐに働くことを前提とし，就職する生徒の割合も高い職業科はもちろん，進学者も２～４年後にはほとんどが就職することを考えれば，高校段階で，なんの準備もなく社会に放り出されていく若者たちへの対策の一つとして，インターンシップを活用することを考える必要があるのではなかろうか.

文部科学省が推進し拡大しているインターンシップの考え方・進め方は，いわば社会適応訓練であり，高校生たちに，一人前の社会人に必要な知識や技能・技術を育てることをめざしているとは思えない．一部には「体験さえすればいい」という雰囲気さえある.

インターンシップを意味あるものにするには，学校の主体性，言い換えれば教育活動としての組み立てが必要であろう．きちんとした職業指導・職業教育を高校の教育課程の中で保障する取り組みを展開することが求められているのであって，その一環としてインターンシップも考えるべきであろう.

2）日本版デュアルシステム

デュアルシステムとはドイツ等における学校での教育と職場での実務訓練を同時に進める職業教育システムであるが，日本でも2004年度からそれに似せた日本版デュアルシステムと称するものを始めた.

①　日本版デュアルシステムの現状

日本版デュアルシステムは，高校・大学等の新規学卒者の就職難を受けて文部科学省・厚生労働省・経済産業省・内閣府で構成する戦略会議が打ち出し，2004年度から事業化された「若者自立・挑戦プラン」の一部として始まった．文部科学省と厚生労働省がそれぞれ事業化したが，内容はまったく異なる．厚生労働省の事業は雇用・能力開発機構を通じて実施され，職業能力開発大学校等の専門課程（２年間，有料）によるもの，職業能力開発促進センター（6カ月，無料）によるもの，民間の専修学校等に委託訓練（標準3カ月の座学と1カ月の訓練で計4カ月，無料）するものがある．この事業はニート・フリーターの就業支援を目的としているので高校生は対象となっていない．

文部科学省の事業はキャリア教育の目玉として事業化され，主に職業高校で長期のインターンシップを実施している．以下，本書の主旨に沿って文部科学省の事業を見てみる．

2004年度から2007年度までに20地域（都道府県）の25校（4地域は2～3校で取り組む）がモデル地域に指定されたが，今までの実施内容としては夏休み等に1～2週間の長期インターンシップを導入する程度にとどまっている．実施学校数も少ないモデル事業の段階とはいえ，とてもデュアルシステムといえる内容ではなく，試行の域を出ていない．

東京都教育委員会（以下都教委とする）は「東京版」デュアルシステムを唱え，2004年度に開校した都立六郷工科高校に昼間定時制課程としてデュアルシステム科をスタートさせた．東京版デュアルシステムでは，1年次にインターンシップでいくつかの職種業種を体験（1社10日間を3社）し，2年次で2カ月8単位，3年次で4カ月16単位の長期就業訓練を行う．

卒業生の状況を見ると，1期生は入学した30人のうち卒業した者16名，うち協力企業に就職した者が8名，2期生では卒業20名，協力企業への就職12名となっている．都教委は「デュアルシステム参加者の50～60％が協力企業へ就職したので成功」としているが，2004年度から2008年度までは工業高校の就職は非常に好調な時期であり，この数字がデュアルシステムの効果であるかどうかはわからず，評価は難しい．それより，途中で辞めていった14名，10名あるいは協力企業へ就職せずに卒業した8名，8名がどうなっているのかが問題となろう．

②　日本版デュアルシステムの課題

そもそもデュアルシステムは企業で長期の実地訓練を行うことが前提であ

る．ドイツでは，企業で訓練生という身分で働きながら，一定の公的規制のある教育プログラムにもとづいて訓練をうけ，それと並行して，週２日学校で学ぶという体制になっている．これに比べて，日本版デュアルシステムは，現行の１～２週間のインターンシップではとても職業能力を養うことは望めない．ただ，モデル地域指定校の今後の計画では，１～２年次に１週間前後のインターンシップを実施したうえに，２～３年次に14～40日程度あるいは週１～２回の「企業実習」を予定している学校が多い．東京版デュアルシステムと併せて，今後の推移を見守りたい．

ただ，多くの報告書に表れているように，高校生が就業体験・職業教育を体験し考える機会をもつことは職業指導としては大きな意義がある．また，協力企業のほとんどが地元の中小企業であることを考えれば，地域の中小企業に就職する高校生が増えるということも含めて，高校と高校生が地域と連携を深めることは，教育・経済を通じて地域づくりが進むことになり，社会的な意義は大きいと思われる．

３）「資格・検定」問題

①　資格・検定問題の現状と問題点

今，「資格・検定」取得に取り組む高校が職業学科だけでなく総合学科や普通科でも増えている．全国工業高等学校長協会（全工）が工業科で基礎製図・機械製図・情報技術・計算技術・パソコン利用技術・グラフィックデザイン・CAD・リスニング英語と検定試験を主催し，全国商業高等学校協会（全商）が商業科で珠算・電卓実務１級～６級，簿記実務１級～３級，ワープロ実務１級～４級，英語１級～４級，情報処理１級～３級，商業経済，パソコン入力スピード認定を主催すれば，普通科でも漢字検定や英語検定を始めるという状況になっている．

商業科などで，「資格・検定」合格を優先させるために通常の教育活動が振り回されているという問題点は以前から指摘されていたが，最近は工業科や総合学科・普通科にもこの問題が見られる.「検定合格」のために授業をつぶして演習することで,「できるがわからない」(検定問題はこなせるが,その背景の理論はわからない)といわれる問題点が広がり,放課後に補習を組むことで部活動や学校行事・自主活動に影響が出るという事態も生まれている.

また,多くの場合,教科や学年で全員受験させるために,希望しない生徒にも強制的に受検させるという問題もあり,受験料が安くない(10,000円を超える場合もある)うえに,複数の試験を受ける場合は受験料の負担が大きくなるという問題もある.

もちろん,(専門)学習への動機づけになる,到達目標が明確で指導しやすく達成感も得やすい,卒業時の調査書などに「特技・資格」として書け,就職や大学進学の手段となる,本人の自信につながるなど,一定の効果もあることは事実である.

しかし,本来の教育計画に悪影響を及ぼす「過熱状態」は望ましくない.

② 資格・検定問題のあり方

1 「職業資格」と「技能検定」との区別を

資格については大きく分けて「職業資格」と「技能検定」があるが,文部科学省はその区別を曖昧にしている.とくに商業科においては高校で取得できる「職業資格」はないにもかかわらず,学習指導要領では「職業資格」と記述(「課題研究」の内容(4))したり,他の教科でも「技能検定」を「職業資格」と混同しているが,明確に区別すべきである.「就職に有利」という誇大広告もやめるべきであろう.「資格」と「検定」を区別して精選・縮小の方向で考える必要がある.

2 検定合格を目的とした授業はやめる

検定には系統的な理解ができていなくても合格できるものもあり,合格しても,基礎的な内容が理解できていない生徒もいる.学習意欲の低い生徒が増える中で,意欲を引き出す一つの手段として取り組ませることもあろうが,検定合格自体を目的にしてはならない.「資格を一つでも多く」と取り組ませる学校もあるが，検定の中には高校教育の中での検定としては疑問のものもある．

検定試験は，卒業生アンケートでも「役に立っていない」という評価が多く，企業の採用担当者からも「採用には関係ありません」といわれている．大学の推薦入学の条件の一つになるなど一定の効果もあることから，検定試験はただちに全廃すべしとはいえないが，商業科などに見られる「過熱状態」を解消していくことが必要であろう．

③ 受験は希望者のみに

多くの問題をもつ「資格・検定」受験を，希望しない生徒まで強制的に全員受験させることはやめるべきであろう．それよりも，進路指導・職業指導として，希望する職種に必要な資格とその取得方法などをきちんと学習し，目的意識をもって「資格・検定」に取り組むように指導していくことが本来の姿であろう．

4）すべての高校生に働くルールの学習を

高校生が学校を卒業して社会人になる入り口，「学校と社会の接続」状況が大きく変わってきている．希望する職種や雇用形態に就職できない「就職難」が続き，派遣・請負・短期契約・パートなどの非正規不安定雇用に就かざるを得ない新規学卒者が急増し，若者の３人に１人が「フリーター」になっている．就業意識の不十分さや所得・意識の両面で「自立できない」若者の増大も指摘されている．雇用問題は社会と経済の問題であるが，高校卒業生を含む若者の雇用と労働をめぐる最近の事態は，学校教育とりわけ高校教育に大きな課題を提示している．今，高校で「働くルール」を学習することが強く求められている．

①「学校から社会へ」の変化と教育課題

① 希望の仕事につけない高校生たち

ここ５年，高校生への求人数や内定率のデータが急速に回復し，マスコミの論調も「もう就職難の時代は終わった」となっていたが，事態は一変した．内定率は2007年度においても94.7％であり，まだバブル崩壊以前の97～98％には回復していない．さらに，2008年9月に起きたアメリカ発の金融危機の影響で世界的な景気後退が始まり，2009年度からは低下する可能性が高いと見られ，就職できなかった卒業生たちの求職活動や生き方・働き方，社会人教育をどう保障するのかという新たな役割と課題を高校教育に提起している．

また，求人の内容を見ると，正規の「期間の定めのない」雇用が減る一方で，人材派遣業・業務請負業・短期契約・パートなどの不安定雇用が急増している．ほとんどの高校生・保護者は正規の就職を希望するが，求人数が足りない状況の中で，やむを得ずこれらの企業へ就職していく例が全国から報告されている．高校新卒の時点から不安定で低賃金の非正規労働者になる若者が増大し，フリーターになる若者も3割を超えている．厳しい労働と権利侵害，長時間労働と低賃金，大きな将来不安にさらされながら働いている高校卒業生たちに，今の高校教育は必要な学習を保障できているのであろうか．

2　働く若者たちの現状と教育課題

働く若者たちの現状はどうか．正規で就職しても，長時間過密労働・休日出勤・サービス残業が横行しており，地域最低賃金以下で働いている若者も多数存在する．「いやなら辞めてもらって結構．代わりはいくらでもいる」と言われて我慢して働いていたり，「いつリストラされるか」という不安をかかえて働いているなど，安心して働けない状況が増えている．京都府では，週80時間働いていた高校卒業生が1年後に過労死するという事例も発生している．また，非正規であれば，雇用の不安定さのうえに，一人では生活できないような低賃金が多く，さまざまな権利侵害にもさらされている．

②　若者に「生きる力」を

若者の雇用と労働をめぐる最大の問題は，当該の若者たちが自らを守る力をもっていないという点にある．「労働協約の書面を見たことがない」「1分でも遅刻すると１日ただ働きになる」「サービス残業はあたり前」「業績が悪いからと，一方的に賃金を切り下げられた」「地域最低賃金以下の賃金で昇給もない」「明日から来なくてもいいと一方的に首を切られた」などの扱いを受けても，ほとんどの若者が不思議に思わず，会社の言い分にしたがっているという状況が報告されている．労働相談などで「労働基準法に違反しているから救済される」「最賃法違反だから告発できる」と話しても，ほとんどの若者が労働者保護法制を知らず，「労働基準法や最賃法を学校で習わなかった」「サービス残業が違法だとは知らなかった」「相談する場所や方法を誰も教えてくれなかった」と答えると報告されている．

労働法制改悪を先取りする若者への攻撃に対して，若者が自らを守る力をもっていない，社会人として生きていくために必要な知識・情報を身につけていないことが，問題を一層深刻にしている．かつて，「生きる力」という言葉はさまざまに議論され使われてきたが，若者の生活・自立・成長が大規模に破壊されつつある今日の事態は，字義どおりの「生きる力」をいかに保障するかという大きな課題を学校教育，とりわけ高校教育に突きつけている．

第3章

労働の世界にかかわる人権教育としての職業指導

1．グローバリゼーションと職業指導 ――― 田中喜美

(1) 21 世紀日本の職業指導実践に求められる国際的視野

グローバリゼーション（globalization）と呼ばれる社会現象が顕著になっている 21 世紀日本の職業指導は，その教育主体が国際的視野をもって実践づくりを試みることを不可欠なものとしている．適切な国際的視野をもつことによって，今日の職業指導実践は，その基本的なあり方や方向性にかかわる確かな基礎を築く見通しを獲得できるし，逆に，それを欠いた場合には，職業指導実践を誤った方向に陥らせかねない．

なぜなら，第 1 章でみたような，親世代の就職時とはいちじるしく異なる今日の青年たちをとりまく労働の世界に起こっている劇的変化は，グローバリゼーション，とくに経済のグローバリゼーションを主要な動因の一つにしており，そうした変化は，日本だけでなく，先進工業国において共通に認められるからである．こうした労働の世界の劇的変化の性格や動因，それらへの各国・各地域での対応等への認識を欠いたところで，青年たちにとって意味ある職業指導実践をつくりだすことができるとは考えられない．

ここで，グローバリゼーションとは，「新たな通信手段や輸送技術の急速

な発達により，他者との接触がより容易で安価になる結果，国境を越える関係が加速度的に増加することによって生じる諸傾向[1]」であり，こうした地球規模の広がりをもつ関係において生産・流通・分配の過程が展開される傾向を経済のグローバリゼーションとするならば，それは，歴史必然的な発展方向であるといえる．したがって，労働の世界の劇的変化の諸傾向が，経済のグローバリゼーションを主たる動因としているとするならば，今日の労働の世界の変化は，普遍的で不可逆的な土台にねざしていることになる．

このことは二重の意味をもつ．一つは，そうした土台自体の変化は，基本的には，歴史促進的な性格をもつという点であり，いま一つは，しかしそれは，あくまで土台に関することであって，その上に築かれる社会制度や法律，さらには慣行や観念等との間には，労使関係の実態，民主主義や市民社会の成熟度等，さまざまな媒介項が存在し短絡させるべきではないという点である．

たとえば，前者の点に関わり，次のような国際的視野が求められよう．

経済のグローバリゼーションの進展に伴う労働の世界で起こっている変化は，「雇用融解[2]」，「労働ダンピング[3]」といわれるほどに厳しいものがある．なかでも青年をめぐる「労働環境の劣化[4]」は深刻である．正規雇用の非正規雇用への代替が進み，安定した企業に就職することは容易ではなく，また，たとえ正社員に採用されても，過重なノルマの要請で燃え尽きてしまわざるをえないほど労働が強化されている[5]．他方，非正規雇用は，不安定なうえ，労働時間は短くないにもかかわらずきわめて低い賃金に抑えられ，暮らしをたてることさえままならない．そのため，学校を卒業する青年の多くは，不安を抱きつつ[6]，「雇用形態や業種や仕事内容に関する希望はともかくとして『とりあえず』働く」という行動をとっているとされる[7]．これでは，青年たちの関心に，職業指導が入り込む余地があるようには思われない．

一方，こうした事態が進めば進むほど，完全雇用と社会保障政策によって国民の生活保障と福祉の増大を図ることをめざし，1960 年代にピークを迎えた西欧や北欧のいわゆる福祉国家とその後の状況に注目が集まり，かつ，グローバリゼーションは，かかる福祉国家を衰退させる歴史的役割を果たしたとする見方は自然なものであるかにみえる[8)]．

しかし事態は単純ではない．より視野を広げれば，西欧等の「福祉国家はもともと南北の国際分業体制の上に利益を獲得してきた先進国が，その利益にもとづいて構築した」ものであって，「石油ショックに始まる原燃料価格の修正，一次産品国の分配要求の高まりによって，南から北への余剰移転を用いて先進国の福祉をまかなうことが難しくなった」という見方も成り立つ．

さらに，こうした国際的な南北問題を視野に入れるならば，現在のわが国で拡大している格差問題についても，「日本における格差の拡大は世界的な規模で南北問題等の形で進行している格差問題が，経済グローバル化の進行，浸透と共に日本社会に入ってきたことの表現ともいえる[9)]．」

国際分業を背景とした南北問題を視野に入れない福祉国家論は，他者の反福祉の上に築かれた福祉国家論という矛盾に満ちた存在であることを，グローバリゼーションが誰の目にも明らかにしたといえる[10)]．

他方，後者の点は，土台におけるグローバリゼーションという傾向を共通なものとしつつも，その上に築かれた労働の世界にかかわる法律や制度や慣行等をめぐっては，各国や各地域において多様性が存在することを意味する．

グローバリゼーションが歴史必然的な面をもつものであるので，その進展に伴って起こった労働の世界における法律や制度や労働慣行等の変化もまた，歴史必然的なものであるかのようにみえ，現存するものと性格を根本的に異にするような他の選択肢はありえないかのような仮象を生みがちである．

こうしたなか，現代を生きる青年たちにとって意味ある職業指導実践をつくりだしていくためには，その視野を地球規模に広げ，現在の日本青年をとりまく労働の世界の過酷さを克服する展望を与えるような取り組みや考え方[11)]等をつかみとり，やれること，やるべきことは少なからずあることを，青年たちの前に具体的に展開していくことが重要になっていると考えられる．

現代日本の労働の世界の過酷な状況，とくに青年の労働環境の劣化状況を生み出した法制度に，労働者派遣法[12]がある．同法は，1986年に制定・施行され，1999年と2004年に改正されて，今日に至っている．そして，制定当時，労働省は「西欧諸国では，概して1970年代に制度化を終え一定の規制のもとに法認している国が大部分である」としていた．しかし，当時でもスウェーデン，スペイン，ギリシャ等は労働者派遣制度を禁止していたし，単独法で法認していた（西）ドイツ，フランス，イギリス，ベルギー，オランダ等も，日本と比較した場合，その内容には，表3―1のような大きな違いが認められる．労働者派遣法制一つをとっても，内容はかくも多様である[13]．

さらにいえば，現代の職業指導実践が国際的視野を不可欠とする事態が，目下，否定的なかたちで進行中である．それは，2008年第3四半期に顕在化した，アメリカ合衆国の金融危機に始まるグローバル同時不況である．それは，1980年代以来アメリカによる金融自由化を柱としたグローバリゼーションを基調とする世界戦略の構造的破綻であり，長期にわたる世界同時不況になることが危惧されている．日本は，「小泉構造改革」に象徴されるように，アメリカの世界戦略に追随してきており，世界同時不況の結果，「仮に覇権を失っても米国は依然として大国であり続けるだろうが，米国のブッシュ政権に追随してきた日本はひとたまりもない[14]」とされる．そして，この負の影響は，社会的な弱者，すなわち女性や青年や障害者等に対して，より深刻な圧力を加えてくることは必至である．青年の労働環境は，さらに悪化されていく危険性が大きい．

こうした事態が見とおされるゆえ，職業指導にとって，適切な国際的視野が，より一層重要になっており，各国・各地域で取り組まれている青年に対する社会的なセーフティネットの工夫に学ぶことが求められているといえる．

ところで，グローバリゼーションの進展は，上述のような意味で，職業指導を担う主体が国際的視野をもつことの必要性と有効性を高めてきたと同時

表3－1　労働者派遣法制定時の派遣労働に関する西欧諸国の制度

	西ドイツ	フランス	イギリス	ベルギー	オランダ	日本
1．利用の制限						
(1)禁止業種	○	(3)	(4)	○	○	(5)
(2)正当な理由・期間・人員比率	○	○		○	○	○
(3)労働条件・安全・衛生に関する派遣先義務	○	○	○	○	○	△
(4)派遣先の組合などの情報・諮問権	○	○		○	○	
(5)派遣先企業への罰則	○	○				
2．派遣元企業の営業制限						
(6)許可制	○		○	○	○	△
(7)海外派遣の禁止，許可制	○		○	○	○	
(8)罰則	○	○	○	○	○	
3．派遣労働者の保護						
(9)労働契約の書面化と交付	○	○	○	○	○	○(6)
(10)期間の定めのない労働契約	○					
(11)派遣先労働者との賃金の同一性	(2)	○	○	○	○	
(12)派遣先企業福利施設の同一条件利用		○				
(13)派遣先企業における組合活動などの保障	○	○				
(14)不法な利用の時派遣先の正規労働者化	○	○		○		
(15)派遣業の労働協約ある	○	○		○	○	
4．○　印の合計	13	11	6	11	10	2

注）(1)○印は「規定あり」，△印は「規定はあるが最後的な責任を派遣先に負わす」「届出制と両立」，空欄は「規定なし」を示す．
(2)派遣元企業団体と労働組合とで賃金表を毎年定めている．
(3)危険有害作業について禁止の規定あり．
(4)協約のクローズド・ショップ制をもとに労働組合員の利用禁止．
(5)11業務の対象指定あり．
(6)例外規定をふくむ．

出典）三富紀敬「労働者派遣法の日本的特質と西欧の経験」『労働運動』第249号，1986年8月，p.172より

補注）労働者派遣法は，1986年の制定時では，専門性が確立された業務や特別な雇用管理を要する業務として政令で認めた11業務に限られていたものを，1999年および2004年の相次ぐ改正によって，その適用対象業務を，製造業一般を含め，原則，自由化して今日に至っている．

に，他面では，それは，職業指導実践が拠り所とすることができる，また，拠り所にすべき視座ないし基準を，地球規模において樹立することを促してきた面を見すごしてはならない．すなわち，人びとの生活・教育・労働にかかわるグローバル・スタンダード＝国際基準の発展である．

(2) 職業指導にかかわる国際基準

1)「世界人権宣言」から「国際人権規約」へ

職業指導を，「職業選択の支援を直接的契機とした，職業生活の良い生き方（well-being）への指導のための全活動[15)]」と定義するならば，職業の選択はどのような生活をおくるかという問いと表裏の関係にあり，また，職業生活とは労働の営みそのものであるので，職業指導に関する国際基準は，職業指導や職業教育等に直接かかわるものばかりでなく，生活や労働にかかわる基準をも含めてとらえられるべきである．

1948 年に国際連合（以下，国連）第 3 回総会において採択された「世界人権宣言」（人権に関する世界宣言 Universal Declaration of Human Rights）は，そうした国際基準の出発点であり，また，その後の各分野の基準を発展させる基礎を提供しつづけてきているものである．

「世界人権宣言」は，前文と本文 30 カ条からなり，各種の人権を規定している．それは，前文冒頭で，「人類社会のすべての構成員の固有の尊厳と平等で譲ることのできない権利とを承認することは，世界における自由，正義及び平和の基礎である」と宣言し，第 22 条で，「すべての人は，……自己の尊厳と自己の人格の自由な発展とに欠くことのできない経済的，社会的及び文化的権利を実現する権利を有する」とする．そして，第 23 条と第 24 条で労働に関する権利を 5 点規定する．

すなわち，⑴「勤労し，職業を自由に選択し，公正かつ有利な勤労条件を確保し，及び失業に対する保護を受ける権利」，⑵「同等の労働に対し，同等の報酬を受ける権利」, (3)「自己及び家族に対して人間の尊厳にふさわしい生活を保障する公正かつ有利な報酬を受け, かつ, 必要な場合には, 他の社会保護手段によって補充を受けることができる」, (4)「労働組合を組織し, 及びこれに参加する権利」, (5)「労働時間の合理的な制限及び定期的な有給休暇を含む休息及び余暇をもつ権利」である.

そのうえで, 第25条で「生活権」, 第26条で「教育権」を規定する.「すべての人は, 衣食住, 医療及び必要な社会的施設等により, 自己及び家族の健康及び福祉に十分な生活水準を保持する権利並びに失業, 疾病, 心身障害, 配偶者の死亡, 老齢その他不可抗力による生活不能の場合は, 保障を受ける権利を有する」(第25条1) であり,「1　すべての人は, 教育を受ける権利を有する. ……技術・専門教育は, 一般に利用できるものでなければならず, また, 高等教育は, 能力に応じ, すべての人に等しく開放されていなければならない」,「2　教育は, 人格の完全な発展並びに人権及び基本的自由の尊重の強化を目的としなければならない.」(第26条)

ただし, この宣言は, 条約ではないため, 各国を法的に拘束するものではなかった. そのため, 同宣言を実効あらしめるために, 約20年後の1966年12月の国連第21回総会において,「経済的, 社会的及び文化的権利に関する国際規約」(International Covenant on Economic, Social and Cultural Rights, 〔A規約〕社会権規約ともいわれる) と「市民的及び政治的権利に関する国際規約」(International Covenant on Civil and Political Rights, 〔B規約〕自由権規約ともいわれる) ならびにB規約の「選択議定書」(Optional Protocol) が採択された. これには, 南の諸国と北欧諸国の尽力が大きかったとされる. そして, 両規約は, 1976年に, 35カ国以上の批准をもって発効された. 日本でも, 1979年に批准し発効している. 2007年末現在, A規約は156カ国, B規約は160カ国が加入している. まさに両規約は, 生活・労働・教育の国際基準になっている.[16)]

規約は, 締約国に各条項の遵守・履行を義務づけ, 次のように敷衍する.

第一に，労働権に関して，A規約は第6～8条で規定しているが，とりわけ，「1　この規約の締約国は，労働の権利を認めるものとし，この権利を保障するため適切な措置をとる．この権利には，すべての者が自由に選択し又は快く引き受ける労働によって生計を立てる機会を得る権利を含む．

2　この規約の締約国が1の権利の完全な実現を達成するためとる措置には，……技術・職業の指導及び訓練プログラム（technical and vocational guidance and training programmes），手段，方法が含まれる．」（第6条）が注目される．

「国際人権規約」は，「世界人権宣言」をさらに踏み込んで，労働権を完全に実現するためには，「技術・職業の指導及び訓練プログラム」等を適切に措置しなければならないことを，締約国に義務づけているからである．無論，日本も，締約国として，この措置の適切な履行が義務づけられている．職業指導実践は，この事実に注目すべきである[17)]．

第二に，生活権に関して，A規約は「この規約の締約国は，自己及びその家族のための相当な食料，衣料及び住居を内容とする相当な生活水準についての並びに生活条件の不断の改善についてのすべての者の権利を認める．」（第11条1）と規定する．

生活権は，A規約によって，単に「最低限度」を保障する段階を越えて，「相当な（adequate）生活水準」ならびに，生活条件の「不断の改善」への権利として再定義されていることが注目される．

第三に，教育権に関して，A規約は，第13条1で「この規約の締約国は，教育についてのすべての者の権利を認める．」とし，同条2で「1の権利の完全な実現を達成するため，次のことを認める．」として，以下を列挙する．

「(a)〔省略〕．(b)種々の形態の中等教育（技術的及び職業的中等教育を含む）は，すべての適当な方法により，特に，無償教育の漸進的な導入により，一般的に利用可能であり，かつ，すべての者に対して機会が与えられること．(c)高等教育は，すべての適切な方法により，特に，無償教育の漸進的な導入により，能力に応じ，すべての者に対して機会が均等に与えられるものとする.〔以下，(d)(e)省略〕」

これらを「世界人権宣言」と比べるとき，国際人権規約の顕著な特長として，中等教育ばかりでなく高等教育においても，「無償教育の漸進的導入」を求めている点が注目される.

しかし日本政府は，中等・高等教育への「無償教育の漸進的導入」に対し，「拘束されない権利」があるとして留保し，消極的態度をとっている[18].

さらに，これら２つの国際人権規約にかかわり，「選択議定書」の存在も見すごされてはならない．これは「個人が国家の人権侵害を訴える権利を定めて，ホッブスら市民社会の思想家が国家理性の優位を定立して以来初めて，個人と国家を対等の位置においた[19]」画期的なものであるといわれる.

しかしながら日本政府は，この「選択議定書」をいまだ批准していない.

他方，日本政府のこうした姿勢に反対して，日本弁護士連合会は，1986年10月，「自由権的規約選択議定書批准促進等要望決議」を行い，「この議定書は，個人が国際機関である人権委員会に対し，人権侵害について通報する手続きを定めたもので，人権を国際的に保護するための重要な条約である．よって，政府が，早急にこの選択議定書の批准の手続きをとることを要望する.」また，「中高等教育の無償化……の留保……を撤回することを併せて要望する.」とした．これらは，重要で適切な指摘であると考えられる.

2）「技術・職業教育に関する条約」

1989年11月，国連教育科学文化機関（以下，ユネスコ）第25回総会は，「技術・職業教育に関する条約」(Convention on Technical and Vocational Education) を採択した．そして，同条約は，1991年８月に発効しており，職業指導に直接関わる国際基準であるといえる.

ただし，日本政府は，ここでもまた，いまだに，同条約を批准していない.

「技術・職業教育に関する条約」は，前文と本文15カ条からなる.

前文では,「世界人権宣言の第23条労働権及び第26条教育権……並びに経済的,社会的及び文化的権利に関する国際規約及び市民的及び政治的権利に関する国際規約を想起し」と謳い,同条約が,上でみた国際人権宣言の労働権と教育権規定,および２つの国際人権規約との関連において成り立っていることを規定している.

そして,この観点からみると,「技術・職業教育に関する条約」は,歴史的には,「経済的,社会的及び文化的権利に関する国際規約」の第６条「労働権」規定の２,すなわち,労働権の完全な実現のために締約国がとるべき措置とされた「技術・職業の指導及び訓練プログラム」のあり方を,経済のグローバリゼーションが本格化する段階で,国際条約として確定することを図ったという位置づけにあったとみることができる.

なお,同前文には「1974年の第18回総会で採択された技術・職業教育に関する改正勧告の諸規定……に留意し」とある.同改正勧告は,技術・職業教育のあり方を100項目にわたって詳細に規定し[20],「技術・職業教育に関する条約」の各条文の内容を具体的に解釈するうえで必須のものになっている.2001年に同改正勧告の「最新版」(Updated Version)が公表されている.

さて,「技術・職業教育に関する条約」は,第３条２で「技術・職業教育は,生涯教育の文脈において,開放的かつ柔軟な諸構造の枠組みの中で運営すべく企画され,次のものが提供されなければならない」とし,以下をあげている.

「(a) 普通教育として行われる,すべての子どものための技術および労働の世界への手ほどき;

(b) 進学指導および職業指導ならびに適性カウンセリング;

(c) ある１つの熟練職に必要な知識とノウハウを獲得し発達させるための教育の開発;

(d) 職業上の可動性,専門的職業資格の向上,知識・技能・理解の更新にとって不可欠な教育および訓練の基礎;

(e) OJTの形態ないし技術・職業教育機関の内と外の両方で行われる他の形態によって養成訓練を受けている者のための補充的な普通教育；

(f) 科学・技術の進歩や雇用構造の変化，社会および経済事情の変化により現有の知識が古くなった者あるいは特別な環境にいる者に対する再訓練ならびに資格の補完と向上を特に視野にもつ成人継続教育訓練」

いいかえれば，「労働権を完全に実現する」ために国家が措置すべき「技術・職業の指導及び訓練プログラム」（A規約，第6条2）には，これら(a)〜(f)の技術・職業教育のすべてが含まれていることになる．

そこで各項目の内容をみていくと，(a)は「最新版」第4章「学校における普通教育としての技術・職業学習」において，次のように規定されている．

「19 技術および労働の世界への手ほどきは，普通教育の本質的な構成要素になるべきである．それらによって，現代文明の技術的性格についての理解および実際的技能に基づく労働に対する正しい評価が獲得されるべきである．こうした手ほどきは，教育の改革と民主化における主要な関心事になるべきである．それは，初等教育から開始され，中等教育の前期を通して継続されるカリキュラムの必修部分になるべきである．

20 普通教育としての技術・職業学習の機会は，学校制度内および労働の場ないし地域職業教育センターにおいて，それを利用したいと希望する者が利用できるように継続されるべきである．」

すなわち，すべての子どものための技術および労働の世界への手ほどきである「普通教育としての技術・職業学習」も，人びとの労働権の完全な実現のために国家が措置すべき教育であって，初等教育と前期中等教育では必修として行われ，その基礎の上に，後期中等教育さらには社会教育——日本的な表現でいえば——の場においても，「希望する者が利用できるよう」選択として，実施されるべきとしているといえる．

次に，(b)は，「最新版」では「第7章 職業指導」で扱われている．

「58　意図的学校教育で行われる職業指導は，青年にとって魅力的で遂行可能な選択肢として技術・職業教育を促さなければならない．

59　職業準備としての技術・職業教育における職業指導は，

(1)　ある特定の関心領域における多様な可能性，必要となる教育要件，および利用できる継続教育訓練を生徒に伝えなければならない．

(2)　後の雇用機会を制約することのない教育課程を生徒が選択するよう奨励しなければならない．

(3)　教育課程を通した生徒の成長に即さなければならない．

(4)　短期間の労働経験および現実の労働状況の学習によって，教育課程が補われなければならない．」

職業指導は，とりわけ職業準備としての技術・職業教育と相互に促し合うべきことが，強調されているといえる．

そして，職業準備としての技術・職業教育である(c)は，「最新版」では「第５章　ある職業分野への準備としての技術・職業教育」で扱われた．

「36　職業準備としての技術・職業教育のすべてのプログラムは，

(1)　新しい思考と方法への速やかな適応および堅実なキャリア発達のために，科学的知識，技術的可動性，コア・コンピテンシー群および包括的技能（generic skill）の獲得をめざさなければならない．

(2)　国家教育当局，使用者団体，労働組合，その他の関係組織による職業要件の分析と予測に基づいて編成されなければならない．

(3)　バランスのとれた普通教育の諸教科，科学と技術，コンピュータ・リテラシー，情報通信技術，環境問題，および，当該職業分野に関する理論と実際の学習を含まなければならない．

(4)　学習者に自己信頼（self-reliance）と責任ある市民性を備えさせるために，価値観，倫理および態度の発達を強調しなければならない．」

以上のように，「技術・職業教育に関する条約」の内容を職業指導の面からみるならば，職業指導と普通教育としての技術・職業教育と職業準備としての技術・職業教育とは，互いに他を前提にした三位一体のものとして規定されている．職業指導は，初等教育と前期中等教育では必修，後期中等教育等では選択で実施すべきとされた普通教育としての技術・職業教育の基礎の上に，職業準備としての技術・職業教育と密接に関連され，それを促進するように実施されるべきであり，また，職業準備としての技術・職業教育のなかで実施されるべきである，と国際条約が規定している点に注目しておきたい．

3）国際労働機関の「中核的労働基準」と「人間らしい労働」

職業指導にかかわる国際基準の発展をとらえるうえで，ユネスコと並んで欠かせないのが，国際労働機関（以下，ILO）の活動である[21]．

1919 年発足の ILO は，第二次世界大戦終結前の 1944 年，「国際労働機関の目的に関する宣言」（フィラデルフィア宣言）を採択して再出発し，第二段階に入る．それは「ILO の基礎になっている根本原則」4 つを宣言する．

すなわち，

「(a)　労働は，商品ではない．

(b)　表現及び結社の自由は，不断の進歩のために欠くことができない．

(c)　一部の貧困は，全体の繁栄にとって危険である．

(d)　貧困に対する闘争は，各国内における不屈の勇気をもって，かつ労働者及び使用者の代表が，政府代表と同等の地位において，共通の福祉を増進するために，自由な討議及び民主的な決定にともに参加する継続的かつ協調的な国際的努力によって遂行されなければならない[22]．」

この時期，ILO が「結社の自由，労働者の団結権の自由を認めることによって労働条件の前進を図っていこうと踏み込んでい」った点が重要であると指摘されている[23]．あわせて，ILO の目的が「貧困に対する闘争」におかれていた点も，われわれにとって示唆的であり，留意すべきであると考える．

そして，ILOは，1980年代後半から顕著になってくる新自由主義と規制緩和に立ち向かっていかない限り，労働条件を守ることができないとして，新たな取り組みを展開しはじめ，第三段階に入ったとされる．具体的には，第一に，「中核的労働基準」(core labor standards)，第二に，「人間らしい労働」(decent work) という21世紀戦略に，ILOは踏み込んできている．

ILOの活動は，労働に関する条約や勧告等，国際労働法を策定するとともに，精緻な監視機構を備えていて各国からの申し立てを受け，策定・発効した条約を国際基準として審査し，条約違反が認められた場合は，是正勧告を出して，人権の一つである労働権を保護・発展させようとするものである．

ILOは，2007年6月末現在，188の条約と199の勧告を策定している．しかし，締約国を法的に拘束できるのは条約であり，また，条約は，各国家によって批准されないと，当該国家を拘束できないという問題をもっている．

とくに日本は，ILO条約の批准率が世界で最も低い国家に属する．現在，日本は，188の条約のうち48条約しか批准しておらず（表3—2），批准率は26％にすぎない．ILO第1号条約は，第一次世界大戦直後のILO発足年である1919年に採択された工業分野における8時間労働条約であり，そのターゲットの一つは，明らかに日本であった．8時間労働条約を日本に適用・批准させるために，第1号条約には，日本条項ともいうべきいわば妥協条項が設けられた．それでも日本政府は，この条約を批准しなかった．この悪しき伝統が，第二次世界大戦後60年以上も経た現在でも，日本に残存している．

そして，これは，日本政府にまず責任がある．しかし，日本の労働運動に責任がなかったとはいえず，さらにまた，日本の教育実践にも，国際的視野の弱さ等，問題がなかったとは思われない．前項で指摘したように，現在，職業指導実践にとって国際的視野をもつことがとても大切になっており，教師によるこの問題への自覚が求められる．教師の役割は大きい．

さて，ILOは，21世紀を間近にした時期，新自由主義政策の下での，市

表3―2　ILO条約と日本による批准

（下線は日本による批准条約，数字は採択年）

1　工業での1日8時間週48時間労働制に関する条約，1919
2　失業に関する条約，1919
3　産前産後の婦人雇用に関する条約，1919
4　婦人の夜間雇用に関する条約，1919
5　工業での児童雇用最低年齢設定条約，1919
6　工業での年少者夜間労働条約，1919
7　海上での児童雇用最低年齢設定条約，1919
8　海難による失業補償に関する条約，1920
9　船員雇用紹介施設の設立条約，1920
10　農業での児童雇用最低年齢条約，1921
11　農業労働者の団結及び結社の権利，1921
12　農業での労働者賠償条約，1921
13　塗装での白鉛使用に関する条約，1921
14　工業での週休適用に関する条約，1921
15　年少者石炭夫火夫雇用最低年齢，1921
16　海上の年少者等の健康診断義務条約，1921
17　災害に対する労働者賠償条約，1925
18　職業病に対する労働者賠償条約，1925
19　労災賠償の均等待遇条約，1925
20　パン焼き工場での夜間労働条約，1925
21　船舶上の移民監督の簡素化条約，1926
22　船員の雇入契約に関する条約，1926
23　船員の送還に関する条約，1926
24　商工業での疾病保険条約，1927
25　農業労働者の疾病保険条約，1927
26　最低賃金決定制度条約，1928
27　船舶輸送の包装貨物重量表示条約，1929
28　港湾労働者災害保護条約，1929
29　強制労働に関する条約，1930
30　商業及び事務所の労働時間制限，1930
31　炭坑での労働時間制限条約，1931
32　港湾労働者災害保護改正条約，1932
33　非工業での児童雇用最低年齢条約，1932
34　有料職業紹介所に関する条約，1933
35　工業等での義務的老齢保険条約，1933
36　農業での義務的老齢保険条約，1933
37　工業等での義務的廃疾保険条約，1933
38　農業での義務的廃疾保険条約，1933
39　工業等での義務的遺族保険条約，1933
40　農業での義務的遺族保険条約，1933
41　婦人の夜間雇用に関する改正条約，1934
42　職業病に対する労働者賠償改正条約，1934
43　板硝子工場での労働時間規制条約，1934
44　失業給付を確実にする条約，1934
45　坑内作業の婦人雇用に関する条約，1935
46　炭坑での労働時間制限改正条約，1935
47　労働時間を週40時間に短縮する条約，1935
48　移民の廃疾・老齢・遺族保険の権利保全のための国際的枠組確立に関する条約，1935
49　硝子ビン工場での労働時間短縮条約，1935
50　原住民労働者募集制度を規制する条約，1936
51　公共事業での労働時間短縮条約，1936
52　年次有給休暇に関する条約，1936
53　商船員の海技資格最低要件条約，1936
54　船員の年間有給休暇に関する条約，1936
55　船員傷病等への船舶所有者責任条約，1936
56　船員の疾病保険に関する条約，1936
57　船舶の労働時間及び定員に関する条約，1936
58　海上での児童雇用最低年齢改正条約，1936
59　工業での児童雇用最低年齢改正条約，1937
60　非工業での児童雇用最低年齢改正条約，1937
61　繊維工業での労働時間短縮条約，1937
62　建築業での安全規定に関する条約，1937
63　建築・建設を含む主要鉱工業及び農業での賃金並びに労働時間統計に関する条約，1938
64　原住民労働者雇用契約を規制する条約，1939
65　原住民労働者雇用契約違反の刑罰条約，1939
66　移民労働者の募集・職業紹介・労働条件，1939
67　路面輸送での労働時間・休息期間条約，1939
68　船舶乗組員の食料及び賄い条約，1946
69　船舶調理師資格に関する条約，1946
70　船員の社会保障に関する条約，1946
71　船員の年金に関する条約，1946
72　船員の有給休暇に関する条約，1946
73　船員の健康診断に関する条約，1946
74　有能海員資格に関する条約，1946
75　船員設備に関する条約，1946
76　船舶での賃金，労働時間及び定員条約，1946
77　工業での児童年少者雇用健康診断条約，1946
78　非工業での年少者雇用健康診断条約，1946
79　非工業での児童年少者夜間労働規制，1946
80　最終条項改正条約，1946
81　工業及び商業での労働監督条約，1947
82　非本国地域での社会政策に関する条約，1947
83　非本国地域での国際労働基準適用条約，1947
84　非本国地域での結社権等に関する条約，1947
85　非本国地域での労働監督機関条約，1947
86　原住民労働者雇用契約最長期間条約，1947
87　結社の自由及び団結権保護条約，1948
88　職業安定組織に関する条約，1948
89　工業での婦人の夜間労働改正条約，1948
90　工業での年少者の夜間労働改正条約，1948
91　船員の有給休暇に関する改正条約，1949
92　船員設備に関する改正条約，1949
93　船舶の賃金，労働時間，定員改正条約，1949

94　公契約の労働条項に関する条約, 1949
95　賃金保護に関する条約, 1949
96　有料職業紹介所に関する改正条約, 1949
97　雇用のための移民に関する改正条約, 1949
98　団結権及び団体交渉権条約, 1949
99　農業での最低賃金決定制度条約, 1951
100 同一価値の労働に対する男女労働者同一報酬に関する条約, 1951
101 農業での有給休暇に関する条約, 1952
102 社会保障の最低基準に関する条約, 1952
103 母性保護に関する改正条約
104 原住民労働者の雇用契約違反に対する刑罰廃止に関する条約, 1955
105 強制労働廃止に関する条約, 1957
106 商業及び事務所での週休に関する条約, 1957
107 非独立国の原住民及び部族民保護条約, 1957
108 船員の国家身分証明書に関する条約, 1958
109 海上での賃金労働時間定員改正条約, 1958
110 プランテーション労働者の雇用条件, 1958
111 雇用及び仕事における差別待遇条約, 1958
112 漁船員としての雇用最低年齢条約, 1959
113 漁船員の健康診断に関する条約, 1959
114 漁船員の雇入契約に関する条約, 1959
115 労働者を放射線から防護する条約, 1960
116 最終条項改正条約, 1961
117 社会政策の基本目的及び基準条約, 1962
118 社会保障の国民と外国人の均等待遇, 1962
119 機会防護に関する条約, 1963
120 商業及び事務所での衛生条約, 1964
121 業務災害給付に関する条約, 1964
122 雇用政策に関する条約, 1964
123 坑内労働の雇用最低年齢条約, 1965
124 坑内労働雇用年少者の健康診断条約, 1965
125 漁船員の海技免状に関する条約, 1966
126 漁船員設備に関する条約, 1966
127 一人の労働者が運ぶ最大重量条約, 1967
128 障害・老齢・遺族給付に関する条約, 1967
129 農業での労働監督に関する条約, 1969
130 医療及び疾病給付に関する条約, 1969
131 開発途上国を考慮した最低賃金決定, 1970
132 年次有給休暇に関する改正条約, 1970
133 船員設備（補足規定）に関する条約, 1970
134 船員の職務災害防止に関する条約, 1970
135 労働者代表の保護と権限に関する条約, 1971
136 ベンゼンの毒性に対する防護条約, 1971
137 港湾労働の新方法の社会的影響条約, 1973
138 雇用の最低年齢に関する条約, 1973
139 職業上の発ガンを予防する条約, 1974
140 有給教育休暇に関する条約, 1974
141 農業従事者団体等に関する条約, 1975
142 人的資源開発における職業指導及び職業訓練に関する条約, 1975
143 移民労働者（補足規定）に関する条約, 1975
144 国際労働基準の具体化促進のための三者間協議に関する条約, 1976
145 船員の雇用継続に関する条約, 1976
146 船員の年次有給休暇に関する条約, 1976
147 商船での最低基準に関する条約, 1976
148 大気汚染・騒音・振動による労働環境の危険性に対する労働者防護に関する条約, 1977
149 看護職員の雇用及び労働条件条約, 1977
150 労働行政の役割・機能・組織条約, 1978
151 公務労働の団結権保護及び雇用条件決定手続きに関する条約, 1978
152 港湾労働での職業安全及び健康条約, 1979
153 路面運送での労働時間及び休息期間, 1979
154 団体交渉の促進に関する条約, 1981
155 職業安全, 健康及び労働環境条約, 1981
156 男女労働者の機会均等と均等待遇条約, 1981
157 社会保障権維持の国際制度確立条約, 1982
158 使用者主導の雇用終了に関する条約, 1982
159 職業リハビリテーション及び雇用（障害者）に関する条約, 1983
160 労働統計に関する条約, 1985
161 職業衛生機関に関する条約, 1985
162 アスベスト使用の安全に関する条約, 1986
163 海上及び港湾での船員福祉条約, 1987
164 船員の健康保護及び医療に関する条約, 1987
165 船員の社会保障に関する改正条約, 1987
166 船員の本国送還に関する改正条約, 1987
167 建設業での安全及び健康に関する条約, 1988
168 雇用促進及び失業保護に関する条約, 1988
169 非独立国の原住民及び部族民条約, 1989
170 化学物質使用の安全に関する条約, 1990
171 夜間労働に関する条約, 1990
172 ホテル・レストラン等での労働条件, 1991
173 使用者支払い不能時の労働者債権保護, 1992
174 大規模産業災害防止条約, 1993
175 パートタイム労働に関する条約, 1994
176 鉱山での安全及び健康に関する条約, 1995
177 在宅労働に関する条約, 1996
178 船員の労働条件及び居住条件の監督, 1996
179 船員の募集及び職業紹介条約, 1996
180 船員の労働時間及び船舶の定員条約, 1996
181 民間職業仲介事業所に関する条約, 1997
182 最悪形態の児童労働の禁止と排除, 1999
183 母性保護条約を改正する条約, 2000
184 農業での安全及び健康に関する条約, 2001
185 船員の身分証明書に関する改正条約, 2003
MLC 海事労働条約, 2006
187 職業安全及び健康促進枠組み条約, 2006
188 漁業労働に関する条約, 2007

場原理による労働条件等の無軌道な規制緩和の動きが先進工業国を中心に強くなり，その国際的広がりが顕著になってくる状況下において，策定する条約と個々の国家への効力との間にあるギャップをうめるべく取り組みはじめていく．「中核的労働基準[24]」と呼ばれる新たな戦略が，その一つである．

ILOは，1998年6月，第86総会において，「労働における基本的原則及び権利に関するILO宣言とそのフォローアップ[25]」を採択した．

「ILO総会は，

1．次のことを想起し，

(a) すべての加盟国は，ILOに任意に加入する際に，憲章及びフィラデルフィア宣言に規定された原則及び権利を支持し，ILOの全体的な目的の達成に向けて，手段のある限り，また，各加盟国の特有の状況に十分に沿って，取り組むことを引き受けたこと，

(b) これらの原則及び権利は，ILOの内外で基本的なものと認められ，条約において特定の権利及び義務の形式で表現され，発展してきていること，

2．すべての加盟国は，問題となっている条約を批准していない場合においても，まさにILOの加盟国であるという事実そのものにより，誠意をもって憲章に従い，これらの条約の対象になっている基本的権利に関する原則，すなわち，

(a) 結社の自由及び団体交渉権の効果的承認，

(b) あらゆる形態の強制労働の禁止，

(c) 児童労働の実効的な廃止，

(d) 雇用及び職業における差別の排除，

を尊重し，促進し，かつ，実現する義務を負うことを宣言する．」

すなわち，この宣言は，上記(a)～(d)の4つの基本的権利に関する原則についての条約は，「中核的労働基準」として，ILOの条約の中でも基本条約と位置づけ，批准していなくても，ILOに加盟していることをもって，すべ

ての加盟国はそれらを遵守する義務があることを確認した．あわせて，同宣言は，フォローアップの措置の一つとして，この遵守義務に従い，未批准国に対し，毎年，これらの条約の掲げる原則の実行についての進展状況に関する報告を提出することを義務づけた．

当時のILO事務局長ミシェル・アンセンヌは，「宣言の採択により，ILOは国際社会から突きつけられた挑戦に応えることになりました．グローバリゼーションの現実に応える地球規模での最低限の社会的基準を設けた今，ILOは新世紀を新たな希望をもって迎えることができるのです[26)]」と語った．

次にILOは，この「宣言」を採択した翌1999年の第87回総会において，21世紀における取り組みの目的を，「人間らしい労働」の実現に定めた．

まず，ILOは，21世紀に優先させるべき4つの戦略分野を提起する．

第一は，「労働における基本的原則と権利を実現させる」分野である．中核的労働基準を設定した上記宣言を効果的に具体化し，「真に地球規模において基礎的な権利を実現することに向かって大きな前進を図る．」とした．

第二は，「男女が共に雇用と収入を確保できる機会を充実させる」分野である．「地球規模での新たな経済は，多くの危険性とともに，諸条件が整えられれば，雇用機会を生み出す大きな可能性を示唆しており，……貧困と不平等を減らす手段として，マクロ経済における，また，生産システムの移行過程における，雇用の友愛的な志向性を促進する」とした．

第三は，「社会的保護を拡充させる」分野である．「不安定さを増大させている経済状況において，安全確保（security）の必要性は，これまでになく重要になっている．社会的保護の現在の制度は圧迫されており，その範囲を広げることが，主要な任務になっている．」とした．

第四は，「社会的対話と三者構成主義を強化する」分野である．「ILOを構成する三者（政府・労働者代表・使用者代表）の制度的能力および対話過程に対する三者の貢献を強化する方法が検討されなければならない．」とした．

そして，ILOは，これら4つの優先的な戦略分野の目標をそれぞれに達成するなかで，21 世紀の根本的な目的（the primary goal）である「人間らしい労働」の実現を図ることができるとする．

そこでの「人間らしい労働とは，相当な社会的保護を伴い，諸権利が守られ，相当な収入を生み出す，生産的な労働（productive work）であり，収入を獲得する機会への完全な接近手段をすべての者がもたなければならないという点からみて，十分な労働（sufficient work）を意味する．」とされた[27)].

その後，上記の戦略が次第に具体化されていく中で，「人間らしい労働」の概念もさまざまに定義されている[28)]．今後もその内容は豊かにされていくであろうが，現時点でそれらを整理すれば，「人間らしい労働」とは，「諸権利が守られ，相当な収入と社会的保護が伴い，人間としての尊厳，安定・安全，公正，自由が保障された男女にふさわしい生産的な労働」とまとめられよう．

すなわち，「人間らしい労働」の概念には，次の５つの要件が含まれる．

⑴　それは，生産的で安全な労働であること．

⑵　それは，労働の権利を尊重するものであること．

⑶　それは，相当の収入をもたらすものであること．

⑷　それは，社会的保護を提供するものであること．

⑸　それは，社会的対話，労働組合の自由，団体交渉とそれへの参加を含むものであること．

現在，この「人間らしい労働」21 世紀戦略は，一つには，各国ごとの「人間らしい労働」に関する試験的な行動計画を策定する取り組み，２つには，産業別の「人間らしい労働」に関する試験的な行動計画を策定する取り組みが展開され，これと並行して，３つには，「人間らしい労働時間」の提案がなされている．

すなわち，「人間らしい労働時間」とは，次の５要件をもつものである．

「⑴　労働者の健康によい労働時間であること．

⑵　家族にやさしい（friendly）労働時間であること．

⑶　男女平等を進める労働時間であること．

⑷ それらのことを通じて，生産的な労働時間であること．

⑸ 労働者の選択と決定が認められる労働時間であること．」

こうしたものを基礎に，労働時間に関する新たなILO条約の策定に向かっていくものと見込まれ，今後の動向が注目される．

同時に，ILOの「人間らしい労働」の概念を理解するにあたって，そこでは，技術・職業教育が重要な位置をしめている点を看過してはならない．

ILOは，1944年の「フィラデルフィア宣言」の第3段落ですでに，「完全な雇用及び生活水準の向上」という「目的を実現する手段として，職業訓練の便宜を供与すること」を同「機関の厳粛な任務である」と規定していた．

また，1975年の第60回総会でILOは，「人的資源の開発における職業指導及び職業訓練に関する条約」を採択し発効させた．日本政府も1986年にこれを批准している．同条約は，第1条で「加盟国は，とくに公共雇用サービスと密接に関わる職業指導及び職業訓練の包括的で調整された政策とプログラムを採用し開発する」とし，第2条で「加盟国は，前条の目的を視野に入れて，普通教育，技術・職業教育，進学及び職業指導並びに職業訓練に関する開放的で柔軟かつ相互補完的な諸制度を，その活動が定型的教育制度の内か外かで行われるかに関わらず，確立させ発展させる」と規定している．ここには，職業指導にかかわる今日の制度的な枠組みの原型が認められる[29)]．

こうした蓄積を基礎に，「人間らしい労働」21世紀戦略の具体化の過程で，その思想が発展され，次のような認識に至っている．

「職業訓練は人間の権利の1つであり，とくに，グローバリゼーション，それに伴う地域主義化の拡大，科学・技術の広範な普及，そして，いわゆる知識基盤社会の到来という文脈において，職業訓練は，質の高い雇用に接近するための不可欠の前提条件をなしているといえる．したがって，職業訓練は，人間らしい労働の不可欠の構成要素として位置づけられなければならない．今日，相当な職業訓練が提供されなければ，人間らしい労働はありえない．つまり，職業訓練は，人間らしい労働の1つの前提であり，また，人間らしい労働を構成するものである[30]」.

ここでいわれる「職業訓練」とは,「技術・職業教育」と意味的に重なり合うものであり,こうした観点はとくに重要であると考えられる.

4）まとめ：世界の常識としての国際基準の水準と内容

以上のように,職業指導に関わる国際基準の今日の到達点すなわち水準は,国連の国際人権規約――ユネスコの技術・職業教育に関する条約―― ILO の「人間らしい労働」21 世紀戦略,これら三者の相互連関の中に求めることができるといえる.

同時に,繰り返し指摘してきたように,日本政府は,これらの国際条約の批准や国際機関の活動への対応の点で,きわめて消極的であるといわざるをえない.日本におけるこれら国際条約等の法的な実効という面では,その水準が,日本の現実になっているということでは決してない.

しかし同時に,これらの条約等は,国際基準として世界的に承認されたものであって,それらに盛り込まれた内容は,世界の人びとにとっての「共通感覚」(common sense),すなわち,「世界の常識」になっていると言い換えることができる.人類の人権思想の到達点であるこれらの条約のうちの未批准なものは批准させる努力をしなければならないことはもちろんであるけれども,たとえ国内において法的な拘束力をもつに至っていなくても,「世界の常識」として,また,日本の常識にすべきものとして,教育実践の指針として活用することはできるし,活用すべきである.

しかも,国際人権規約は,「留保」部分を一部もつものの,日本政府によって批准されており,このことの意味は小さくないと考えられる.

そこで,職業指導に関わる「世界の常識」を整理してみるならば,次のようになろう.

第一に,すべての人びとは生活権をもっている.国家は,個人およびその家族が相当な生活水準を確保し,かつ,その生活条件を不断に改善できるよう措置を講じなければならない．

第二に，こうした生活権を実質化させるべく，すべての人びとは労働権をもっている．それは，自らが選択した労働によって，生計を立てる機会を得る権利を含んでいる．

第三に，国家は，労働権を完全に実現させるために，技術・職業教育を人々が享受できるよう措置を講じなければならない．その教育には，① 普通教育としての技術・職業教育，② 職業指導，③ 職業準備としての技術・職業教育，④ 職業向上および拡張訓練，⑤ 職場訓練を受けている勤労青年のための補充的な普通教育，⑥ 職業転換訓練が含まれなければならない．

第四に，職業生活における労働は「人間らしい労働」でなければならない．それは，諸権利が守られ，相当な収入と社会的保護が伴い，人間としての尊厳，安全・安定，公正，自由が保障され，男女両性にとってふさわしい生産的な労働である．

一方で，その実現のためには，技術・職業教育の享受が不可欠の前提であり，技術・職業教育は「人間らしい労働」の構成要素に位置づく．

他方で，その実現のためには，① 健康にとってよく，② 家族にとってやさしいく，③ 男女平等を進める，④ 生産的である，⑤ 働く者の選択と決定が認められる「人間らしい労働時間」が，まずもって確保される必要がある．

第五に，すべての人びとは教育権をもっている．そして，この権利の完全な実現を図るために，国家は，初等教育は無償，中等教育さらには高等教育も，漸次，無償教育にしていかなければならない．

最後に，職業指導は，初等教育と前期中等教育では必修，後期中等教育等では少なくとも選択で実施すべき普通教育としての技術・職業教育の基礎の上に，職業準備としての技術・職業教育と密接に関連され，それを促進するように実施されなければならない．

(3) 労働の世界にかかわる人権教育としての職業指導

1）「人間貧困」問題としてある現代日本青年の労働の世界

それでは，こうした職業指導に関する国際基準からみたとき，現代日本の青年たちの労働の世界で起こっている状況は，どのようにとらえることができるであろうか．

新自由主義政策の下での，市場原理にもとづく無軌道な規制緩和等による近年の日本における雇用環境の悪化は，新規学卒一括採用といわれたかつての青年の雇用への移行の枠組みを急激に変えた．正規雇用の非正規雇用への大幅な代替によって，就職の入り口での正規雇用新規採用数が激減され，安定した就業機会の極端な不足によって，必然的に多くの青年たちが，労働市場において，いわば正規のルートから排除され，不安定な雇用，さらには失業等，「ワーキングプア」と呼ばれるような生活を強いられている．しかもこの過程には，年齢，性，生活地域，出身階層による格差が認められるという[31]．

他方，就職後における労働内容・労働条件・職場の人間関係等をめぐる労働環境が劣化され，正規雇用として社会人のスタートをきった青年たちも，多くの困難の中にいる．少しばかりの雇用の安定と引き換えに，長時間労働やきついノルマにあえいでいる青年，自分たちの親世代が歩んできたような，若いうちの努力がいつか報われるという展望も描けず，「成果主義」の厳しさを肌で感じ，仕事にやり甲斐は感じても続けていくことが不安な職場環境にある青年，給与は平均以上に得ることができても仕事の内容に悩み職場を去る青年等，「名ばかり正社員」といわれる層の広がりもいちじるしい．

こうした事態が進行する中，二極分解にみえる労働の世界での青年の問題状況は，「一方での不完全燃焼と他方での『燃えつき』，その両者が共存するしんどさをこそ凝視[32]」すべきであり，両者は地続きのものとしてとらえるべきとの見方が広まってきている．こうした見方は重要であると考えられる．

そして，現代日本の青年たちの労働の世界で起こっている問題が，このようにみてよいならば，そこでの問題の主たる側面は，「人間貧困」（human deprivation）の問題[33)]としてあり，また，これと結びついた「絶対的貧困」（absolute poverty）としての「所得貧困」（income poverty）としてとらえることが有効であるように思われる．

貧困とは何か，をめぐっては，いくつかのとらえ方がある[34)]．最も一般的なのは，貧困線（poverty line）を設定するとらえ方である．たとえば，世界銀行は「１日１ドル」以下の所得しか得ていない人口を貧困人口としている．また，日本では，福祉事務所が計算する「最低生活費」，2005 年では４人世帯で 315 万円，あるいは，これに給与所得控除をくわえた 461 万円等が，貧困線として使われる．すなわち，貧困線とは，それ以下の収入では一家の生活を支えられないと認められる境界線であり，その範囲にある世帯を貧困とするとらえ方である．その基準が所得を基本にしているので，これは，所得貧困，あるいは，絶対的貧困と呼ばれている．1998 年から 2007 年までの 10 年間に，日本における生活保護世帯は約 70 万世帯から 100 万世帯へと増えており，好景気といわれたなかで，日本の所得貧困は拡大してきた．

他方，現代においては，こうした所得貧困＝絶対的貧困の増大とともに，もう一つの貧困も顕著になってきた．それは，相対的貧困（relative poverty）と呼ばれるものである．これは，所得水準のいかんにかかわらず，衣・食・住や教育，医療等々，人間にとっての基本的な必要のいずれかが欠けている状態を表すものである．そして，人間にとっての基本的な必要とは，人間が生まれながらにしてもっており，人間として生きていくうえで享受すべき人権として認められているものにほかならない．したがって，相対的貧困とは，自由権や社会権等，人権が必ずしも保全されていない状態のことを意味し，人権がはぎ取られている状態（deprivation），自分が自分でなくなってしまっている状態のことなので，人間貧困（human deprivation）と呼ばれる．

「名ばかり正社員」とされるような多くの「正社員」の青年のおかれてい

る状態は，まさに人間貧困の典型といえよう．ましてや，「ワーキングプア」と呼ばれるような所得貧困の青年，さらには絶対的貧困状態にある世帯で生活する青年たちは，同時に，人間貧困の状態にもある．

そうした青年たちは，「人間らしい労働」によって，「相当な生活水準」を確保することからほど遠い状態にある．それらのいずれか，ないし両方が欠けている．また，現存する雇用条件にみあう能力（エンプロイアビリティ＝employability）を身につけてやり直そうと思っても，高等教育の授業料は，いわゆる国立大学でおいてさえ有料でしかも非常に高額であり，他方の職業転換訓練等の機会に関しても，公共職業訓練は極端に少ないし，専門学校等は都市部に集中していて地域間格差が大きく，授業料もおしなべて高い．

さらに，本来そうした能力は，青年たちが就業する以前に，初等・中等教育において，それ自体またはその基礎となる素地は獲得できるよう提供されていなければならない．

しかし，現在の日本において，普通教育としての技術・職業教育を担う教科は，中学校の技術・家庭科の技術分野のみであって，小学校や高等学校では，そのための教科は設けられていない[35)]．これは，初等・前期中等教育では必修，後期中等教育等では選択で実施すべきとする国際基準を満たしていないばかりか，世界の学校教育の現状からみても異例である．世界は，後期中等教育での必修化を展望する水準に至っている．東アジアの近隣諸国において，普通教育としての技術・職業教育の教科が，高等学校において必修ないし選択必修で設けられていない国家は，日本だけであるとさえいえる[36)]．2008年改定の中学校学習指導要領にもとづけば，日本の子どもに対して提供される普通教育としての技術・職業教育を担う教科への標準配当時間数は，すべて合わせても，90時間に満たない．

職業準備としての技術・職業教育も，同様な権利剥奪状態にある．高等学校において，こうした教育を25単位以上履修できている生徒は，多く見積もっても，全体の20%にも満たないであろう．高校生の圧倒的多数を占めるいわゆる普通高校（高等学校普通科）の生徒たちは，職業準備としての技術・職業教育から排除されている．これらもまた，国際基準に照らしても，ならびに，世界の学校教育の実態に照らしても，異例である．しかも，生徒数の減少を主な理由にして，先人たちが蓄積してきた優れた教育条件等を備えた共有財といってもよい職業高校（専門学科をもつ高等学校）つぶしの政策が，1990年代以降，強引に進められてきている[37)]．

すでにみたように，国際基準において，職業指導は，これら普通教育としての技術・職業教育および職業準備としての技術・職業教育と三位一体のものとして位置づけられ，他を前提にして成り立つものとされていた．したがって，普通教育としての技術・職業教育および職業準備としての技術・職業教育がきわめて不十分にしか提供されていない状況の下にあっては，職業指導は，大きく制約されざるをえない．これもまた，国際基準からみれば，権利剥奪状態にあるといえる．

この豊かな国といわれる日本における人間貧困，人権の剥奪状況はきわめて広範囲に及んでいる．

2）労働の世界にかかわる人権教育としての職業指導

序章において指摘されたように，職業指導の現状を改善するために求められる視点として，第一に職業指導にリアリティをもたせなければならないという点があった．

この視点に立てば，職業指導は，まずもって，青年をめぐる労働の世界を彼・彼女らの前にリアルに展開し，的確な理解を獲得させなければならない．

したがって，そこでの職業指導は，生活・労働・教育にかかわって，人類が積み上げてきた人間にとっての基本的な必要についての基準，すなわち人権の国際基準＝水準への視野をもたせ，その基準に照らして，日本における労働の世界の現実をとらえさせ，そこでの職業生活において広範に認められる人権の剥奪状況への問題関心を培うことが，まずもっての課題になると考えられる．そして，これらの基礎の上に，そうした人権の剥奪を生み出すメカニズムについての理解を図りながら，そうした人間貧困＝人権の剥奪状態から自らを解放し，豊かさ（wellness＝よい状態）を手に入れることを求める主体形成を図る教育として構想されなくてはならない．

つまり，これからの職業指導は，労働の世界に関わる人権教育として，すなわち，労働の世界に関わる人権の理解と人権尊重の意識，およびこれらを含む人権の行使能力を育てる教育[38]として構想されなくてはならないと考えられる．

そして，こうした文脈において，労働の世界にかかわる人権教育としての職業指導の目的は，労働の世界における人間貧困を生み出す既存の経済社会メカニズムに自らを委ねるのではなく，自分なるもの（self-reliance）をもって，自分の中から変化を生み出すことができる主体を形成することにあると結論づけることができよう．

そもそも青年とは，「職業選択の自由」を憲法的原理として樹立した近代社会が形成してきたものであって[39]，子どもから大人への過渡期として，それまでの自分を自らの中から崩しながら進行していく時期である[40]．それは，本来，不安がつきまとい，自分の生き方をめぐって悩みおののく時期であるといえる．人生でのこうした時期にあたる青年にとって，職業選択は，まさに最大の問題の一つであって，しかも，ある期限までに明確な判断が迫られる難問中の難問である．

したがって，職業指導が「職業選択の支援を直接的契機とした，職業生活の良い生き方への指導のための全活動」であるとするならば，それはまさに，青年の発達課題を正面から引き受ける教育活動であるということになる．そして，その活動の基本は，青年たちの悩みに添い，青年たちの「悩む力[41]」に応え，励まし，それを粘り強いものにしていくことにあるといえるのではないか．

そして，職業指導の実践主体である教師としては，「良い生き方」（well-being）の一環としての「人間らしい労働」の思想に，指導すべき内容を編成する素材の中心をおき，その思想を分節化し系統化する中で到達目標を設定し，「人間らしい労働」の思想を，青年の生活概念としての労働観にまで高めるという手立てを構想することによって，その目的を実現する見通しをたてることができるのではないだろうか．

〈注〉

1）Dore, R., *New Forms and Meanings of Work in an Increasingly Globalized World*, International Institute for Labour Studies, 2004, p.60.（ロナルド・ドーア（石塚雅彦訳）『働くということ』中公新書　2005年　p.162）

2）風間直樹『雇用融解』東洋経済新報社　2007年

3）中野麻美『労働ダンピング』岩波新書　2006年

4）大庭健『いま働くということ』ちくま新書　2008年

5）小林美希『“正社員”の若者たち』岩波書店　2008年

6）香山リカ『就職がこわい』講談社，2004年

7）熊沢誠『若者が働くとき』ミネルヴァ書房　2006年．安田雪『働きたいのに…高校生就職難の社会構造』勁草書房　2003年．松宮健一『フリーター漂流』旬報社　2006年．本田由紀・内藤朝雄・後藤和智『「ニート」って言うな！』光文社新書　2006年も参考になる．

8）Tsukada, H., *Economic Globalization the Citizens' Welfare State: Sweden, UK, Japan, and US,* Ashgate, 2002. 等を参照．

9）西川潤『貧困』岩波ブックレット　2008年　p.43，p.62

10）オコンナー，J.（池上惇・横尾邦夫訳）『現代国家の財政危機』御茶の水書房　1981年．ピアソン，C.（田中浩・神谷直樹訳）『曲がり角にきた福祉国家』未来社　1996年

11）NHKスペシャル「ワーキングプア」取材班編『ワーキングプア解決への道』ポプラ社　2008年．小杉礼子・堀有喜衣編『キャリア教育と就業支援—フリーター・ニート対策の国際比較』勁草書房　2006年等を参照．

12）正式名は「労働者派遣事業の適正な運営の確保及び派遣労働者の就業条件の整備等に関する法律」．同法の概要については，中野麻美『三訂版　労働者派遣法の解説』一橋出版　2006年が便利．また同法制定当時の論点に関しては，「特集　労働者派遣法の運用と課題」『季刊　労働法』1986年夏号（144号）総合労働研究所　p.2-73を参照．

13）三富紀敬「労働者派遣法の日本的特質と西欧の経験」『労働運動』249号

1986年8月　p.164-174

14）金子勝，アンドリュー・デウィット『世界金融危機』岩波ブックレット　2008年　p.65

15）職業指導の定義はさまざまになされてきた．この定義は，岡部彌太郎「職業指導」城戸幡太郎監修『教育学辞典　第2巻』岩波書店　1937年　p.1196-1197に示唆を得て構成したものである．

16）宮崎繁樹編『解説　世界人権規約』日本評論社　1996年

17）児美川孝一郎は，著書『権利としてのキャリア教育』明石書店　2007年で，諏訪康夫「キャリア権の構想をめぐる一試論」『日本労働研究雑誌』468号に注目して，「キャリア権」という問題の立て方を主張している．しかし，日本が批准した国際人権規約のこの規定が視野に入っているようにはみえない．

18）「『経済的，社会的及び文化的権利に関する国際規約』及び『市民的及び政治的権利に関する国際規約』の日本による批准等に関する件」（1979年，外告187）

19）西川潤　前掲書　p.70

20）Revised Recommendation Concerning Technical and Vocational Education, adopted by the General Conference at its eighteen session, Paris, 19 November 1974.

21）ILOの関与およびILOとユネスコの関係については，藤澤建二「職業教育，職業訓練，生涯学習―― ILOと生涯学習――（その1）」『岩手大学生涯学習論集』第3集　2007年　p.33-42を参照．とくに紙幅の関係で本稿では扱えなかった「人的資源開発における職業指導及び職業訓練に関する条約」（第142号，1975年）は，日本政府も批准しており，看過されてはならない．

22）「国際労働機関の任的に関する宣言」ILO駐日事務所訳．

23）牛久保秀樹『労働の人間化とディーセント・ワーク―ILO「発見」の旅―』かもがわ出版　2007年　p.31．また，ニコラス・バルティコス（吾郷眞一訳）『国際労働基準とILO』三省堂　1984年　参照．

24）Dore, R., *ibid.* pp.61-63参照．

25）ILO Declaration on Fundamental Principles and Rights at Work-86th Session, Geneva, June 1998.

26）「労働における基本的原則及び権利に関するILO宣言とそのフォローアップ」ILO駐日事務所，p.1-2.

27）ILO, *Decent Work,* Report of the Director-General to the 87th Session of the International Labour Conference, Geneva, 1999, p.14.

28）Somavia, J., Decent Jobs for All in a Global Economy; an ILO Perspective. Document submitted to the Third WTO Ministerial Meeting, 30 Nov.-3 Dec. 1999. ILO Decent Work and Protection for All: Priority for the Americans.

Report of the Regional Director to the 14th Meeting of ILO States of Americans, Lima, 1999. Somavia, J., Introduction in "Globalising Europe in the Information Economy. Report of the Director General". 6th European Regional Meeting, ILO, Geneva 2000.
29) Convention concerning Vocational Guidance and Vocational Training in the Development of Human Resources, C142, adopted by the 60th Session of the International Labour Conference, Geneva, 1975.
30) Decent Work and Vocational Training, The Inter-American Center for Knowledge Development in Vocational Training, ILO/Cinterfor, 2006.
31) 乾彰夫編著『不安定を生きる若者たち』大月書店　2006 年
32) 熊沢誠　前掲書　p.12
33) この見方は，西川潤の前掲書等から多くを学んでいる．また，この概念の普及には，1990 年以来の国連による『人間開発報告書（*Human Development Report*)』の役割が大きく，また，理論的には，『貧困と飢餓（*Poverty and Famines,* 1981)』（黒崎卓・山崎幸治訳，岩波書店），『福祉の経済学（*Commodities and Capabilities,* 1985)』（鈴村興太郎訳，岩波書店），『自由と経済開発（*Development as Freedom,* 1999)』（石塚雅彦訳，日本経済新聞社）等，アマルティア・センの影響が大きいとみられる．
34) 絵所秀紀「貧困」『現代倫理学事典』弘文堂　2006 年　p.721-722
35) 戦前日本の学校教育では，この教育を担う「手工」科が尋常小学校から高等小学校までの８学年間行われていた．平舘善明『教材論にみる岡山秀吉の手工科教育論の特質と意義』東京学芸大学連合大学院　博士論文　2006 年度
36) 台湾，韓国に続き，中国も 2003 年度から大学受験を重視する普通高校に必修教科として「技術」を設置し，実施地域を拡大させてきている．海群『中華人民共和国の普通高校における教科「技術」の設置構想とその実態』東京学芸大学連合大学院　博士論文　2007 年度
37) 斉藤武雄・田中喜美・依田有弘編著『工業高校の挑戦』学文社　2005 年
38) 藤田昌士「人権教育」平原春好・寺脇昌男編集代表『教育小事典　新版』学陽書房　1998 年　p.170
39) Kett, J. F., The Adolescence of Vocational Education, Kantor, H. & Tyack, D. B. eds., *Work, Youth, and Schooling,* Stanford U. P., Stanford, California, 1982, pp.79-109.
40) 竹内常一『子どもの自分くずしと自分つくり』東京大学出版会　1987 年
41) 姜尚中『悩む力』集英社新書　2008 年

2．ハンディのある青年の進路の保障

(1) 若者の変身を支える職業訓練

大串隆吉

1）働くことが社会問題になっている

現在，労働問題が格差と貧困と結びついて社会問題となり，派遣労働などの不安定雇用も社会問題となっている．そして，この不安定労働はパート・アルバイトあるいは派遣労働という雇用形態の多様化の中で生まれている．この原因が，1995年に日本経営者団体連盟が発表した『新時代の「日本的経営」』にあることは，ほぼ了解されている．さらにさかのぼれば，1985年に臨時教育審議会が提案した「生涯学習体系への移行」を支えた労働者派遣事業法にある．この両者の合体が，雇用の多様化を産み出し，「モザイク化した職場」（熊沢誠）が産み出されてきた．

ところが，政府が策定した教育振興基本計画では，このような問題の解決のための教育は「周辺的」であり，「正統的参加」の場を与えられていない．教育振興基本計画の中心目的は，産業界の要請にこたえた知識をもつ人材養成のための競争制度完成にある．

この教育振興基本計画が無視したフリーター，ニート，ワーキング・プア，総じて労働の問題が示していることは，仕事や労働が人生にとって中核的な存在であることである．それは，生活の手段であることをこえて，人生の展望と人間の尊厳を得る機会であることを意味する．逆にいえば，人生の展望と自己尊厳の感覚をつかめない労働が広がっている．

不安定な雇用で働いている若者の集まりに行くと，「物のように扱われている」という発言が飛び出し，多くの人が納得する．一片の紙切れで解雇され，病気で休もうものなら「もうこなくていい」といわれる状態．ではそれが，派遣などの不安定な雇用だけかというとそうではない．正社員にも及ん

でいる．それが，「名ばかり店長」「名ばかり管理職」といわれる存在で，正社員にも過酷な労働が広がっていることを『名ばかり管理職』（NHK 出版 2008 年）は告発している．

こうしたなかで，自己に対して否定的になる．セクハラやパワハラにあって精神的不安定になったり，退職をする，あるいは一方的にやめさせられることが，自分を否定したり，自分が悪いという感情にとらわれていく．

かって，歴史学者の安丸良夫が，日本近代の通俗道徳を，『女工哀史』などによって分析して，「精神の世界でもみずからを疎外するような意識形態」を指摘し，「真に変革的な意識は，何らかの意味でみずからの内面的なものにたいする信念や誇りに基礎づけられねばならないだろうが，そうした信念や誇りがうまれにくい仕組みになっている」と指摘した[1)]．

この指摘は，現在にも当てはまるかもしれない．首都圏青年ユニオンの組合員の意識を調査した田井康仁によれば「劣等感の克服」と「自分の誇りをかけて」行動することが彼らの課題となっていることを指摘している[2)]．ここに，自己尊厳の回復が労働，仕事の問題で浮かび上がってくる．ちなみに，このテーマはヨーロッパにおいても重視されている．

以上のような労働問題は，自己尊厳の感覚を自覚し，人間の尊厳を実現するために，二つの教育課題を示している．一つは，労働問題，労働基本権の学習・教育である．もう一つは労働能力の獲得である．労働能力の獲得は，どの時代でも必要だったという意味で，歴史貫通的だからである．同時に，労働の結果が他者の役に立つという面が労働を通じて人との結びつきをつくり，社会への参加を保障する．これによって自己の存在意義も確認する．現代の社会は労働の結果と社会との結びつきが資本，企業によって媒介され，労働自体が企業により指揮される．そこに労働の矛盾が生まれるのだが，労働能力の育成が社会に参加する条件をつくっていることは否定できないであろう．

ここでは，労働の抽象的，普遍的な性格をいっているのではなく，美容，看護，塗装など具体的な性格をいっているのである．したがって，一般的な労働の能力—たとえば，勤労意欲ではなく，それぞれの具体的な能力である．この能力は常に潜在的である．なぜなら，その労働の場と職業訓練によって，その実現は左右されるからである．

しかしながら，そうした具体的な能力の教育機会をえることが難しい．とくに長時間労働や雇用保険のない場合，とくにそうである．有給教育訓練休暇や受講料の補助も雇用保険に入っていない場合は対象外であるし，長時間労働はそもそも教育機会を得ることも能力の健全な発現もできない．

2）少年院への着目

潜在能力の実現が妨げられていることは，否定的な状況により気づかされる．たとえば，少年院に入院する若者には，彼らの犯した否定的な行為を克服し，社会復帰の展望をつくることが目的とされる．その一環として職業能力の獲得が重視され，その潜在的能力が引き出される．「少年院出院後の就職先をあらかじめ確保させることは，出院後の生活基盤を確立するとともに，再犯を防止し，円滑な社会復帰及び改善更生を図る上で極めて重要」であり，それゆえ就労支援，職業訓練が必要とされている[3)]．これは，社会的に自立し，社会参加するためには職業能力の獲得と就労支援が必要だという平明な主張である．しかし，この平明な事実は先の教育振興基本計画からは無視されている．

少年院処遇規則には，矯正教育のなかで職業補導についての定めがある．すなわち，それは「勤労を重んずる態度」を培い，「個性に応じて職業を選択する能力」を助成することを基礎に（第16条），初等少年院では職業の基礎的知識，技能と応用する能力（第17条），中等少年院および特別少年院では「独立自活に必要な」職業の知識と技能，これらを応用する能力（第18条）を授けることを定めている．

この職業訓練はとくに長期処遇で重視されており，職業能力開発促進法に定められた職業訓練を行う職業能力開発課程が設置されている．この課程にはV1とV2がある．V1は年長者―20歳の年齢に近い少年で10カ月以上，V2は10カ月未満の在院者を対象とする．そのため，V1のほうが高度な職業訓練になっていて，全国で3カ所，男子の少年院で設けられている．浪速，多摩，東北の各少年院である．

東北少年院は，初等および中等少年院からなる．初等少年院は心身に著しい故障のない14歳以上16歳未満，すなわち中学生にあたる者を対象とし，中等少年院は16歳以上20歳未満を対象とする．現在，この少年院は初等は受け入れていない．職業訓練重点施設になったのは1964年で，現在の職業能力開発課程になったのは，1993年である．家裁や鑑別所から，家庭の事情などで出所後自立が必要な若者が送られてくる．

東北少年院では，次の訓練科目が設けられている．電気工事科（第一種電気工事士，第二種電気工事士，第三種電気主任技術者，消防設備士（乙種第四類）），建築科（2級建築大工技能士，3級建築大工技能士，CAD利用技術者2級），配管科（2級配管技能士，液化石油ガス設備士，消防整備士（乙種第一類）），溶接科（アーク溶接，半自動溶接，ステンレス溶接，アルミ溶接，チタン溶接），自動車整備科（3級自動車整備士）である．その水準，資格は，一般の職業能力開発校と変わらない．

各科目には，それぞれ作業所があり，機械・道具も職業能力開発校と同じ水準である．当然，この指導は教育学，心理学，法学出身の法務教官では行えないから，職員47名のうち，職業訓練指導員8名，教員免許所持者17名がいる．

では，なぜこのような少年院が設置されているのか．その理由が，この少年院に入れられる少年の特徴と関係している．すなわち，他の少年院の経験がある者等――再入院者と非行歴が長く保護者が引き取らない――家庭に帰ることができないため，出院後独立した生活を営むことができるようにしたほうがよいと判断された少年である．その判断は，家庭裁判所が行う．

この課程では高卒の学力も要請されるようで，高校中退者が3分の1くらいいて，本人の希望で高卒認定試験を受けさせている．そのため，教員免許所持者の教官がいる．一般に少年院では，高卒認定試験を受けるためには一般の会場に行くか，教育委員会から監督者の派遣が必要であったが，2007年度から監督者の派遣を受けずに院内で試験が受けられるようになった[4]．

もちろん，他の少年院でも職業訓練を行っている．女子少年院でも介護サービス，パソコン，園芸の職業訓練を行っていた．これらの職業訓練は少年院で行われる矯正教育の一環として行われている．それは「少年が自らの非行や逸脱行為を反省し，自己の問題性に向き合い，その改善方法を模索させる」ことが前提になる[5]．通常，少年院在院期間は三期に分けられている．新入時教育，中間期教育，出院準備教育である．

東北少年院では，新入時教育1カ月（自らの問題の確認と問題解決に向けた意欲の確認），中間期教育8カ月（問題解決のための取り組み，基本的な職業訓練の実施），出院準備教育3カ月（円滑な社会適応や就業のための取り組み，専門的な職業訓練の実施）．新入時教育では職業適性検査とオリエンテーションが行われる．もちろん，非行に関する自らの問題――非行の事実を明らかにすることも行われる．中間期では基本的な職業訓練の実施と問題解決の取組み――自分の責任を明らかにする，出院準備教育では，謝罪と償いを明らかにしながら，円滑な社会適応や就業のための取組と専門的な職業訓練の実施が行われる．

職業訓練以外の矯正教育は，他の少年院に共通している．これには，自分史の把握，非行を見つめ，被害者の思いなどを理解すること，親との関係を見つめ直すことなどが，絵画的方法，置換的方法（相手の立場に立って思索する），内観等の方法で行われる．保護者と一緒に考える機会も設けられている．運動会では親と一緒にする競技が取り入れられている．それは，親と手をつないだりする経験が少ない少年が多いからだという．たいていの少年は，大人を敵対視し，複雑な生育歴をもっているという．

学寮に分かれ集団生活をする．一学寮定員20名，三学寮ある．4人一部屋，個室もある．係グループがあり，グループ長など上下関係になる役割は決められていない．午前6時半起床，午後9時就寝（学習のためなら10時まで延長可）．一教官が4，5人の少年を担当する．

普通の対人関係を結べない少年が多いため，いろいろなことを体験させ，身につけさせ，考えさせ，自分のものにしていくというサイクルをとっており，個室は落ち着いて考えさせるために設けられているそうである．

三期の各期に移行するためには，三段階の審査にとおらなければならない．審査では，非行問題についての取組状況，被害者に対する謝罪や賠償についての認識，進路と親子関係調整の状況が対象となる．出院準備期には，これらの総仕上げとして卒業論文と呼ばれる文章を書くことになっている．

職業資格を取り，退院の時には職業安定所の協力を得て，求職活動が行われる．その時に，少年たちは出身地に帰ることになっており，都会のほうが就職しやすいという．出院後，大学に入ったり，努力して事業所をもったりする者も出ている．

一つの事例をあげて説明したが，職業訓練の全体的な結果はどうなっているのだろうか．2005年の出院者のうち，職業訓練課程により資格・免許を取得した者は38.7%，それに関連なく講習などで資格・免許を取得した者が53%である（『犯罪白書』）．職業訓練課程参加者の約半数は中卒，高校中退が3割になっている．就職先は作業系職種が多く，ハローワークの紹介による者は少なく，家族・親族の紹介が多い．そして初職から約半数以上がアルバイトであり，転職するとその割合は多くなっている[6)]．

これらの動向は，雇用動向一般の傾向と変わらない．たとえば，就職の際の職業紹介は，一般的には19歳以下でハローワーク3割，縁故6割である．また，非正規が多いことも全体の傾向と変わらない．しかし，その傾向が平均より強い．

少年院の職業訓練は次の特徴がある．第一は，ドイツやデンマークの生産学校とよく似ていることである．すなわち，集団生活を重視しながらも，正規の学校と異なり，一斉入学，一斉進級ではなく，一人ひとりに即した目標が立てられ，指導が行われる（「処遇の個別化」）こと，職業的な自立援助と結びついた社会的な自立援助が必要とされていることである．ただ，生産学校では，注文生産によって社会とのつながりを意識し自分の有用性を認識させている点と施設外の生活があることが，少年院とは異なっている．また，デュアルシステムの資格制度と接合し，訓練科目は作業系職種に限られていない．

それでは，デンマークとドイツの生産学校を紹介する．

3）生産学校

デンマークとドイツには生産学校がある．ドイツ語ではProduktionsschule，デンマーク語ではproduktionsskoleという．デンマークには100校近く，ドイツには20数校ある．デンマークには生産学校法（lov om produktionsskoler）があるが，ドイツにはない．両国とも，正規の学校に適応できなかった若者を対象としている．正規の学校には，いわゆるデュアルシステムも入る．

ドイツがデュアルシステムであることはよく知られている．デンマークもデュアルシステムである．両国とも複線型学校制度をとり，デュアルシステムを組み込んでいる．デンマークの学校制度と技術系職業学校のデュアルシステムは図３―１，３―２，３―３のようである．この複線型の中等教育制度で生産学校が必要なのはドロップアウトが生まれているからである．デンマーク政府は，2005年２月に2010年までに中等教育修了率を85％に，2015年までに95％にすることに決めた．進学率は高いが，修了率が低いからである．資格社会であるデンマークでは，中等教育未修了は資格をもてないことを意味し，失業者になることを意味する．失業者の増大は社会福祉社会の経済基盤を揺るがしかねない．

生産学校は，この無資格者の出現をさけるためにつくられている．生産学校法第１条は次のように規定している．「生産学校は，実習と生産経験を土台とした職業訓練プログラムを提供する．この事業は，青年職業教育を修了していない，職業訓練開始のために必要な資格を持っていない，あるいはそのような職業訓練を中断した25歳以下の青年を対象とする」．

そしてその目的は，第1条に書かれている．すなわち，「受講者の人格的成長を強める」ために，教育制度と「第一労働市場（通常の労働市場）」のなかで彼らの可能性をひらくことを目的とする．それは「民主的社会において

図3—1　デンマーク学校制度

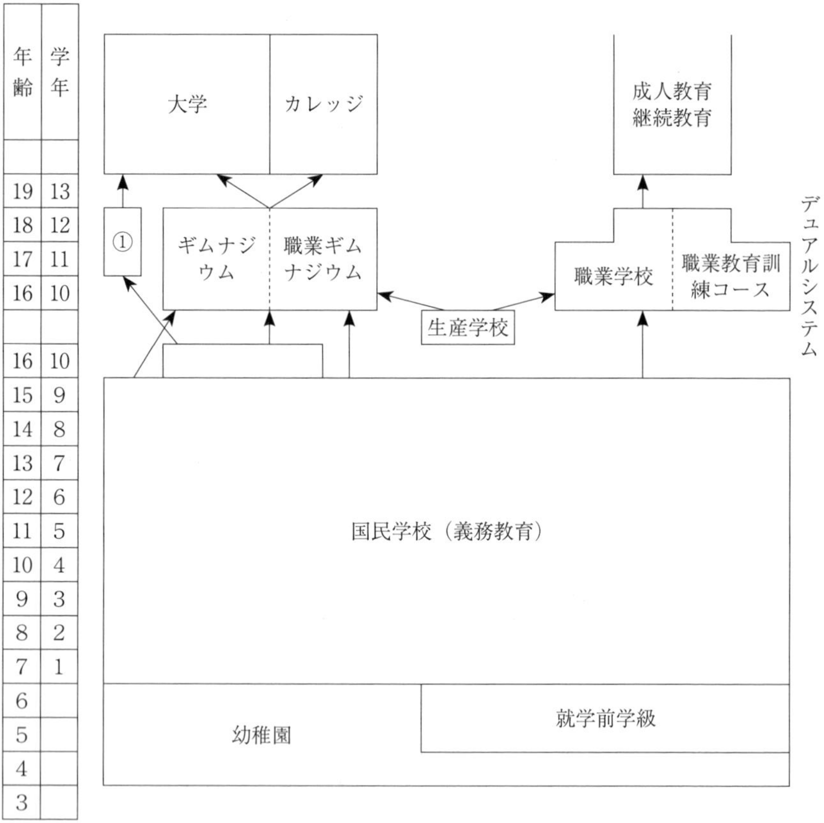

①は，高等教育準備コース．生産学校は義務教育または後期中等教育未修了者のコース．

図3—2　技術系職業学校のデュアルシステム

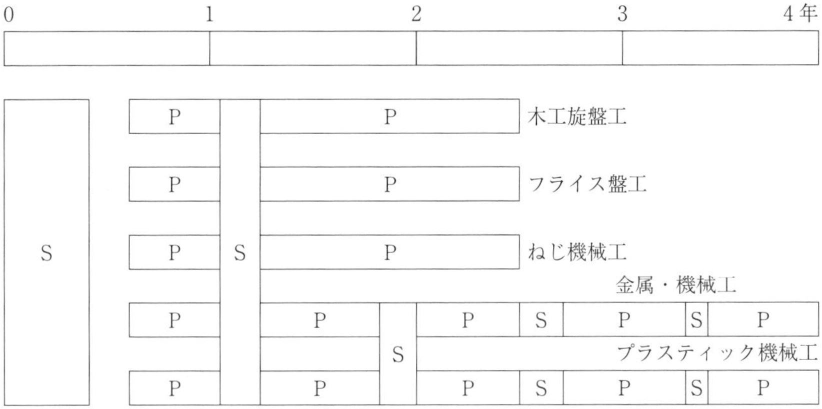

Sは，学校．Pは，現場実習

出典）Ausbildungen an Beruflichen Schulen in Dänemark, http://www.es-c.dk/dts/udd/

図3—3　職業教育・訓練コースデュアルシステム

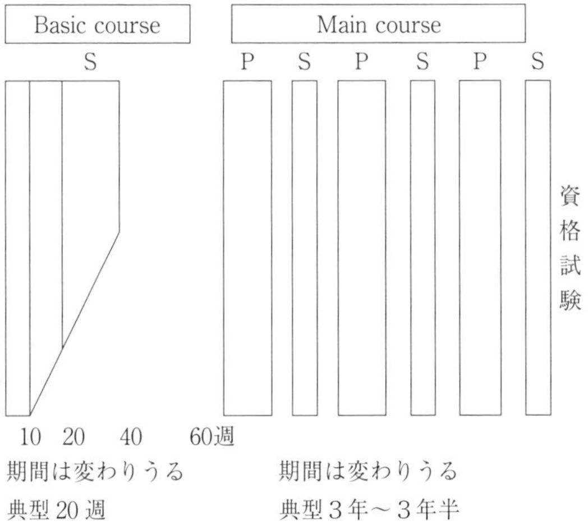

出典）The Denish VET System, http://pub.uvm.dk/2005/VET/

積極的に行動することに貢献する」．仕事の能力とは資格の獲得のことである．

この目的規程には，仕事の能力―資格を獲得することが，社会参加に貢献し，かつ人格の成長に寄与するという考えが表明されている．そして，仕事の能力を生かす場は，第一労働市場，すなわち，短期雇用―非正規雇用ではなく，正規雇用の場である．ここには，失業を未然に防ぐという予防的な措置にとどまらない教育的理念が現れている．その教育理念はどのように具体化されているのであろうか．

まず，学期は決まっていない．生徒は希望するときに入学し，目的が達成されると去り，他の教育機会に移っていく．したがって，指導計画は生徒の了解のもとに個人別に創られる．生徒の適性と希望をもとに職業訓練コースに配属される．デンマークの生産学校の職業訓練分野は表３―３のとおりで，いわゆるものづくりの分野だけではない．生産学校の生産は，精神的・文化的生産も含んでいる．

そこで生産学校法は，生産品（音楽演奏なども含む）を売ることを定めている．「生産学校は，民間企業との不公正な競争を引き起こさない条件の下で生産品を市場に出すことができる」．生産学校で注文が受けられる物・サービスは，地元の商工会議所などの事業・職業団体と相談して決められる．

この市場に出す，すなわち販売あるいはサービスすることが生産学校の重要な特徴である．これは５つのことを意味する．第一に，社会に通用する生産物をつくることである．第二にそのためには新参者と先輩，それに指導員によるプロジェクトがつくられ，新参者は古手や指導員から学ぶという徒弟的な学習が行われている．「作業のプロジェクトは，販売を前提にして行わ

表3―3

［単位：％］

	家政関係	木工・建築 金属加工	事務職	メディア・ 情報技術	自然・庭 作り	創造活動	他
デンマーク	21	29	1	19	12	11	7
ドイツ	15	46	10	10	10	1	8

出典）Roland Schöne による

れ，生産物は通常の市場の要求を満たす質と水準を保たなければならない」のである[7]．第三に，このプロジェクト方式は注文を受けることへの参加や協業により社会性を培うことも目的としている．そして，第四に，これらにより生徒は自分が役に立つという自己の有益性を意識することができる．第五に，生産学校は注文を得るために地域との協力を得ることが必要になる．生産学校は地域のものとなる．このように，注文生産は，教育内容も教育の枠組み，生産学校の地域性も規定する．

以上の点を2006年に訪問したコショー（Kosør）の生産学校でみてみよう．ここには造船，木工，金属加工，織物，調理，事務，塗装デザイン，情報技術，音楽のコースがある．金属加工の作業所では地元の会社の注文で窓のフレームを作るために，若者が２人で鉄板を裁断していた．先輩（入校が古い）と新人である．新人は先輩の指示を受けながら２人で作業しているが，そばに指導員が立って，助言とお手本を示していた．この指導員も含んだ３人が，窓のフレームづくりというプロジェクトを担当しているわけだった．

造船は木製の船を，情報技術ではホームページの作成，織物は子どもの衣服などの作成，音楽では３時間コンサートができるようにすることなどが試みられ，つくった船で島に生産物を運ぶ．衣服の販売所がつくられ，ホームページ作成は自治体などからの注文である．

作業所の壁には年齢に応じて操作してよい機械の名前が書いてある．また，所属する生徒の名前と，何ができ何ができないかの表があり，個々人の当面の課題がわかるようになっている．そして，その日の課題が書かれる余白がある．これらは，当人と指導員の協議により書かれる．その中に知的な基礎学力の学習が組み込まれている．

この表にある生徒の名前は，たびたび変わる．なぜなら，最短３カ月，最長１年だが，その間に基礎学校，中等学校，専門学校などに行けるようになればやめていくからである．

生産学校は民間の財団により運営され，自治体が法の定めにより補助金を出し，国が教員の人件費を補助する．また，国は生徒に対し奨学金を出す．これ以外にすべての18歳未満の子どもに払われる児童手当も経済的に無視できないだろう．

ドイツの生産学校は，1980年代につくられはじめていたが，1990年代初めにデンマークのそれを模範とするようになった．現在，20校ばかりつくられており，ミュンヘンとブレーメンにある生産学校は市立であるが，他の生産学校は民間団体によりつくられている．民間団体の場合は，当該市町村，州政府，連邦政府およびEUの補助を得ている．

ドイツには生産学校に関する法律はないが，その理念と対象はデンマークと同じである．注文生産についていえば，それは「（職業訓練）学校では，生徒が製作した例えば塀だと，それを壊してその材料を次の訓練に使うが，ここでは壊さずに販売する」という現実の生産である．そして，それを支えるために地域でのネットワークがつくられる．

外国人子弟がいるので，多文化共生と民主主義の訓練の場とも位置づけられている．また，ケアの活動も無視できない．養護施設も組み込んだ生産学校では，基本的な生活の立て直しのためのケアが行われている．この基本的な生活の立て直しは，生産学校の共通の課題になっており，とくに麻薬対策がそれに組み込まれている．ドイツの生産学校では生活全体の立て直しと職業訓練とが融合していることが，はっきりわかる．

4）まとめ

ジーン・レイブはデンマークの生産学校を「状況に埋め込まれた学習—正統的周辺参加」（ジーン・レイブ&エティエンヌ・ウェンガー，佐伯胖訳，産業図書1997年）の一つの例と考えている．正統的周辺参加の学習は，状況に埋め込まれた，日常の労働生活に埋め込まれた学習として徒弟制度を再評価している．レイブによれば，生産学校は徒弟制度の形態を受け継ぎながら，共同体への多様な参加を保障している．すなわち，新参者の学習評価を共通の評価基準で行う完全参加ではなく，共同体の成員同士の多様に異なる形態に含まれる多様な関係を意味する十全的参加を保障している．これらのことは，今までの説明でおわかりいただけるであろう．徒弟制度の再評価という点では，コショー生産学校の校長は徒弟制度を参考にしていると述べている．

さらにレイブは，生産学校は，訓練そのものよりも若者の変身に成功しているという．学校は知性のある技能を獲得しながら若者同士の関係を変え，他者との関係を変え，労働生活の展望，デンマークにあるさまざまな学校との関係を変えることで，教育の変革に取り組んでいるとも評価している[8)]．

以上のように，職業訓練が若者の変身とともに行われているところに，生産学校が青年期の職業展望と人生展望や人間関係を変化させることを結合させていることをうかがわせる．この点は，日本の少年院も同じである．そして，それを可能にしているのが，成員同士の多様に異なる経歴にもとづいて生活態度，他者との関係と人生展望をつくり出そうとする方向であろう．

〈注〉

1）安丸良夫『日本の近代化と民衆思想』青木書店　1974 年　p.71
2）田井康仁「働く若者が未来を拓くとき—首都圏青年ユニオン組合員に対する聞き取り調査から」『明治大学社会教育主事課程年報』17　2007 年度
3）法務省『平成 18 年版犯罪白書』第四編第二章第四節２　2006 年
4）文部科学省／法務省「矯正施設（刑事施設，少年院）における高等学校卒業程度認定試験の実施について」平成 19（2007）年４月 13 日
5）松本誠司・新井秀人・増田督「就労支援～多摩少年院における取り組み」『犯罪と非行』2007 年８月
6）矯正協会附属中央研究所「少年院における職業能力開発課程対象者の成行調査」『中央研究所紀要』2007 年
7）Verner Ljung, Die Dänischen Produktionsschulen—Eine Beschreibung. Mai 1997, Herausgeben von Foreiningen for Produktionsskoler og Produktion-shøjskoler. S. 2.（ヘーナー・ルンク「デンマーク生産学校についての報告」1997 年５月，生産学校／生産高等学校協会）
8）“Lerning in Practice: The Kalundborg Produktion School” University of California, Berkeley, April 2001.

(2) 障害者雇用の制度と現状 ―――― 尾高　進

1）一般就労と福祉的就労

障害者の雇用に関して，健常者のそれと最も異なる点の一つは，一般就労（一般雇用ともいう）と福祉的就労の二種類があることである．

一般就労とは，「一般企業や官公庁など，労働３法や労働者災害補償法，雇用保険法，最低賃金法（適用除外の場合は申請が必要）などの適用を受けて，雇用契約を結んで働く形態をいう」とされている[1)]．

知的障害児学校（特別支援学校）高等部の生徒が一般就労をする場合のプロセスは実態としては以下のようになる．生徒は高等部在籍中に，事業所で実習を行う．この職場実習は高等部のカリキュラムであり，教育活動の一環であるが，事実上，就職先の斡旋の機会の提供という機能を果たしている．

職場実習によって，生徒側と事業所側の間で，雇用契約の締結に概ね合意できると，事業所は求人票を公共職業安定所（ハローワーク）に送付する．これは一般に指名求人といわれ，具体的な氏名こそ明記されていないけれども，その生徒を想定して発行されるものである．

この指名求人は，職業紹介という点に関しては形式的な役割しか果たしていない．しかし，高校生の就職，および障害者雇用に伴う各種の助成金の交付に際し，ハローワークの紹介が必要，ないしは条件となっているため発行されているという側面をもっている．

福祉的就労とは，職員（指導員など）が配置されている福祉施設である授産施設や小規模作業所で収入（工賃など）を伴う活動をしていることをさすとされる[2)]．この福祉的就労は，雇用関係にはないため，最低賃金法等の保護を受けない等，労働法制外におかれている．また，政府統計では「自営業主」のカテゴリーに含まれる．

福祉的就労に際しては，ハローワークは介在せず，福祉行政が生徒側と事業所側との仲立ちになっている．

後にみる障害者の雇用の促進等に関する法律および障害者自立支援法の施行に伴い，少なくとも政策的なレベルでは，福祉的就労から一般雇用への移行が促進されている．

2）法定雇用率制度

先進諸国における障害者対策は，所得保障を中心とした消極的対策から，障害者の労働市場への統合をめざす積極的政策へと転換してきている．

国際的にみると，障害者の雇用機会の確保・拡大をはかるアプローチは，障害者差別禁止法と，法定雇用率制度の導入という二つがあるとされる[3)]．

日本で導入されているのは後者のアプローチである．すなわち，「障害者の雇用の促進等に関する法律」（通称；障害者雇用促進法，以下，雇用促進法と表記）に基づき，企業等に対して一定の比率で障害者雇用率を設定し，その雇用率が未達成の場合は納付金を課すというものである．日本の障害者雇用率制度は企業に対して雇用義務を課すという，本来は強制力の強い性格をもっており，未達成の場合には納付金を納付し，それを原資として，雇用率を達成した場合には調整金や報奨金を支給したり，職場環境の改善を行う企業には助成金を支給するという仕組みになっている．

障害者雇用にあたっては，身体障害者と知的障害者の雇用が義務づけられており，精神障害者の雇用は義務づけられていない．ただし，2005 年の法改正によって，2006 年 4 月 1 日から，精神障害者の雇用は雇用率に算定されることになった．

障害者雇用率の算定にあたっては，身体または知的に重度の障害のある人を雇用した場合は一人について，身体または知的に障害のある人を二人雇用（ダブルカウント）したものとして取り扱うことになっている．また，重度の障害のある短時間労働者（週所定労働時間 20 時間以上 30 時間未満）については，一人について一人と雇用率にカウントしている．さらに，前述した法改正によって，精神障害のある短時間労働者については，一人について 0.5 人として雇用率にカウントできるようになっている．表３―４は，2007 年６月１日現在の障害者雇用の状況を示したものである．

常用労働者が 300 人を超える企業が雇用率未達成の場合は，不足数一人について月額５万円を納付する．それを財源として，常用労働者が 300 人を超える企業が法定雇用率を超えて障害者を雇用している場合は，一人について月額２万 7,000 円が支給される．また，常用労働者が 300 人以下の企業でも，一定水準を超えて障害者を雇用している場合は，一人について月額２万 1,000 円が支給される．

なお，現在の日本における障害者法定雇用率制度の限界もまた指摘されるべきであろう．第一に，この制度は現在，障害をもつ被雇用者のすべてをカバーしているものではないということである．具体的には，障害者法定雇用率制度のもとで雇用されている障害者数は約 22 万 4,000 人（一般の民間企業，ダブルカウントおよび 0.5 カウントせず）であり，全国の常用雇用の障害者総数である約 49 万 6,000 人に対する比率は約 45％である[4)]．

このことは，障害をもつ被雇用者のうち，半数以上が法定雇用率制度がカバーしていない 56 人未満規模の小企業に雇用されていることを示している[5)]．

表３―４　法定雇用率制度のもとでの障害者雇用の状況

区　分	① 企業・法人数	② 法定雇用障害者数の算定の基礎となる労働者数（人）	③ 障害者の数（人）						④ 実雇用率 E ÷②× 100 （％）	⑤ 法定雇用率達成企業の数	⑥ 法定雇用率達成企業の割合 （％）
			A. 重度身体障害者および重度知的障害者	B. 重度身体障害者および重度知的障害者である短時間労働者	C. 重度以外の身体障害者，知的障害者および精神障害者	D. 精神障害者である短時間労働者	E. 計 A × 2+B+C+D × 0.5	F. うち新規雇用分			
民間企業（法定雇用率 1.8％）	企業 71, 224 (67, 168)	19, 504, 649 (18, 652, 344)	79, 469 (74, 993)	4, 637 (4, 047)	138, 651 (129, 446)	980 (543)	302, 716. 0 (283, 570. 5)	29, 755. 0 (26, 113. 0)	1. 55 (1. 52)	企業 31, 230 (29, 120)	43. 8 (43. 4)
特殊法人（法定雇用率 2.1％）	法人 247 (246)	454, 409 (451, 534)	2, 141 (1, 728)	166 (104)	4, 467 (3, 489)	31 (9)	8, 930. 5 (7, 053. 5)	3, 209. 5 (798. 5)	1. 97 (1. 56)	法人 150 (134)	60. 7 (54. 5)

注）（　）内は 2006 年６月１日現在の数値である．
出典）厚生労働省「平成 19 年６月１日現在の障害者の雇用状況について」（2007 年 11 月 20 日発表）

第二に，障害者雇用率制度そのものに関する問題である．L. ワディントンは，この制度に関して，① 制度を運営するうえで障害者というラベル・烙印づけを伴う，② 企業の態度は，障害者雇用よりも納付金の選択を好む，③ 納付金の金額を増加させるなど制度を強制・強化するための効果的制裁を設定することが難しい，④ 雇用の質ではなく量的規制であるため低賃金や不完全雇用を温存しやすい，⑤ 多種類・多様な障害者のニーズに対応することが難しく「切れ味の悪い道具」である，⑥ 障害者雇用を拡大・促進したという証拠はない，⑦ 完全雇用の状態では機能するが，経済不況下では効果が減殺されてしまう，という問題点を指摘している[6)]．障害者雇用の推進に対して，実効性のある制度が望まれよう．

3）障害者の雇用・就業の形態

一口に障害者といっても，障害によって，雇用・就業の形態は大きく異なる．障害種を，身体，知的，精神の３つに分けてみよう．

表３—５は，障害別の就業状態を大まかに示したものである．就業率でいえば，知的障害者が最も高く50％以上であり，次いで身体障害者が40％以上，精神障害者は20％以下である．

表３—５　障害別の就業実態

［単位：％，千人］

項目	障害者合計	身体障害者	知的障害者	精神障害者
a．15-64 歳の人の数	2050	1344	355	351
b．就業者	826	578	187	61
c．就業率（=b/a × 100）	40.3	43.0	52.7	17.4
d．常用雇用者数	335	280	35	20
e．常用雇用者の比率（=d/b × 100）	40.6	48.4	18.8	32.5
f．授産施設・作業所等への就労者数	172	38	111	23
g．授産施設・作業所等への就労者の比率（=f/b × 100）	20.8	6.5	59.1	37.7

出典）厚生労働省「身体障害者，知的障害者及び精神障害者の就業実態調査の結果について」（2008 年）より作成

しかし身体障害者は，その就業者に占める常用雇用者の割合が48.4％と半数近いのに対して，精神，知的の順にその比率は下がっていき，知的障害者では，常用雇用者の比率は20％弱である．逆に，授産施設・作業所等への就労者の比率は，知的障害者が最も高く，60％弱となっている．

次に，障害児学校卒業者の進路を，表３―６と表３―７において示す．

まず，障害児学校中学部および中学校障害児学級の卒業者の進路をみてみよう．病弱養護学校と障害児学級の卒業者は，他の学校の卒業者と比較して，

表３―６　盲・聾・養護学校中学部及び中学校障害児学級卒業者の進路―国・公・私立計―（2007年３月卒業者）

［単位：人，％］

区分		卒業者	進学者			教育訓練機関等入学者				就職者	児童福祉施設・医療機関入所者	その他
			高校等	高等部	計	専修学校	各種学校	職業能力開発	計			
盲学校		162 100.0	6 3.7	156 96.3	162 100.0	- 0.0	- 0.0	- 0.0	- 0.0	- 0.0	- 0.0	- 0.0
聾学校		373 100.0	13 3.5	358 96.0	371 99.5	- 0.0	- 0.0	1 0.3	1 0.3	- 0.0	- 0.0	1 0.3
養護学校	養護学校計	7,145 100.0	219 3.1	6,721 94.1	6,940 97.1	20 0.3	1 0.0	2 0.0	23 0.3	2 0.03	99 1.4	81 1.1
	知的障害養護学校	5,235 100.0	6 0.1	5,097 97.4	5,103 97.5	6 0.1	- 0.0	- 0.0	6 0.1	1 0.02	76 1.5	49 0.9
	肢体不自由養護学校	1,435 100.0	28 2.0	1,387 96.7	1,415 98.6	3 0.2	- 0.0	- 0.0	3 0.2	- 0.0	7 0.5	10 0.7
	病弱養護学校	475 100.0	185 38.9	237 49.9	422 88.8	11 2.3	1 0.2	2 0.4	14 2.9	1 0.2	16 3.4	22 4.6
計		7,680 100.0	238 3.1	7,235 94.2	7,473 97.3	20 0.3	1 0.0	3 0.0	24 0.3	2 0.0	99 1.3	82 1.1
中学校障害児学級		10,945 100.0	2,722 24.9	7,173 65.5	9,895 90.4	259 2.4		104 1.0	363 3.3	225 2.1	462 4.2	

注）各欄の下段の数字は各欄の卒業者に対する割合

高校等：高等学校本科・別科，高等専門学校

高等部：特別支援学校高等部本科・別科

職業能力開発：職業能力開発校，障害者職業能力開発校等

児童福祉施設・医療機関入所者：児童福祉施設，更正施設，授産施設，医療機関

中学校障害児学級卒業者その他には，社会福祉施設等入所・通所者を含む

四捨五入のため，各区分の比率の計は必ずしも100％にならない

出典）文部科学省「特別支援教育資料（平成19年度）」より作成

表3―7　盲・聾・養護学校高等部（本科）卒業者の進路―国・公・私立計―
（2007年3月卒業者）

［単位：人，％］

区分		卒業者	進学者			教育訓練機関等入学者				就職者	社会福祉施設・医療機関入所者	その他
			大学等	専攻科	計	専修学校	各種学校	職業能力開発	計			
盲学校		283 100.0	32 11.3	77 27.2	109 38.5	1 0.4	1 0.4	6 2.1	8 2.8	35 12.4	73 25.8	58 20.5
聾学校		509 100.0	82 16.1	127 25.0	209 41.1	8 1.6	6 1.2	35 6.9	49 9.6	180 35.4	47 9.2	24 4.7
養護学校	養護学校計	13,492 100.0	70 0.5	93 0.7	163 1.2	71 0.5	20 0.1	364 2.7	455 3.4	3,089 22.9	8,136 60.3	1,649 12.2
	知的障害養護学校	11,082 100.0	7 0.1	91 0.8	98 0.9	30 0.3	13 0.1	296 2.7	339 3.1	2,855 25.8	6,617 59.7	1,173 10.6
	肢体不自由養護学校	1,967 100.0	25 1.3	2 0.1	27 1.4	7 0.4	4 0.2	59 3.0	70 3.6	152 7.7	1,336 67.9	382 19.4
	病弱養護学校	443 100.0	38 8.6	- 0.0	38 8.6	34 7.7	3 0.7	9 2.0	46 10.4	82 18.5	183 41.3	94 21.2
計		14,284 100.0	184 1.3	297 2.1	481 3.4	80 0.6	27 0.2	405 2.8	512 3.6	3,304 23.1	8,256 57.8	1,731 12.1

注）各欄の下段の数字は各欄の卒業者に対する割合
大学等：大学学部・短期大学本科及び大学・短期大学の通信教育部・別科
専攻科：特別支援学校高等部専攻科，高等学校専攻科
職業能力開発：職業能力開発校，障害者職業能力開発校等
社会福祉施設・医療機関入所者：児童福祉施設，更正施設，授産施設，医療機関
就職しながら進学した者，入学した者は，進学者及び教育訓練機関等入学者のいずれかに計上している
四捨五入のため，各区分の比率の計は必ずしも100％にならない
出典）文部科学省「特別支援教育資料（平成19年度）」より作成

高校への進学率が高く，したがって障害児学校高等部への進学率が相対的に低いけれども，全体としてみると，大半の生徒は上級学校へ進学している．

次に，高等部の卒業生の進路は，障害種によって異なる様相を呈している．すなわち，盲学校と聾学校の卒業生は，4割近くの卒業生が大学や専攻科を合わせた上級学校へ進学している．また，病弱養護学校の卒業生も1割弱の生徒が上級学校へ進学している．

それに対して，知的障害および肢体不自由の養護学校卒業は，約6割から7割が，社会福祉施設・医療機関入所者となっている．

4）特例子会社制度

事業主が，障害者に特別の配慮をした子会社（特例子会社）を設立した場合，一定の要件の下で特例子会社に雇用されている労働者を親会社に雇用されているとみなして，実雇用率を算定できることになっている．これを特例子会社制度という．特例子会社は，2008年4月30日現在で234社が認定されている．

特例子会社制度は，たとえば，車椅子用のスロープの設置といったハード面や，雇用した労働者の職務遂行上の配慮といったソフト面の整備を，特例子会社内で（のみ）整備すればよいため，事業所にとっては，複数の障害者に配慮された職場環境を速やかに，かつ経済的に効率よく（＝安価に）つくりやすいという点でメリットがあると考えられる．しかし，そのことが逆に，親会社における障害者雇用のための環境整備を遅らせることになる可能性もあるといわなければならないだろう．

したがって，特例子会社制度は，障害者雇用の制度の中では，あくまでも副次的，ないしは過渡的な措置と位置づけられるべきであろう．

5）障害者自立支援法

障害者自立支援法（以下，自立支援法）は2005年10月31日に成立し，2006年の4月（新しい利用者負担，国・都道府県の負担義務，障害福祉計画等）と10月（障害程度区分，新サービス体系，地域生活支援事業等）の2段階で実施されている．自立支援法のおもな要点は以下のとおりである．

■応益負担の導入

従来の支援費制度，措置制度においては，施設等の利用者負担金は所得に応じて払う「応能負担」制度だった．しかし，自立支援法では，上限はあるものの，利用した量，金額の10%を払う仕組みになっている．

そのほか，施設等での食費，光熱水費，日用品費，医療費等は新たに全額自己負担となる．

■障害種別の利用枠の制限緩和

従来の制度では，たとえば知的障害者授産施設などすべての施設・事業の名称に障害の種別が冠してあり，それによって，障害種別で利用が原則的に制限されていた．

しかし自立支援法では，すべてに障害種別の断りがなく，障害種別による利用制限が原則的になくなった．これによって従来制度に組み込まれていなかった精神障害者福祉，障害児施設制度も一元化されることになった．

■通所施設などの設置主体の規制緩和

施設基準が緩和されたとともに，通所サービスに関しては，社会福祉法人だけでなく，NPO 法人等も参入可能となった．

■すべての施策は市町村単位に

従来は都道府県単位の施策もあったけれども，すべてが市町村単位となった．手続きの窓口もすべて市町村単位である．

■障害程度区分による利用

身体，知的，精神の３障害，そしてすべての事業に共通した一律の障害程度区分により，利用できる事業，給付される金額，利用料が決められる．

自立支援法では，就労に関する事業を，ａ）就労移行支援事業，ｂ）就労継続支援事業（A型：雇用型），ｃ）就労継続支援事業（B型：非雇用型），ｄ）地域活動支援センター事業，の４種類に分けている．

ａ）の，就労移行支援事業は，企業に就労する（雇用される）ための「移行支援」を行うものであり，働く場を提供するものではない．就労移行支援事業では，一般就労する人数によって，事業所への報酬が加算ないしは減算されるようになっている．

ｂ）の，就労継続支援事業（A型：雇用型）における就労は，企業就労と同様の「雇用」である．したがって労働法が適用され，利用者には最低賃金以上の賃金を支払わなければならない．事業所の収支に関係なく所定の賃金を支払わなければならないため，収益の少ない事業者は赤字となる．企業就労と異なるのは，支援員の支援を受けながら働く雇用であるという点である．

c）の就労継続支援事業（B型：非雇用型）における就労は，出来高払いの就労形態である．事業所の収益の多寡によって利用者が受けとる工賃（賃金）の額は変わってくる．

d）の地域活動支援センター事業は，労働というよりも，作業活動を行う施設となっている．実態としては，小規模作業所からの移行の受け皿になっているとみられ，c）と同様の出来高払いの就労形態となっているところが多いと思われる．

自立支援法の背景には，国がこの間進めてきたいわゆる「三位一体」改革がある．

「三位一体」改革とは，① 国庫補助負担金の廃止・縮減，② 地方交付税の改革，③ 地方自治体への税源委譲，の３つを「一体」的に実施しようというもので，2003年の「骨太方針」で打ち出されたものである．

当初国は，障害者施策を介護保険と合流させることで，財政当局からの補助金削減の圧力によって生じた不足財源を埋め合わせようと考えていたけれども，財界の強い反対に遭い，介護保険との合流はあきらめ，いわば苦肉の策として提示してきたのが「今後の障害保健福祉改革のグランドデザイン案」（社会保障審議会障害者部会，2004年10月）である．自立支援法は，この「グランドデザイン案」を実質的な下敷きとしている．

そして，これらの政策のより大きな背景には，「小さな政府」を掲げ，政府が主体となって実施する政策を縮小するとともに，公共サービスでさえも市場競争に委ねようとする新自由主義の考えがある．しかし，教育や福祉に市場競争がなじむのかどうか，はなはだ疑問といわざるをえない．

〈注〉

1）峰島厚「一般就労（一般雇用）」茂木俊彦編集代表『障害児教育大事典』旬

報社　1997年　p.29
2）工藤正「障害者雇用の現状と課題」『日本労働研究雑誌』No.578　2008年9月.
3）同上.
4）障害者法定雇用率制度のもとで雇用されている障害者数と，全国の常用雇用の障害者総数のデータを同じ資料から得ることが困難だったため，それぞれ，厚生労働省「平成19年6月1日現在の障害者の雇用状況について」(2007年11月20日）および厚生労働省「平成15年度障害者雇用実態調査」(2004年10月19日）からデータを得た.
5）工藤正「障害者の就業状態と就業支援サービス」『リハビリテーション研究』No.101　2000年1月.
6）Waddington, Lisa, *The Disability, Employment and the European Community,* Maklu, 1995, pp.236-239.

(3)「発達障害」がある青年の職業指導 —— 依田十久子

1）「発達障害」の青年たち

「発達障害」に含まれる障害の種類は多様[1)]なので，ここではそのうちのLD（Learning Disabilities：学習障害）・ADHD（Attention Deficit/Hyperactivity Disorder：注意欠陥多動性障害）・アスペルガー症候群を扱うこととする.

LDは，全般的な知的発達に遅れはないが，広い意味での学習過程のどこかに，中枢神経系のなんらかの機能障害に起因すると推定される困難をもつ．とくに就学以降，読む，書く，計算する能力のうち特定のものの習得と使用に著しい困難を示すことが問題となる．Disabilitiesと複数で表されているように症候群で，どの部分に困難さをもつかによってあらわれ方はそれぞれ異なる.

ADHDは，7歳までに年齢不相応な不注意，多動性，衝動性が，単独でもしくは多重して，6カ月以上症状として見られることが診断の手がかりとなる．中枢神経系になんらかの要因による機能不全があると推定されている．多動性や衝動性は成長とともに改善され個性の範囲に収まる場合も多いが，不注意や落ち着きのなさなどの行動上の困難は残りやすい.

アスペルガー症候群は自閉症スペクトラムの中の知的発達の遅れがない場合で，多くは言語の遅れもない．基本症状として次の「三つ組みの特徴[2)]」で表されることが多い．社会性の障害（社会的情報―顔の表情や声の調子，動作や状況などが読み取りにくく他人への関心が乏しいなど），コミュニケーションの障害（言葉の意味理解や比喩，省略などが読み取りにくいなど），想像力の障害とそれに基づく行動の障害（目の前に示されていない事柄を考えるのが苦手．こだわりなど）である．知覚・感覚過敏が見られることも多い．中枢神経系に何らかの要因による機能不全があると推定されている．

以上の障害は一見してはわかりにくいので，周りの人たちに理解されにくい．われわれの学習や行動の仕方の物差しで彼らを計り，その基準をそのまま彼らに当てはめて押しつけてしまわないように配慮しなければならない．

2）青年期の問題と援助

LD，ADHD，アスペルガー症候群は見えにくい障害だが，周囲の人びとおよび本人自身が，もっている特性を受容・理解して，適切な支援や教育的対応がなされれば，日常生活や社会生活で受ける制限を軽減しうる可能性は高い．

知的発達の遅れがないので，思春期から青年期にかけて，自分の困難さを自覚・受容・理解し，困難を回避する学習の方略や方法をつくったり使ったり，状況に対応できるような自己コントロール力を高めたりできて，それほど大きな問題もなく生活していける可能性も大きい．そういう場合は，他の青年と同じような学校から職業への移行，職業生活のプロセスをたどれることとなる．

しかし彼らの特性が周りの人にも理解されず，自分でもわからないままで，さまざまな困難をかかえてしまう場合も多い．自分でもなぜかわからないけれど努力してもできないことがあり，困難を克服できず，その結果自信をなくし，自己肯定感がもてなくなったりする．知的発達の遅れがないので，落ち込みの部分を，怠けているからできないのだ，努力が足りないからダメなのだ，だらしない，生意気だ，などととらえられてしまい，叱責されたり，いじめにあったり，バカにされたりするようになることも多い．その結果，不登校や非行，精神疾患など二次的な不適応症状を呈する場合も残念ながら多く見受けられる．

周りの誰かが早く彼ら特有の困難に気づいて，特性やニーズに合わせた支援・対応をとり，この不適応症状を起こさせないことが必要である．不得手な部分ばかりを見るのではなく，適切な支援を行い，長所を伸ばすよう励まし，「できる自分」を発見し自信をつけさせるような，家庭や学校での教育的働きかけが大切である．

3）彼らのもつ困難と職業選択・職業指導のあり方

学校から職業への移行に際しても，LD・ADHD・アスペルガー症候群それぞれにさまざまなタイプがあり，タイプによって困難の部分も違ってくることを配慮する必要がある．それぞれに落ち込みの部分がはっきりしているので，自分自身でその特性を自覚・受容・理解できれば，困難をもつ部分を考慮した進路選択や職業選択が可能となる．

一人前の社会の成員になっていくうえで，彼らのもつ困難さがどのような制限となるのか，困難をどのように考慮して進路選択や職業選択をしていけばよいのか，いくつか例をあげてみよう．

LDで読み書きに困難をもつ（Dyslexia）タイプの場合，彼らは聞いたり話したりすることにはまったく問題がなく，運動面でも問題はなく，手先も不器用ではない，社会性も悪くないので日常の生活ではほとんど困ることはない．ところが読み・書きとなると，逐次読みや読み飛ばしを起こす，漢字を読めない，書けないなどの困難があるので，学校での読み・書きを主な手段とする学習が苦痛となる．実技はでき，口頭で問われれば答えることはできるが，ペーパーテストでは点が取れないので評定が低くなってしまう．とくに評定が高校への進学を左右することになる中学校で学習意欲をなくすことが多くなる．

自分なりの得意な方法で学習していける教育的支援が大切となる．中学校からの進路としては，実物に即した非言語的な方法での学習を行う実習が多くあり，得意な非言語面を生かせる専門高校や専門学科などを選ぶとよい結果をもたらすことが多い．非言語面で優れた能力を発揮する人も多く，小さい時から工作や機械いじりが好きとか，絵を描くことが好き，料理が好きなどと得意分野がある場合も多い．得意な分野を見いだし，それを伸ばし，生かす方向で職業をうまく選び取っていけば社会的に自立できるようになる可能性が高まる[3]．得意な能力を発揮してパワフルに生きている人たちもいる[4]．

ADHD の場合はとくに行動面での困難さをもつ．落ち着きがなく，不注意が多く見られる．整理整頓が苦手なことも多いので，さがし物や忘れ物も多くなる．計画を立て実行していくことが苦手で，段取りよく時間を組織できないので，仕事を指定の時間内に成し遂げられないことも多い．ケアレスミスも多くなる．自分なりの工夫でこれらの問題を解決できる場合も多いが，こうした事柄が強く求められる職業に就くと精神的に追い詰められてしまうことになりやすい．また周りの人たちに障害特性を理解してもらい，援助してもらうことによって対応できていく場合も多いので，これを一つの方略として活用することも大切である．

アスペルガー症候群の場合は，勉強面では困難が顕現せず大学を卒業できてしまう事例もしばしば見られるが，社会性の障害，コミュニケーションの障害，想像力の障害等があるので，就労の段になるとそれらが顕在化し，困難に直面する場合が多い．職業を遂行していくためには，言語面・非言語面の両面でコミュニケーションをとり，人間関係を築いたり，社会的情報をうまく取り入れて状況判断することなどが求められる．今まで経験したことのない場面や，先の読めない場面などに出くわしたりすると，うまく対応できず混乱を起こしてしまうこともある．対人関係の多い仕事などを選ぶと困難に直面することになりやすい．言語面や学力向上ばかりに目を向けずに社会性をはぐくみ，ソーシャルスキルを身につけて社会の中で生活していくことを念頭においた教育や指導，支援が大切となる．こだわりのある部分にうまく当てはまる職種が見つかれば，うまくいく場合もある．

「発達障害」青年にとって高校の専門学科の教育がよい結果をもたらすことが多くある．LDにとっては得意な非言語面を生かすことができる．ADHDにとっては，実習の中で行う計画的な作業，具体物を見ながらの段取り，整理整頓などが行動面の自己コントロールを養う訓練となる．アスペルガー症候群にとっても，少人数での班作業，協同作業による学習などは，困難に働きかけるソーシャルスキルトレーニングの場となる．職業教育では，実物に即した学習，具体物に働きかける共同作業などの場面が多くあり，それらが教育的効果をもたらすこととなる．

「発達障害」青年にとっての職業的自立への一つの道として，「手帳」を取得しての就労がある．LD，ADHD，アスペルガー症候群の場合は知的発達の遅れがないために，基本的には「療育手帳」の対象とはならない．しかしさまざまなリスク要因が加わり精神疾患と診断されて「精神障害者保健福祉手帳」をとる事例も増えている．「手帳」はなくとも本人が希望すれば，障害者職業リハビリテーションサービスやジョブコーチによる就労支援などを受けることは可能である．ただこのサービス制度は，基本的に職場に「適応」していくためのリハビリテーションである．

「発達障害」青年は，学校でも社会でもさまざまな不利な条件をもつ場合が多い．職業に就き，職業生活を送るうえでも同様で，それだからこそ，学校の中で職業教育を保障し，職業の現状をふまえたさまざまな準備を整えることは一層重要である．

〈注〉

1）法律上の用語法についての文科省初等中等教育局特別支援教育課「『発達障

害』の用語の使用について」2007年を参照.

2）ローナ・ウイング（久保紘章・佐々木正美・清水康夫監訳）『自閉症スペクトル―親と専門家のためのガイドブック』東京書籍　1998年

3）依田十久子「読み書き障害・ディスレキシアを持つ青年の社会自立」『LD（学習障害）―研究と実践―』第8巻2号　2000年3月

4）上野一彦『LD（学習障害）とディスレキシア（読み書き障害）』，講談社＋α新書　2006年に歴史的に活躍したLDやADHDについて述べられている.

(4) 障害をもつ青年に対する職業指導の視点 ――――――― 尾高　進

ここでは，障害をもつ青年に対する職業指導の視点について考えてみたい.

その第一は，技術教育を含んだ普通教育の充実をはかることである．遠山真学塾を主宰している小笠毅の著書に『ハンディをもつ若者の進路―義務教育後の進学と就職―』（岩波ブックレットNo.527，2001年1月）がある．この本は62頁からなる，文字通りの小冊子だけれども，傾聴に値すべき論点があるように思われる.

小笠はいう.「いまどきABCも知らないで，進学も就職もできるわけがありません．しかし実際には，たとえば特殊学級や知的障害養護学校のなかには，身辺自立や養護訓練，作業訓練に明け暮れて，学校でいちばん大切な教科の学習―国語，算数・数学，理科，社会，英語など―を教えてくれず，学びたくても学べない現実があるのです」（同書p.3．以下，ページ数のみ記載）

小笠のいう「学校でいちばん大切な教科の学習」の中に，普通教育としての技術教育が含まれているかどうかはわからないけれども，小笠の提示する主張そのものは十分に首肯しうるものであろう．あるいは，本書の序章において佐々木英一は，職業教育を受けることは，厳しい大海に泳ぎ出すうえでの不可欠のプールでの水泳練習であるとしているが，普通教育は，プールでの水泳練習を可能にする体づくりにも例えられるかも知れない.

第二は，職業教育の内容を再点検することである．第一の視点―豊かな普通教育としての技術教育―の上に立ち，障害というハンディをもつ彼ら／彼女らが，厳しい大海を仲間の援助を受けつつ泳ぎ渡っていくことができる力とは，いったいどのようなものなのか．それは，単に言われたことを従順にこなすということでもなければ，ある一つの単純作業だけをほかの作業と切り離し，その作業に「習熟」することでもないのではなかろうか．

また，養護学校（現在の名称は特別支援学校）には，職場実習というものがある．先に紹介した小笠は，東京都知的障害養護学校就労促進協議会のリーフレット『ボクもチャレンジ！　わたしもトライ！』における職場実習に関する記述について，実習中の事故やけがが，なぜ労災保険の対象にならないで学校での事故としての処理になるのか，また，実習中の賃金が出ないのは，社会の公正，公平，正義に反する差別であり，子どもの権利条約第三十二条の経済的搾取の禁止条項に違反しているのではないかと厳しく批判している．「学校は，若者たちを健やかに賢く育てる場であると同時に，その人としての権利を，無知から守るべきところです．学校が，子どもや若者の固有の権利を放棄させることに，手を貸してはいけないのです」という小笠の指摘を重く受け止める必要がある（p.25-30）．

第三は，雇用主への指導が必要である．障害をもつ青年に対する支援や，雇用主に対する助成金といった制度はあるけれども，雇用主に対して，障害をもつ人を雇用するに際して必要な知識や配慮についての指導が組織的に行われる必要がある．

第四は，いつでも援助が受けられる仕組みが構築される必要がある．就職してからも，学び直し，再訓練，福祉的な援助，医療的なケア等の各種の援助が，必要に応じて医療，教育，福祉の各側面から統一的に受けられるようにしていく必要があろう．

〈参考文献〉

茂木俊彦編集代表『障害児教育大事典』旬報社　1997年
小笠毅『ハンディをもつ若者の進路―義務教育後の進学と就職―』岩波ブックレット No.527　2001年1月

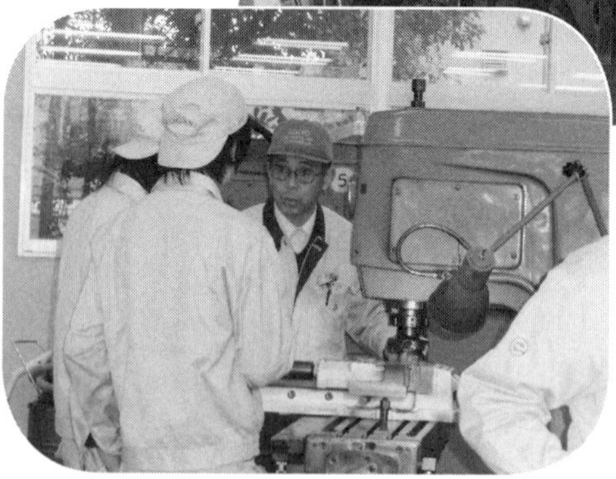

終 章

学校の役割・教師の役割

―青年が人間らしく働き生きるために―

斉藤武雄・直江貞夫

(1) 学校から仕事への移行，その課題の核心

無関係な人を襲った無差別殺傷事件が繰り返された．警視庁の集計では自由に通行できる場所で明確な動機なしに，不特定の人を殺傷する「通り魔事件」は，2007年に８件，2008年の上半期に５件も起きている．とりわけ，2008年の３月～７月に集中した以下の事件は社会を震撼させた．

３月23日　茨城県土浦市JR荒川沖駅で無職の男性（24）が通行人ら８人を刃物で殺傷．「定職なく責められた」と報道される．

３月25日　JR岡山駅の構内で高校卒業直後の無職の少年（18）が岡山県職員の男性（38）を線路に突き落とし殺害．父親は派遣社員．経済的理由で「進学を断念し家出」と報道される．

６月８日　秋葉原の歩行者天国で，派遣社員の男性（25）がトラックで雑踏に突っ込み，ナイフを振り回して17人を殺傷．出勤したが作業着が見当たらず，理不尽な中途解雇への怯えと怒りが爆発したという．

７月22日　東京八王子市の駅ビル内の書店で，男性（33）がアルバイト店員の女子大生を刺殺．派遣社員として転々とした後，やっと定職をえたが，７日後の怪我で休業中であった．

これらの事件を引き起こした人たちに共通しているのは，18歳から33歳という青年層であり，派遣労働などの不安定雇用と貧困のもとにおかれてい

たことだ．たとえば，八王子事件を起こした青年が，「仕事がうまくいかず，両親が相談に乗ってくれなかった」「無差別に人を殺そうとした」と供述しているように，一連の事件の背景には，今日の雇用・労働の過酷で非人間的な実態があり，その元で多くの青年たちが絶望的な境遇に追いつめられているということが白日の下にさらけ出されることになった．

いまや日本の雇用者の3分の1が非正規雇用となっており，とりわけ15歳から34歳までの青年層に至っては半数に及んでいる.[1)]

日本の青年たちが，80年前の過酷な労働の世界を描いた小林多喜二の，「おい，地獄さ行（え）ぐんだで！」で始まり，「そして，彼等は立ち上がった．—もう一度！」でしめくくられる『蟹工船』（1929年発行）に，自身の現実を重ねて共感し，爆発的に読まれるという「カニコー現象」が広がり，2008年流行語大賞のトップ10入りし，ロイター通信は「経済大国での雇用不安や格差拡大が反映」と世界に発信した.[2)]

政府もこうした事態を無視することができなく，2008年『労働経済白書[3)]』は，仕事に対する満足度が下がってきているというデータを大きくとりあげ，その背景に，正規雇用者数を絞り込む代わりに，派遣やパートなどの非正規雇用の拡大をあげている．また，非正規雇用の拡大は，「コスト削減には有効でも，労働者の職業能力の向上を通じた生産性の向上にはつながりにくい」，「生産性の伸びは就業者の削減により実現した」が「持続性をもった生産性の向上としては評価しにくい」し，「高い生産力を担う労働者は，企業の中で豊富な職務経験を積み重ねながら育成される」と分析している．

一方，成果主義のもとで，過労死と隣り合わせの正社員や，「正社員」なのに，非正社員なみの低賃金と長時間労働を強いられる「名ばかり正社員」「なんちゃって正社員」「周辺正社員」など，名目上の雇用形態にかかわらず，燃え尽きさせられて，使い捨てられる日本の青年たちの過酷で非人間的な労働が深く進行している.[4)]

本章では，こうした事態の進行のもとで，青年たちが人間らしく働き生きるために，青年たちにはどんな力が求められているのか，その力を育てるために，学校とそこでの教育実践の担い手の教師には何が求められているのか，学校外とのつながりも広げてどのような取り組みが求められているのかなど，青年たちが学校から仕事へわたるための実践の筋道を明らかにしたい．

(2) 学校で育てたい力―人間らしい労働の主人公になるために

1）専門的な知識，技能・技術

日本型雇用といわれる雇用・労働のシステムの大転換が，1990 年代半ばを境に，急激に進行しており，多くの青年たちは親世代とは違ったシステムの雇用・労働の世界に組み込まれている[5)]．

世界の多くの国々とは異質な日本型雇用システムは以下を特徴としている．それは，① 3月に卒業し4月に一斉に就職するという「新規学卒一括採用」，② 定年まで正社員として働き続ける「終身雇用」，③ 低い初任給から始まるが勤務年数とともに昇進・昇給する「年功型賃金」，④ 学校等ではまともな職業教育・訓練が行われなくても，働きながら職業遂行能力が育てられる「企業内教育中心の職業教育」，⑤ 企業横断型の職種別労働組合ではなく，個別の「企業別労働組合」，などを特徴としている．

社会保障や社会政策なども日本型雇用を前提につくられており，このシステムの転換は，学校を卒業して社会に飛び立つ若者たちにとって，雇用・労働はもちろん，職業教育・訓練，社会保障など，生活のすべてにわたって新たな困難となって押し寄せている．

したがって，この事態の進行に起因する新たな困難に立ち向かい，人間らしい労働の主人公になるために，社会に巣立つ若者たちが身につけなければならない力，すなわち職業を遂行する能力の基本とは何かを，改めて問い直すことが求められている．

本田由紀は，このことを，若者が社会に出る前に，教育現場で専門性という甲羅を着せることが大切であるとしている[6].

「複雑化した労働市場で，徒（いたずら）に翻弄されることなく切り抜けていくためには，自分の行動を律し展望を見失わないようにするための「足場」が必要です．その「足場」となるのが職業能力であり，それを若者に提供するために，学校教育にも最大限の貢献をしてもらう必要があります．巨額のコストをかけて日々運営されている学校教育を，今よりもっと有効活用しない手はありません．」

本田は学校教育で身につけた専門的職業能力が「足場」となって，その後の展開が可能になった３人の実例をあげた後，次のようにまとめている．

「この方たちの例でみるとわかるように，初発の段階で一定のベースがあるからこそ，不安定な働き方であっても専門に関連する分野で模索したり経験を積んだりしながら，展望のあるところに行き着けるのです．こうした過程をたどるためには，「甲羅のない蟹」ではだめなのです．一定の専門性をもちながら，そこから柔軟な発展や展開を遂げていく，というのが，理想的であると同時に現実的なモデルになるはずです．」

このように，当然のことながら，若者たちに求められている力，職業遂行能力の基本の核は，職業に就くために必要とされる専門的な知識や技能・技術であるといえよう．

この力を育てるためには，企業内教育中心型の職業教育を前提とした職業的意義にあまりにも無関心であった日本の特異な学校教育（欧米の高校段階の教育は職業教育が主流[7]）の抜本的な改革と，学校外での公的な職業教育・訓練の機会の拡充発展が喫緊の課題となる．

職業遂行能力の基本の獲得は，具体的な労働市場に入って働ける知識や技能・技術の獲得による，働いて生きていけるという一定の自信をつけると同時に，「この国をつくっているのは俺たちだ」という，働く者こそが社会をつくっているという誇りと主権者意識も併せて獲得させることにもつながる．

また，職業遂行能力の基本の獲得の過程では，労働こそが社会的に有用な価値を生み出すという確信と同時に，労働を通して人間は発達する[8)]という確信を生み出すことになる．農業高校や工業高校での職業教育，とりわけ生産実習を通して，生徒たちは，「作物作り，作品づくりは自分づくり」であるという実感で，この原理を発見している[9)].

2）働く者の権利を行使する行動力

人間らしく働き続けるために求められる力の第二は，働く者の権利，働く者の保護の法規についての知識と，それを身につけ行使できる力である．

「1日8時間，週40時間労働」「アルバイトにも年次有給休暇がとれる」「時間外や深夜，休日勤務には割り増し賃金がもらえる」などのあたりまえな権利さえ知らないで働いている青年が少なくない．

その結果，「正社員として採用されたのだから，どんなに遅くなっても自分の仕事が終わるまでは帰れない」などという，ただ働きを疑わない状態まで横行することになる．

ここで大事なのは，適職に就く権利，労働者保護の法規，団結権，失業の場合や社会保障などについて，それを知識として身につけるだけではなく，働く権利を具体的に行使する手立てと，勇気を出して動き出す意欲を育てることが合わせて求められる．そうしないと，現実の力として生きてこない．

したがって，社会科などでの教科学習，総合的な学習の時間やホームルーム活動などでの学習とともに，学校生活をゆたかなものにつくりかえるために，仲間とともに，みんなの願いを寄せ集め，それを実現する手立てを考え，具体的に実現する行動に立ち上がるという自治活動の経験をとおして育てられる行動力，すなわち，自治能力が合わせて育てられなければならない．

3）基盤としての自己肯定感

人間らしく働いて生きていくためには，自己肯定感が基盤として育てられていなければならない．

ここでは，「自己肯定感」とは，仲間と一緒なら，悩みながらも自分なりにやればできるし何とかなるという自信，一人ひとりはみんな違っていいのだという人間観，人間としての連帯感とする．したがって，自己肯定感を育てるには，「何といっても仲間の支持と共感を感じ取ること，「仲間の中にいる自分」を実感できることが必要[10]」である．

人間らしく働き生きるために自己肯定感が必要なことは，秋葉原連続通り魔事件を引き起こした青年の場合について考えてみれば，明らかである．

青年の職場では，近ぢか派遣社員を解雇する方針が伝えられていた．青年は対象外だったが，出勤して自分の作業服のつなぎが見あたらないことから，「リストラのために，わざとつなぎが隠されたと思い，腹がたった」ことが「事件のきっかけの一つであった」と語っており，「ふざけんな．ばかやろう．この会社はどうなっているんだ」と騒いで，壁を蹴り上げ，職場を早退し，事件の現場へ向かって行くことになった．「人が足りないから来いと電話がくる　俺が必要だから　じゃなくて　人が足りないから　誰がいくかよ」など，青年の web 上への膨大な書き込みからも派遣労働への怒りが書き込まれている．しかし，細切れで単純反復・非熟練の非人間的な労働への怒りを仲間たちとつなげて，仲間たちとその変革に向かうのではなく，一人その前に立ちすくみ，自己否定感を深めて暴発してしまった．

この青年を含めて，日本の青年たちの自己肯定感の脆弱さに注目する必要がある．それは，次のような日本青少年研究所の国際比較調査でも明らかになっている．

① **「高校生の未来意識に関する調査―日本，米国，中国の３カ国の比較」**

(2001 年，2002 年実施)

●「私は他の人々に劣らず価値のある人間である」

(%)

	日本	米国	中国
よく当てはまる	11.0	60.7	73.1
まあ当てはまる	26.6	28.6	23.3

あまり当てはまらない	46.3	6.8	2.4
全然当てはまらない	15.5	2.9	0.6

② 「高校生の友人関係と生活意識調査—日，米，中，韓の４カ国の比較」（2005 年実施）

●「自分自身への満足度」

（%）

	日本	米国	中国	韓国
とても満足	6.3	34.1	15.6	11.1
まあ満足	37.1	49.2	52.2	45.9
あまり満足していない	38.5	11.9	25.4	35.2
不満足	17.6	2.7	4.3	7.4

２つの国際比較調査からだけでも，日本の高校生の自己肯定感の低さは目を覆いたくなるほどである.

人間性を否定するような，まるでモノ扱いのような労働のあり様を跳ね返すためには，その基盤に自己肯定感が育てられていなければならない.

自己肯定感にもかかわって，青年たちの一部に広がる同世代の非正規雇用者たちに対する蔑視，さげすみの広がりも問題である.

これに対して，本田由紀は，「Nobody is perfect という人間観」を育てることが重要であると指摘している[11)].

「「誰がダメだ」というネガティブな定義をすることにより，権力が介入できる余地は広がります．人々の間に反目を煽り，対立させて，「御上」が，非常に温情主義的に，「大岡裁き」みたいに裁定をしたかのような形で「正しいやり方はこうだよ」と親や教師に対して善導する．そういうフリーハンドな介入が非常にやりやすくなります.

「パーフェクトであることに対する期待や要請」が強いことの裏返しとして，「足りないところ，劣ったところ，気に入らないところを見つけるとあげつらう」というようなことが，起きている．そういう状況はすごく問題だと思います．人間は誰だってパーフェクトじゃない．パーフェクトじゃなくて，愚かだったり，とろくさかったり，弱かったりする人間たちが，それでもなんとかかんとかそれなりにがんばって生きているのが，社会であるというものであると．

自分じゃない誰かが責められているときには，「やっぱりあいつらが悪いんだ」という痛快さを感じ，いつ自分がその対象にされるかわからないですよね．

こうした謗（そし）りあい，憎しみあいの結果，得しているのは権力だけではなくて，資本もそうです．人間というものに対する敬意が社会的に剥奪されれば，資本は労働力を尊重しなくて済むようになるからです．労働者に敬意を払う必要がなくなるから，安価にこき使いやすくなる．権力は人々を従わせようとするし，資本は人々を安くこき使おうとする．それがどちらもやりやすくなるんです．」

本田の指摘は，学校では「いじめ」問題として実践的な課題とつながる．

4）なかまと一緒ならなんとかなるという確信

これは，上述した自己肯定感とも重なる課題である．

秋葉原事件の青年がWeb上の世界で不特定多数に向けて膨大な発信を繰り返したが相手にされず，事件の予告に対してさえ，誰一人反応してくれなかったというWeb上での出来事が，孤独感を一層深め，事件遂行を加速させたと事件の経過を語っていた．

人間らしく働いて生きていくためには，悩みを臆せずに出せて，ともに悩んでくれる仲間や場がどうしても必要だ．そのためには，具体的な体験をとおして，そうした仲間や場をつくりだす力を育てることが求められる．

また，いざという時に，他人のために出番を得て，自分のもち味を発揮するという体験は，かけがえのない自分自身（個性）を発見し，生きていく自信を育むことにもなる．

5）働いて生きるための「溜め」

湯浅誠は，ホームレス支援のNPO法人自立生活サポートセンターもやいの活動をとおして，貧困を克服していくためには「溜め」が必要であると提言している．

「溜め」は次のような意味であるとしている．

> 「それは，人を包み，外界からその人を保護するバリアーのようなもの．自分が外界に働きかける際に，そこからエネルギーを汲み上げるべき能力としての機能をもつもの[12)]」

学校から仕事に渡っていく青年たちに求められる「溜め」とは何かという視点が求められている．そのためにも，学校の内外の活動でつける力を幅広い視点で見直すことが求められる．

(3) 教師に求められること

1）子ども観・人間観，労働観，学校観を確かなものに

前項では，青年が人間らしい労働と職業で生きられるために，学校で育てたい力の分析を試みた．ここでは，その力を育む教育実践の担い手である教師には何が求められているのかを考えてみたい．

その第一は子ども観・人間観，労働観，学校観を確かなものにすることである．それは，前項で指摘した人間らしい労働の世界の主人公にふさわしい人間観，豊かな労働観，それらを育てる学校観であり，次のように整理できる．

1）「Nobody is perfect」，「みんな違ってみんないい」，という人間観．

2）労働は社会的な有用価値をつくるだけではなく，同時に人間そのものをつくる（育てる）という労働観．

3）青年の職業的自立を育てる高校教育像．

1）と2）については前項で検討したので，ここでは，3）の高校教育像について述べる．

教育基本法の改定（2006年）を受けて学校教育法が改定（2007年）され，高校教育に関する目的条項は次のように改定された[13)]．下線部分が条文の変更点である．

（前法）第41条　高等学校は，中学校における教育の基礎の上に，心身の発達に応じて，<u>高等普通教育</u>及び専門教育を施すことを目的とする．

（新法）第50条　高等学校は，中学校における教育の基礎の上に，心身の発達<u>及び進路</u>に応じて，<u>高度な普通教育</u>及び専門教育を施すことを目的とする．

「進路に応じて」を挿入することにより，戦後初期に掲げた統一した高校像を破壊し，種別化された高校教育の現状を容認・推進することになった．

すでに1955年の学習指導要領改訂で普通科に進路別の類型（コース）を導入し，1960年改訂で同一科目にやさしい内容と学問的な内容のA，B科目を設けるなどを皮切りに，学習指導要領の改訂のたびに，第41条に込められた戦後教育改革の理念の棚上げが推し進められてきたが，それを学校教育法として決定づけることになった．

改めて，前法第41条に込められた意味を確認しておこう．

1899年以来，日本の中等段階の諸学校は，中学校，高等女学校，実業学校などに種別化され上級学校への進学等で差別化されていたが，1943年の中等学校令では，形式的には中等学校として括られた．しかし，内実は，「高等普通教育又ハ実業教育ヲ施ス」として中等段階の諸学校間の差別的な種別化が温存された．しかし，戦後の学校教育法では，これを廃棄し，進路にかかわりなくすべての高校において，高等普通教育と専門教育を併せ施すとした．当時の文部省『高等学校教科課程の解説』（1949年）では，「新制高等学校の教科課程は，第一に大学進学をめざして作られるようなことがあってはならない．それは個性的に，社会公民的に，そして，職業的に，最大の発達をとげることを目標とすべきであって，この目標が達成されたならば，そのまま大学の入学準備になっているのである．ある意味においては，新制高等学校の生徒はすべて職業学校の生徒である」と解説した．また，当時の文教当局者の内藤誉三郎は，「及び」が「注意すべき点」であり，「これは法文の示すように高等普通教育と専門教育は必ず両者を併せ施さなければならないものであって，一方のみを施す高等学校は認められないのである[14)]」と，「強制」規定であることを強調した．

もっとも，今回の改定で「進路に」応じての文言が挿入されたとはいえ，「及び」規定が変更されたわけではないことに注目をしたい．すなわち，日本の高校教育では，普通高校，専門高校，総合学科のすべてにおいて，普通教育と専門教育の両者を併せ施さなければならないという理念は継続したのである．

前法第41条に照らしたとき，工業高校など職業高校こそが「普通の高校」であるという確信が，職業高校における実践を創造する土台とエネルギーを支えてきた[15)]．

今回，法文が変えられたとはいえ，もっぱら大学への準備教育であり，職業教育へ無関心であった古い中等教育像を打ち破って新しい中等教育像を打ち出した前法第41条が掲げた理念は世界の国々で着実に実現しており，第３章１でみたように，ユネスコ「技術・職業教育に関する条約」（1989年）に代表される世界標準として確立され，その価値が失われたものではない．今回の改定において，「及び」規定が継続されたのは，これら世界の潮流と無関係ではないだろう．世界標準の理念である「及び」規定の実現こそが高校教育再生の道であることに確信をもって実践を進めたい．

２）雇用・労働・職業の世界の現実を読み解く力

教師の多くは大学卒業後，学校という限られた世界の中で生きている．したがって，職業指導に当たっては，学校から仕事へわたっていく生徒たちが生きる労働・職業の現実に強くなることが求められる．

このためには，新聞，雑誌，書籍，テレビなど身近なメディアに目配りをしたい．とりわけ，新聞は手軽で手早く確実な情報を入手する手段であり，それを糸口にすると，今日ではweb上から詳しい元（第１次）の情報を簡単に入手できるので上手に活用すると大きな力となる．

しかし，これには限りがあるし，実感をもって現実の労働の世界の具体的な姿や雰囲気をつかむことは難しい．

そこで，以下の取り組みができる研修の機会を保障させたい．

一つは，教師が直接出向いて，現実の労働の世界を学ぶための研修の機会をつくることである．

個別の企業などの労働現場はもちろん，地域の農商工会，労働行政，労働組合など多様な現場に出向くことで，現実の労働の世界を立体的に学ぶことができる．

神奈川県立向の岡工業高校では，教職員自らが地域の製造業の実態を知る「地域工場見学会」を地域の工業会の協力を得て実施している．求人で地域の事業者が来校した際に「話を聞く」のと，出向いて「現場を見る」のでは大きな違いがあった．従来は，生徒の工場見学が多数の生徒を受け入れてくれる大企業であったこともあって，教職員の目が大企業にしか向いていなかったが，地域の優れた中小企業の存在に向くようになり，地域との連携したさまざまな取り組みが広がることにもなった[16)]．

第二は，学校につながる，卒業生や保護者，地域の産業界や労働行政関係者などを学校に迎えて学ぶことである．

進路ガイダンスの取り組みとして，各界で活動している卒業生や保護者の話を聞く会や，地域の方々，労働基準監督署，ハローワーク，法律事務所などに来校していただいて学ぶ取り組みは各地で行われている．

当然のことながら，以上の現実の労働の世界の味や香りが伝わってくる研修の取り組みは，生徒たちにも旺盛に展開したい.

3）人間らしい労働の内実を考える物差し

人間らしく働いて生きるための職業指導を進めるためには，そもそも，人間らしい労働とはどのようなものかを考える必要がある.

ここでは，それを考えるための素材として，人間にとって「良い仕事」についての２つの先行研究を紹介する.

杉村芳美（甲南大学）は「良い仕事」に関する諸思想の分析をとおして，それらの諸思想で強調され，重なり合う論点をまとめて，よい仕事の条件を次の 10 点に整理した[17)].

① 良い仕事は，仕事を意味あるものと見なすことを前提にする．仕事が人間にとって意味あることを認めないで，どうして良い仕事がありうるだろうか.

② 良い仕事は，仕事に対する真剣で責任感がある態度を求める．怠惰は良い仕事とは無縁である.

③ 良い仕事は，生活の必要を充たす．他者に負担をかけないし，働けないものを助けることができる．また他者に従属しない独立し自立した生活を可能にする.

④ 良い仕事は，共同生活に貢献する．他者への献身や共同社会への貢献など，全体を豊かにする仕事である.

⑤ 良い仕事は，善い生き方と重なる.

⑥ 良い仕事は，平衡のとれた生活とともにある．仕事と余暇，仕事と家庭，個人と社会など，仕事と他の領域とのあいだの平衡の配慮を欠いて仕事は，良い仕事ではありえない.

⑦ 良い仕事は，魅力的である．仕事そのもののおもしろさや楽しさは仕事にとって望ましい.

⑧ 良い仕事は，個人を成長させる．良い仕事は，各自に与えられた能力

を生かすとともに，他者との交流をとおして，個人の成長をうながす．

⑨ 良い仕事は，個人を超える価値につながる．仕事は個人の欲求充足にとどまるのではなく，共同的な価値さらには普遍的な価値と結びつく．

⑩ 良い仕事は，求めてはじめて得られるものである．良い仕事はあらかじめ個人に対して用意されているものではない．特定の職業がそのまま良い仕事なのではない．良い仕事は，何がそれであるかみずから考えかつ求めてはじめて得られる．

スウェーデンの「産業民主化計画」（自己実現の機会を含んだ豊かな仕事を設定しようとする運動）の理論的なリーダーであるＦ．エメリーとＥ．トールスルッドは，優れた仕事には次の６つの要素が備わっていると研究成果を整理した[18)]．

① 労働の内容に手ごたえがあること．単に忍耐を要するだけではなく，適当な変化があること．

② 仕事から学ぶことがあること．継続的に妥当な量の学習があること．

③ 自分で判断する余地があること．自分の責任で考え，決められること．

④ 人間的なつながりがあること．同じ職場の人びとがたがいに他人を認めあう関係にあること．

⑤ 仕事に社会的意義があること．自分の労働と社会をつなげて考えられること．

⑥ 将来にとってプラスになること．何らかの意味でよき将来につながること．

２つの先行研究を紹介したが，これらもヒントにして，生徒とともに，「よい仕事」とは何か，「人間らしい労働」とは何かを考えたい．

その際，留意すべきことは，どこかにこのような「よい仕事」「人間らしい労働」の条件が叶う仕事が存在しないかという，職業探しの物差しにしてしまっては当てがはずれるということである．それは，「青い鳥」探しに陥ってしまうからである．

これらで示された物差しは，働くものたちの主体的な不断の努力（闘いといってもよい）なしには実現しないというということである．いわば，「よい仕事」「人間らしい労働」のめざす山の頂として位置づけるということである．

そして，もう一つの留意点は，当然のことながら特定の職業がこの物差しにかなっているというものではなく，あくまでも，「私にとって」が接頭語につくということである．

したがって，どんな仕事も，不断の努力によって，「私にとって」「よい仕事」につくり変えることができるということでもある[19)]．

これは筆者自身の体験からもいえる．職業高校の教師としてすごした長い年月は，たくさんの困難な課題をかかえながらも，「私にとって」は上記の「よい仕事」の条件にぴったりと当てはまるからである．

4）教育活動全体の洗い直し

学校教育における「職業的意義」の視点，「労働・職業」とのかかわりで，教育活動全体を洗い直し，構成しなおすことが求められる．

教科学習はもちろん，ホームルーム活動，生徒会活動，学校行事などの教科外の取り組みの全体を，学校から職業にわたっていくのに際してつけさせたい力を育むという視点で洗い直し，新たに構成しなおすことが求められる．

(4) 普通教育としての技術教育の可能性

1）学校の偉大な価値を見直す

改めて確認したいのは，学校は社会という外海の荒海で泳ぎきるために安心して練習ができるプールであり，したがって，学校は失敗が許されるところ，失敗をとおして学び，鍛えられる場であるというあたり前な道理である．

日本的雇用というシステムが崩壊しつつある今日，日本的雇用を前提とした，職業的意義の欠如した日本の学校教育で育った若者たちが，企業内教育を施す体力を失った職場で働き始めたときに遭遇する困難は想像に難くない．

運よく正社員として雇用された若者たちも，その多くは，将来の幹部候補として期待される少数に絞り込まれたエリートとは別のトラックを走らされる，周辺的な労働に従事する「周辺正社員」(「名ばかり正社員」,「なんちゃって正社員」) である．そして，相対的に少数となった正社員に課せられた過分な即戦力と重過ぎる業務と，短期のスパンでの業績評価に追い詰められ，過密で長時間の労働での対応を迫られる．その結果，燃え尽きて退職する若者が続出し，いわゆる七五三現象[20]が生まれる．周辺正社員は，職業遂行に必要な能力の基礎訓練が企業内教育として十分に受けられないまま離職すると，「滑り台社会」よろしく，専門的な職業能力を問われることのない派遣などの非正規雇用に移行することになる．

一方，若者の半数を占める非正規雇用の青年たちは，細切れで非熟練の単純反復労働を強いられ，何年働いてもスキルアップができないまま，将来の希望はおろか，生存への不安さえかかえて日々を送ることになる．

熊沢誠は，このような事態を次のように簡潔に整理した[21]．

> 「働きすぎて燃えつきる正社員の明日は，使い捨てられるフリーターであり，そのフリーターの明日は，その被差別的な処遇の待遇に倦んだニートなのだ．逆に，フリーターやニートは，そのつなぎの職場において仕事の重圧から生気を喪った正社員の姿を垣間見て，正社員なんかなりたくないと感じている．
>
> 要するに正社員，フリーター，ニートは今日，相互に無関係ではない地続きの存在ということができる．」

日本的雇用というシステム崩壊に伴うこうした事態の進行のもとで，外界の荒海を泳ぎきるための訓練を安心してできる，プールとしての学校の機能を再構築する必要がある．安心して職業遂行能力の基本を系統的に学べ，併せて，労働の権利とそれを実現する民主主義的な方途を学べる場所に学校をつくり変えなければならない.

一方,「キャリア教育」という名称で押し進められている教育の一部には,日本的雇用システムの崩壊のもとでの非情で非民主主義的な状況ともいえる雇用・労働の事態を,人間的な労働に変える力ではなく,現実に合わせて耐える態度・労働観(「マッチング」力)を養うことをめざしているのではないかとさえ危惧される潮流も生まれていることも見過ごせない.

職業指導実践を進めるにあたっては,人間らしい労働と職業で生きる力を育てるという視点をしっかりと据えることが大事である.

2) 普通教育としての技術教育の可能性

職業指導,職業教育の土台として,すべての子ども・青年に,普通教育としての技術教育が求められる.

その中身を,平舘善明,木下龍,盛内健志「技術科は何をめざす教科か―小・中・高校技術科の教科内容試案」[22)]から見てみよう.概要を要約すると以下のようになる.

今日では,普通教育としての技術・労働の教育は世界標準であり,次のように確認されている.

「技術および労働の世界への手ほどきは,これがなければ,普通教育が不完全になるような普通教育の本質的な構成要素となるべきである」(1974年・ユネスコ『技術・職業教育に関する改正勧告』)

この潮流に沿って,世界各国では,労働の世界への手ほどきの教育が拡充,発展している.概要は以下のとおりである.

- 名称は「テクノロジー」「労働科」など
- 初等教育から中等教育まで,平均11年間にわたって実施.
- 共通する内容の構成は,製造,エネルギーと動力,建築と建設,通信と制御.

しかし，世界の潮流に反して，日本の現状はお寒い限りである．

- 小学校，高校にはなく，中学校「技術・家庭」科の技術分野のみ．
- 別教科の家庭科と一緒のために「家庭生活の技術」の性格に限定．
- 配当次数の縮小（87.5時間＝1970年時代の３分の１に）．

あらためて，今日，普通教育としての技術教育はなぜ必要なのかを確認しておきたい．

それは第一に，日本の子ども・青年の発達課題とかかわってである．

- 「金で買えないものはない」（自動販売機のような労働観・技術観）．
- 失われた巧みな手，手が虫歯に．ここに至った育ち方，ものや人に働きかける基礎力が育っていないことが問題．
- 受験のための学力．
- 国際比較＝あまりに低い日本の技術の学力．

第二は，現代社会の課題とかかわってである．

- ハイテク社会に生きる社会の主人公に求められる素養の中身．
- 地球規模の環境問題に直面して求められる力．

普通教育としての技術教育が育てる学力には３つの側面がある．

- 技術に関する科学的認識（工学，農学など）．
- 生産に関する技能（実際に行うことをとおして上記を確かなものにすることができる）．
- 技術観・労働観（技術のすばらしさや社会的な意味，人間の労働こそが価値を生み出す）．

普通教育としての技術教育の教育課程編成の基本的な視点をあげると次のようになる．

- 子ども・青年の発達課題の視点．

  「術」→「学」→「観」へ（できる，わかる，何のために）
- 技術の発展段階の視点

  道具→機械→コンピュータ制御オートメーション

• システムとしての技術への視点

3）中学校技術科で育つ力

ここでは，普通教育としての技術教育である中学校技術科について，埼玉県草加市立両新田中学校技術科，直江貞夫の実践[23)]から，その可能性を探ってみよう．

■２週に１度しかない授業

中学校にしか設置されていない技術・家庭科は，義務教育の教育課程の中で唯一，ものづくりにかかわる教科である．教科指導に充てられる年間時数は，１年生70時間，２年生70時間，３年生35時間である．年間35週であるから，週に各学年２―２―１時間の授業時数になるが，技術分野と家庭分野に分かれて別々の教師が担当するので，それぞれの分野でいえば週あたり１―１―0.5時間となる．したがって３年生では２週に１回の授業となり，学校行事や定期試験などで授業ができないこともあり，実際の授業回数は13回前後である．1998年12月告示の現行学習指導要領では，技術分野の内容を「技術とものづくり」と「情報とコンピュータ」と指定しているので，ものづくりにかかわる授業は，３年間全体でも正味35時間程度である．

（2008年３月告示の学習指導要領下でもこの時数は変わらないまま，必修とする内容が「材料と加工」「エネルギー変換」「生物育成」「情報」になった）

■授業のむこうに日本一の職人さんがいる

ここでは本書の文脈に沿って，授業を実労働に結びつけた実践を紹介する．

a）木材の加工―モノの完成より，どんな力がついたのかが問題―

筆者は，中学校で技術・家庭科の技術分野の教師として，生徒たちにものづくりの基本を習得させることを指導の柱の一つとしてきた．その際の教材は，現実の社会で不断に行われている生産活動の典型に求めた．すなわち，到達目標として次を掲げた．

① 第三角法で示された図面の意味がわかる．

② 材料の性質を知り，製作物の機能に応じて材料を選択できる．

③ 材料の性質と加工の目的に応じた道具や機械を選択し安全に使用できる．

④ 材料と時間を無駄にすることなく，合理的に作業を進めることができる．

これらの目標を包括する製作課題として，木製の缶つぶし器を開発し，教材化した．

b）研げると刃物の見方が変わる―そんな刃物じゃ何もできない―

缶つぶし器の完成後，使用したかんなの刃を研いで，購入当初の切れ味にすることを目標に，研ぎの授業を編成した．かんなだけはこの授業のために個人購入させている．材料加工に切削はつきものであり，切削の精度は作品のできばえに直結する．したがって刃物の研ぎを抜きにした加工では，生産活動の実際に迫ることはできない．また，刃物を見て研ぎの見通しをつけ，砥石を選んで研ぐことができるという能力は，一般的な加工作業の最も重要なポイントの一つを，中学生なりにつかんだことを意味し，切削と研ぎについての見方を変える．これにより，生徒は“高み”に立つこととなる．

c）かんなを研いで使う―買ったときと同じ切れ味に復活させる―

① 研げても刃先の調整ができるか

新たに個人購入の中砥石を配り，40 名近くの生徒に研ぎの一斉指導をする．安全指導から入り，かんなや砥石に関する言葉を確認したら工作台上にマットを敷き，研ぎ始める．途中で研ぎの結果の可否について自己点検をさせ，自信をもたせる一方，うまくできない生徒については個別に援助する．4 単位時間目頃から，仕上げ砥石まで完了する生徒が出てくる．しかし，研ぐことより刃先の出具合を調整する事のほうがむずかしいようで，苦労している．刃先の調整も，研ぎと同等の技能の一つかもしれない．立派に研ぎ上がった刃先も一瞬にして振り出しに戻ってしまうこともある．見かねて調整してやっても，今度はどう力を入れたらよいのかわからないらしく，あらためて個別に指導する．授業時間中，助けを求める声に翻弄される．生徒は，同じかんななのに，先生が使うと薄い削りくずが出るのに，自分が使うとうまくできないことを不思議がる．生徒たちは試行錯誤の末，徐々に台をたたく強さや場所，力のかけ方を頭と体で理解し，やがて，かんなを介して1人木材に向かうようになる．

② 厚さ50/1000mmが目標ライン

よく研げていて，刃先の出がうまく調整できていれば，削っている木材の面と同じ面積の薄い削りくずを出すことができる．本来，台の調整も必要だが50/1000mmレベルではほとんど支障がない．厚さ1/1000mmまで測れるデジタル測定器で削りくずの厚さを測れるようにしたら，教室のあちこちで薄さを競い合いだした．最高記録は12/1000mm．例年の最高は，25/1000mm程度なのだが，最高記録を出した女子生徒は，研ぎ4時間目にしてなんなく記録を塗り替えた．仲間から尊敬の眼差しが注がれる．

d）僕らは職人さんと同じ事をやっていた—職人さんの思いにせまる—

授業で削りくずの薄さを競っている時期にNHKの「人間ドキュメント・腕に覚えあり」を見せた．本職の大工さんたちが年に2回，全国から集まってかんなによる薄削りを楽しんでいるというもの．授業でやっていることと同じ事をやっている人たちがいることに驚いた生徒たちは，画面に釘付けになった．ナレーターによる専門的な解説も経験済みだからよくわかる．なごやかに楽しみながらも，本職のプライドにかけて，より薄い削りくずを出そうとする職人たちの姿が，授業での薄削りにむかう生徒の気持ちと重なりあう．ところが一方，職人たちの日常の仕事への思いや不安も映し出され，そうした中で開かれる「削ろう会」であることを生徒たちは次第に知らされる．そして，薄く削るという同じ目標を共有するゆえに，自分たちの生活とは対極に生きる人たちと結びあえる．番組は，後かたづけが進む，人もまばらな会場で，やっと3/1000mmという自己タイ記録を出して満足そうにかんなを収める職人さんの姿で終わる．生徒たちから，安堵と彼への祝福の声があがった．

e）包丁を研ぐ

３年生の夏休みの課題は，「家にある包丁を研いで，その切れ味について自分の感想と家族からの評価をレポートにまとめる」というもの．学校の授業で生徒が身につけた技能が家族の中で認められ，本人の自信と家庭での存在感を高めているようすが伝わってくる．

〈親子のレポート〉

★家の包丁を研いでみて，かんなと全然違うなぁーと思いました．持ち方がかんなと違っていて難しかったですが，研いでいる間にだんだんと慣れてきて，コツをつかむことができました．それと，もうひとつ難しかった所があります．それは，包丁に角度をつける所です．かんなの時は，少し角度がついていたのでやりやすかったですが，包丁は何にもなっていないし，刃も大きかったのでとても難しかったです．お母さんが，包丁を使って切りやすいと言っていたので良かったです．（女）

★この日の夕食のメニューがチンジャオロースでした．いつもはピーマンの縦切りに苦戦するのですが，何しろ包丁の切れ具合が良く，８個のピーマンがあっという間に切れました．私は，包丁を研ぐのが下手で，というか研ぐ方法もコツもよくわからないまま砥石と戦っていたことが良くわかりました．娘に研ぎ方を教わりながら何回も研いでみましたが，やはり娘のようには，上手にいきませんでした．これからは，私の専属としてずっと研いでもらうつもりでいます．（母）

★ステンレス包丁を研ぎました．切れ味が良くなり，母にほめられました．５丁も研ぎ，時間がかかりましたが，楽しかった．（男）

★家の台所にある切れない包丁を，５丁も研いでくれました．親が教えられないことで，私も一緒にやり，いい経験になりました．砥石での包丁研ぎ，本人が家庭を築いた時も忘れずにできることだと思います．いい宿題，ありがとうございました．定期的に我が家の包丁を研いでもらいます．（母）

f）かんなを研いで削ることについての感想文

「かんなを研いだことについて」と「『削ろう会』のビデオについて」の生徒の感想文50余名分を，「削ろう会」の会場に持参して，薄削り日本一の記録をもつ阿保氏に手渡した．ビデオの最後のシーンで生徒の喝采を浴びた人である．

〈感想文〉

★研ぐ事に熱い思いがあって，何かに熱中している人の姿はすごく輝いて見えた．自分の限界を見つけ出す，その頑張っている姿は他の人とは目が違う気がする!!!　だから私は阿保さんや甘粕さんたちは研ぐ事もだけれど，削る事にも熱い思いがあるのだとすぐ分かりました．「努力すれば必ず上達する」のだと感じた!!　私ももっとテニスがうまくなるように，英語がスラスラ話せるように，字をもっときれいに書けるように，たくさん努力しよう!!　と，改めて思いました．（3年女　T―U子）

★私が「削ろう会」のビデオを視てまず思ったのは，“力を入れてるのかな”という事です．甘粕さんなど，とても薄く削れていて感激したのですが，どぉーも力を入れていないんじゃないかと，とても不思議に思いました．それは，研げば研ぐほど「すーー」と削れそうと思うのですが，ただ木（板）の上にかんなを置いてずらしているだけに見えたのです．でも，長年削っているのだから，誰でも頑張って何年も何年も練習すればできるのだろうということが分かりました．何事もたくさん練習すれば自分に身につくのだとあらためて実感しました．（3年女　T―舞）

★はじめて研いだときは，刃先が浮いたりなかなか刃返りが出なかったりしたけど，今はきちんと刃返りが出るようになってうれしいなと思います．最初の方は，かんな身が正しく持てなかったり，大変だと思っていたけど，今は，だんだん慣れてきて研いだり削ったりすることが楽しく感じ取れるようになって，そんな自分にビックリです！　先生に「すごいね」とか言われてうれしいし，新たに自分の得意な教科が見つかったのかなと，最近思います.（笑）！　これからももっともっと研ぎや削りを極めていきたいです.

★はじめて削りくずを見たときは,「すげぇ……」と, 声に出すほどすごかったです. 薄くてきれいでビックリしました. でも, こんな作品を創るには, ものすごい努力があったりで, そんなところにもビックリしました. あんなにすごい作品を作りだしてしまう職人さんたちが年々少なくなっていると聞き, 少し寂しい気持ちになりました.「あんなに薄く, キレイな削りくずは機械なんかじゃできないだろ！」と, 思いました. 現代的なものを重視するのもいいとは思うけど, もっと伝統的な技術などにも目を向けてみればいいと思いました.（3年女　S—瑞穂）

g）阿保さんからの手紙

4月. 新学期の準備出勤で慌ただしいなか, 阿保氏から大きな封書が届いた. なんと, 次の手紙とともに, 感想文への個人宛返信が入っていた.

謹啓　先日の「削ろう会」犬山大会では大変なお手紙を頂き, 恐縮しています. 中学2年生（既に3年生）の成長著しい時期にカンナを真剣に研ぎ, うす削りを授業の中でしている学校があるとは夢にも思いませんでした. 何かを作るために鉋を使うことはあるでしょうが, それは, 学校の授業用にあわせて大量に作った素人用の鉋という認識しかありませんでした. すみません. 生徒の皆さんの文章を読んでいると, 皆それぞれに自分のペースで着実に上達し, 学ぶ喜びが垣間見られます. 自分の出たビデオがこういった形で役にたったのならば大変嬉しく思います. 35年大工をしてきました. 自分の理念に基づいた家づくりがしたいと思い,「耕木杜」を立ち上げて7年目に入りました. 心と体の健康を守る感性の育つ家, そんなことを思い, そして, 次の世代の若者を育てたいと考えてきました. 最近では建築実習や講演などの依頼で呼ばれる事もあり, 現場でも数人の若い人たちと汗を流しています. 自分のようなただの大工に, 大人になりつつある子どもたちにどんなアドバイスができるかわかりませんが，生徒の皆さんそれぞれに返事を書こうと思っています．人数が多いので少し時間を下さい．書き上がったものから随時送らせていただこうと思っています．今回は犬山大会で先生にお会いした返事をかねて，急ぎ旧２年１組の 13 名の方々への返事を同封いたします．そして，いつか実際に削っているようすを身近に感じてもらえる機会もできればと思っています．生徒のみなさんによろしくお伝え下さい．

敬具

耕木杜　代表　　阿保　昭則

〈阿保さんから生徒個人への返事〉

★舞さんにとって思い通りの研ぎというのはどんな感じなのでしょうか．物事にはじめて取り組むときは，やった事ないからめざす状態が解らない．舞さんもたぶん，先生がこんな風に研ぐんだというお手本を何となく見て始めたんだと思います．研ぐ．簡単明快．ただ研ぐ．かんなを握り，砥石に当てて擦ると鋼は削られ，やがて刃返りが出る．擦られて減るのと研ぐとの違いは何なのだろう．かんなをしっかり握り，正しい角度に砥石にあて，角度を変えないように，神経を刃先に集中して研ぐ．少し研いでは研ぐ前とどんな風に変わったか確認し，次の研ぎ加減をイメージしながら作業を進めていく．頭脳と動作が一体化する．しかし，集中しないとちぐはぐになり，訳がわからなくなる．研ぐという単純な事も，本気で取り組むといろんな事を教えてくれる．結構奥が深い．面白い．最初はただただ自分とかんなと砥石との対話．もっと上手になりたいと思うようになると，他の事をしてるときにもふっと思い出す時がある．自分も寝ているとき，夢の中で何度もヒントを教えてもらいました．舞さんは，「人間ドキュメント」のビデオを視て力の入れ具合に気がついたんですね．どんどん技術を突き詰めていくと，後はほんの僅かな力加減ができるか，研ぎも削りもふっと余計な力を抜き，微妙な刃先の感触を全神経で感じていくのです．

舞さんの想像もできないような，たくさんの時間を自分も甘粕さんも技術の向上に真剣に向かい合って費やしてきました．身に付くという事は実行なしにはありえないと信じています．　大工　阿保　昭則

h）お礼の手紙

返信をいただいたことへのお礼の手紙も書いた．

★先日は，わざわざお返事をいただきましてありがとうございます．お返事をいただけるとは思っておりませんでしたので驚き，とても嬉しく思いました．ビデオで見た時，日本の伝統的な大工の仕事を引き継いで頑張られている姿を拝見して大変勉強になり，僕の励みにもなりました．僕の祖父は，今は身体をこわし引退しましたが，大工だったので大工の話は父からよく聞かされます．大工の仕事というのは大変で，力だけでなく色々な事を考えて行わなければならないことがたくさんあるそうです．段取り一番とよく言っています．ひとつひとつの細かな仕事をきちんとこなさなければならないので「中途半端な気持ちではとてもじゃないけどできない」と言っています．僕は，中途半端だらけなのでいつも怒られています．しかし，お手紙を読んでいくうちに何事も真剣に諦めずにやることが大事だと改めて分かりました．「何事も当たって砕けろでいけば，最後には自分の本当の姿が見えてくる．一生懸命やれば結果がついてくるし，社会からも必要とされる」と言う言葉に自分を少しずつ変えていこうと決心しました．今は，中学生なのでどんなことにもチャレンジし，何かをやっておけば良かったと後悔が残らないように頑張りたいと思います．（3年男　A―祥平）

★はじめてビデオを通して「削ろう会」を見た時は，自分達とは比べものにならない程の世界だと思いました．今回，わざわざ手紙を返信していただき，とてもうれしく思っています．阿保さんの言う「削ろう会」を楽しむという言葉はある意味意外でした．あのビデオを見る限りではピリピリとした重い空気の中で楽しんでいるとは思えなかったからです．

自分もなかなか一つのことに集中できる方ではないので阿保さんのように一つ一つを自分のペースで熟していければと思いました．今，自分は，沢山のことを短期間で行わなければいけない時期になり，大変なところもあります．ですが，今回，阿保さんからいただいた素晴らしいアドバイスを元にこれからを楽しんで生きていきたいと思います．

大工の仕事や「削ろう会」，それはその一つだけの事ではなく，色々な分野へと広げていくための道具なのかもしれません．阿保さんとその周りの方々へはとても感謝しています．これからもがんばってください．僕もがんばります．（３年男　K—明彦）

筆者は，お礼の手紙に添えて「削ろう会」のビデオを生徒が集中して見ている様子を録画したビデオを送った．自分たちと同じ課題に取り組む職人の姿だけに，時々言葉を交わしながら実によく見ている．

i）あの阿保さんが学校に来る

「削ろう会」の会場で，できれば当校にて実演とお話をいただきたい旨を伝えたところ，快諾を得た．早速，校長やPTAと相談し，半年後の12月に全校生徒と保護者対象の進路講演会を開くことになった．この時期，３年生だけは研ぎが終わっているものの，１年生は製図学習が終わったところであり，２年生はかんなを使い始めたばかりである．阿保氏について知らせるために全学級の学級活動の時間で「人間ドキュメント・腕に覚えあり」を視聴させた．「テレビに出ていた人が来る」というので，生徒は興味津々である．３年生の期待はとくに高まった．

j）かんながけの実演つきの進路講演会

阿保氏は，小学生のときに納屋の修理に来た大工の仕事に感動したこと．中学卒業の３日後には見習い大工として住み込みで働いたこと．さしがねを跨いだら殴られたこと，給料は，月3,000円だったこと，機械を使わせてもらえなかったから大変だったこと．辛いから早く腕を上げて楽になりたかったこと．20 歳の頃には一人でも家が建てられるようになったことなどを語られた．

いよいよ期待の実演．ステージ前に設置された削り台上のヒバの柱材から次々と削りくず（削り華）が宙に舞う．ステージ上のスクリーンにはズームアップされた動作が映し出される．次々にクラスに届く削り華に会場は騒然となった．クラス１名，阿保さんのかんなで削りたい生徒があらかじめ決まっている．３年生だけは特別な思いもあるのでクラス２名とした．

k）阿保さんってどうだった？

講演後，生徒全員，学級に戻って帰りの会の中ですぐに感想文を書いた．

１年生はまだ製作にはいっていないにもかかわらず，しっかり受け止めてくれていたことがわかる．

★私は，技術の時間に見たビデオから学んだ事以外に，本物の阿保さんのかんなを使って体験できた時はすごく感激しました！　テレビのなかの存在だった阿保さんに会えるなんて，始まる前からとても楽しみでワクワクしていました．実際に体験したときは「スゥ～」って感じで，普通のかんなよりもの凄く切りやすかったです．阿保さんの話はとてもためになることがたくさんで，とても会えてうれしかったです．大会など，次もがんばってください！　いつか機会があれば，阿保さんの削り，また見たいです．（３年女　T一舞）

★私は，小説家になりたいという夢を持っていて，小学校の時から学校の勉強なんて国語以外は必要ないと思っていました．阿保さんと同じだということがとてもおどろきでした．阿保さんは，大工になるという夢のため，住み込みで修業をしたそうですが，勇気があってすごいと思いました．３ミクロンのかんなくずをさわらせてもらいましたが，紙よりも薄くてビックリしました．（２年女　S―U）

★今，私たちは，技術の時間に「かんな」を使って木を削っています．かんなは思ったよりも難しいです．なのに，阿保さんはメチャメチャ薄い削りくずを出せるなんてすごいと思いました．私たちとは全然レベルが違いますネ．（当たり前ですが……）これからももっともっと薄い削りくずを出せるように頑張ってください．応援しています．阿保さんは，中学時代あまり勉強していなかったと言っていましたが，私は，一生懸命勉強したいと思います．（とくに数学を）私の将来の夢に数学は必要ありません．今日は，本当にありがとうございました．（2年女　S―R）

★知識だけがすべてじゃなく，感性も大事である事，自分の人生や仕事は，お金とかそういうものを気にするよりも，自分の好きな事，多少の障害があってもがんばれる好きな仕事を選んだほうが自分にとってためになるということを学びました．自分の好きな事，信じる事にまい進することが大切なんだなと思いました．僕は，今まで努力をしなくても生きて行ければいいと思っていました．でも，今回の話を聞いて，好きな事に対して必死になり，失敗を許せるようになりたいと思いました．（2年男　S―S）

★今日は，私たちのために遠くからお越し下さってありがとうございました．私は，阿保さんが出ているビデオを視て，すごいなぁと感動しました．同じ人間がやったとは思えないほど薄く，まるでティッシュペーパーよりも何倍も薄くて，もう，生まれてはじめての感触を味わったようでした．阿保さんの人生は，お話を聞かせてもらった限りでは，本当に木を扱う仕事が好きで，「大工」という仕事に誇りを持っているんだなと思いました．紙は木でできていることを知っていましたが，想像がまったくつかなかったけど，今日，実際，さわってみて，なんとなくなのですが，あぁ本当にそうなんだなと思う事ができました．今日は，短い時間でしたが，こうして阿保さんのお話を聞かせてもらい，すごい技まで見せてもらい，本当にありがとうございました．私も将来，阿保さんのように，自分の仕事に誇りを持ってがんばっていきたいと思います．貴重なお時間を頂き，すばらしい技を見せてもらえた事を一生忘れず，これからの私の人生のひとつのパーツとして力になっていけばなと思います．（1年女　N―U奈）

★ずっと大工をめざして，それをかなえようとする事はけっこうすごいと思います．勉強も今は面倒くさいとか必要ないということがいざ大人になってみると，あの時勉強しておけばよかったと思うことも学びました．本当に最近ではコンクリート？　などの木材でつくらない家がふえてきています．その中で木造建築にこだわって，さらに木材をうすくカンナで削ることをみがいて今もきわめているのはなかなかできない事だと思います．ひとつのことに集中してめざすのは僕にはできるかどうかわかりません．お話の中でいろいろと学んで実演までして自分もけずりたいとも思ってきます．自分もひとつのことに集中してがんばっていこうと思います．大工は知れば知るほどおく深いですね．忙しい中，ありがとうございました．（1年男　S—S）

★中学校を卒業してすぐに大工さんのもとに弟子入りした阿保さんは本当に大工になりたかったんだなぁ……と話を聞いていて思います．私も自分が一番したい仕事を選んだ方が良いと思います．無理やり押しつけられた仕事をするより，自分がやりたい仕事の方が進んで仕事ができると思うからです．今日の講演を聞いてその思いがいっそう深まりました．（1年女　H—O）

直江実践は，「労働の世界へのてほどき」である，普通教育としての技術教育が切り開く可能性を明らかにしてくれる．生徒たちは，体に身につけた技術をとおして，労働のもっている価値を見事に読み取り，そこから，働いて生きることへの希望と見通しも芽生えさせている．

これは，きっちりとした系統的な生産技術の基本の学習を，豊かに仕組むことによってこそ得られるものであり，数日間の「職場体験」などの「キャリア教育」で得られるものとは比べものにならない．

(5) 専門的な知識，技能・技術の獲得

1 ）職業高校での実践の視点

企業内教育に依拠した日本型職業教育が崩壊しつつある今，それに代わりうる職業教育，職業遂行能力獲得の場を本格的に構築する必要がある．ここでは高校教育の課程別に実践の視点を検討したい．

工業高校，農業高校，商業高校などのいわゆる職業高校で学ぶ者に対しては，不断の技術発展に対応できるような，卒業後すぐに使えるが，すぐに陳腐化しない，柔軟で発展可能な学習内容を用意する必要がある．

たとえば，工業高校については，筆者は別稿で次のように指摘した[24)]．

高校工業教育の教育課程づくりの出発点は，工高卒の青年像・技術者像とそこに求められる力を，彼らが生きていく社会の動向を見すえながら明らかにすることであろう．

① 自らの個性や能力・適性を早期から値踏みし，そこから自覚される役割意識に応じて，その時々の社会や生産に順応することをめざす能力ではなく，民主的な社会とその社会の生産技術を創造，発展させる力を育てることをめざす．

② 今日の生産技術の実際と今後の発展を見すえたとき，工高卒の技術者が担わなければならない仕事と求められる力とを簡潔の表現すると，「生産技術の全体像（システム）を見通すことができて，それを構成する具体的な現場を担える力」であるといえる．

③ 技術のめまぐるしい発展に対応できるように，短期間で陳腐化しない基礎的で発展性のある力を育てなければならない．工高卒は既存のマニュアルにしたがって正確に労働できるが，発展できない，といわれる弱点を克服する必要がある．

職業高校で学ぶ中で，さらに大学などに進学してその専門性の深化学習の意欲が生まれた者のためには，職業高校からの「特別選抜入学制

度」の拡充や，入学後，職業高校卒業生に配慮したカリキュラムや補修などの方策も要求していく必要がある．学習目的と意欲が旺盛な職業高校卒業生の入学は，大学教育の活性化につながるとの調査結果もある．

以上の視点は，職業高校全体に共通に当てはまるだろう．

2）普通科，総合学科で求められること

本格的な職業遂行能力の獲得は，卒業後の専門学校，雇用・能力開発機構等の公的職業教育・訓練機関や大学で行われることになる．

専門学校，公的職業教育・訓練機関は特定の職業に就くための専門教育を受ける場であるので，ここへの進学者には，特定の労働市場に就くため用意された専門分野の選択が厳しく問われることになる．卒業後，改めて違った専門分野の職業選択をしたら，身につけた専門性は生かすことができない．したがって，専門学校や公的職業訓練機関への進学者にとっては，高校３年間が，一連の職業選択行動となることが求められる．

大学進学者は，従来その多くが日本的雇用を前提とした企業が求める能力[25)]に応じて，将来の職業への展望を描くことなしでの，「とりあえず大学進学」となっている実態を変革することが求められる．専門学校進学と同様に，自分の希望する将来の職業への展望を育んで，それを実現するために大学での専攻を絞り込んでいくという構図への転換である．したがって，高校は，それに応えられる教育課程の改革が求められる．

ここで問題になるのが，進学しないでそのまま就職する者たちである．今日の高卒の就職者の多数が，高校では職業遂行能力の基礎を学ばずに，いわばプールでの練習なしで社会という荒海に飛び込まされるという実態になっていることだ．こうした青年たちには，それなりの労働しか用意されていない．すなわち練習など必要としない「ハンズ」としての労働である．取り立てたスキルも熟練も必要でない，単純で非熟練の反復労働であり，いつまでたっても「ハンズ」の状態に滞留せざるをえない．

したがって,「ハンズ」として雇用された場合には，その労働からスキルアップできる方途を企業に用意させる必要がある．また，企業に施策をさせるためには,「ハンズ」労働に就く青年たちは，自ら声を上げなければならない．したがって，その方途も学ぶ必要がある．

彼らを含めたすべての青年に，前項で示した普通教育としての技術・労働の教育が用意されることが求められる．熊沢誠は，これらの教育を「ふくらませた職業教育―職業教育総論」と定義し，その必要性を次のように述べている[26)].

「私たちは今，社会の階層化という現実を直視しながら，それでも全ての若者たちが，地味な仕事についても人間として胸を張って生きてゆける，そんな展望がもてるようなふくらませた職業教育をどの学歴レベルでも意識的に追求しなければなりません．職業人としての心構えの訓示と会社案内に留まらず，職業社会に飛び立っていける「翼」を若者たちに用意する必要があります．スローガンは，既存の職業に順応するばかりでなく，その職業で生活を守りながら，既存の仕事内容や労働条件に現れている階層性そのものをできるだけ克服できるような学びを！というものです．」

これらの提言に高校教育は早急に応えることが求められている．

(6) 労働権利学習

1）進め方の留意点

後藤道夫・本田由紀・河添誠らの共同提言「若者が生きられる社会のために[27)]」では，労働権利教育は学校教育と社会教育の中に位置づけるべきであるとし，次のように，具体的な展開方法を提案している．

「中学校「学級活動」と高等学校「ホームルーム活動」において（場合においては「総合学習」において)，現行の労働者保護法について，各学年あたり5単位時間あてて教育する.

教育内容の留意事項としては, ①中学生と高校生が現に従事するアルバイト労働の状況を念頭におき, 権利内容が具体的であること, ②権利侵害があったとき実効ある権利回復手段を教育すること. すなわち, 個人加盟ユニオンなどの労働組合の存在や機能, 公共サービス（総合労働相談コーナー, 労働基準監督署, 労働裁判）などの活用の仕方を教授することである.

中学校・高等学校・大学それぞれの使用を想定して, 労働権利教育用の動画映像メディアを研究開発する. インターネット上にサイトを新設し, 上記のメディアをそこから無料でダウンロード可能とする.」

労働法学習については手ごろな教材となるものが急速に出版されはじめている. いくつかを紹介する.

高校生になってアルバイトを始め, 3年後に就職することを想定した, 道幸哲也『15歳のワークルール』（旬報社　2007年）が,「仕事につくとき, 仕事をするとき, 辞めるとき, 知っておきたい32のルール」をわかりやすく紹介している.

大学院生たちの共同著作で中西新太郎監修『フツーを生きぬく進路術　17歳編』（青木書店　2005年）にも, 同世代の青年の目で仕事選びや働き方のアドバイス, 労働法が紹介されていて興味深い.

非正規雇用の青年たちを中心とする首都圏青年ユニオンなど個人加盟ユニオンや日高教・全国私教連・全労連などの「ミニ労働法手帳」や, 各県の労働局発行の冊子など活用できるものが広く発行されている.

龍谷大学の脇田滋『労働法を考える』（新日本出版社　2007年）は,「派遣労働者の悩み110番」の取り組みをもとに, 世界を含めた労働法に関する理論問題をわかりやすく解説している.

清水直子『おしえてぼくらが持っている働く権利』（合同出版　2008年）は,

非正規雇用の青年たちでつくる首都圏青年ユニオン監修で，「ちゃんと働きたい若者たちへのツヨーイ味方」であるとしている．

2）「労働のルールを学ぶ」：実践例 1

中学校から高校，大学まで，労働権利学習が広がっている．ここでは，その中の２つを紹介する．

総合的な学習の時間を使って，綿密な計画を丁寧なワークシートをつかって展開した大阪府泉南市立一丘中学での新谷威の「働くルール」の学習は広く知られており，その実践記録が使用されたワークシートつきで出版されている.[28)]

ワークシートの初めの１枚目「働くルールの基礎知識①」に，張り紙広告「ウェイトレス募集．時給 650 円．高校生可」のまちがい探しや，「時給 1,000 円の青年が週末，夕食後午後７時から翌朝２時まで７時間働いたときに，社長がごほうびに，７時間分の 7,000 円に上乗せして 8,500 円くれたが喜んでいいのか？」という問いが載っている．筆者が４つの大学の教職課程の学生に取り組ませたところ，正解者はきわめて少数であり，学生たちはショックを受け，改めて，労働法学習の大切さを学ぶことになった．

新谷実践のワークシートは 10 枚であり，内容は，賃金，労働時間と残業手当，過労死，有給休暇，不当解雇で構成されている．

同書で，弁護士の笹山尚人は，学校教育で労働法を教えるにあたっての留意点を次のように示しており，参考にしたい．

「労働法とは—その役割を知ること（労働法とは，労働者にゲタをはかせるものだ）と，使わなければ意味はない—相談を心がける（労働法は自然に発動しない．積極的に使うこと—そのために，学ぶこと，相談すること）ということをつかんでもらえれば，最低限のラインはクリアしていると思います．

どのような具体的な問題をとりあげるかという問題です．

まず募集の際の問題，そして，長時間労働と残業代の問題，解雇の問題，職場環境におけるいじめ，セクハラの問題，労働者に対する損害賠償問題，４つの保険の問題といったあたりからセレクトされるとよいのではないかと思います．」

3）「アルバイトで雇用契約書をもらってみる」：実践例２

高校生のアルバイトの広がりを背景にした新たな視点での高校実践も生まれている．

生徒に，アルバイト先の雇用契約書を持ってこさせて，それを教材にした大阪高校生活指導研究協議会（大阪高生研），井沼淳一郎の「アルバイトで雇用契約書をもらってみる」という実践である[29)]．

280人が入学し，卒業までに100人が退学する普通高校での３年生での「現代社会」の授業実践の報告である．

井沼は，「彼らが『格差社会』で負けないように，とりあえず10年生きていくのに必須な知識・スキルと，困ったときに頼れる人脈（ネットワーク）を育てようと考え」授業を展開した．

井沼は，身につけさせたい５つのスキルを考え，その一つに「法律感覚」を上げた．

「法律の知識そのものをどれだけ覚えているのではなく，例えば甘い話があるとき，「ん？　これ，なんかヘンと違うか？」「どうもヘンと違うか？」「どうもヘンだぞ」とおもえるかどうか．どこら辺がどうヘンなのか，当たりがつけられるぐらいの感覚．」

井沼はスキルトレーニングだけでは育たないと思い，スキルを行使する「社会正義」が必要であると考え，それに有効な「法」を身につけることとした．大阪高生研の仲間の教師たちと弁護士などとの法教育の勉強会で学んだ「法のおもしろさ」を授業に生かすことになった．

アルバイトの雇用契約書をもらってきた生徒に発表してもらい，グループ討論と弁護士のアドバイスを組みいれた授業を展開した．

最も劣悪な労働条件で働いていた生徒は，「雇用契約書なんかうちにはない」という店長に対して，「授業の宿題だからつくってほしい」と再三申し出てつくらせ，そのずさんで労働法違反の契約書をみんなで分析し，労働条件を改善していった．

協力してくれた弁護士はこの取り組みを次のように評価した．

「雇用契約書をもらうことで，自分が法律的に守られるようにしていくことはもちろん大事だけれど，会社にとっても，法律を守る会社（企業のコンプライアンス）になっていくということは，大きな社会的意味のあることなんだ．高校生が社会をいい方に動かしたということなんだよ．」

また，時給が最低賃金以下を知った生徒は，「パートのおばちゃんに相談して，店長にいきなり言っても潰されるかもしれないから，まず売り場主任会議にもっていって，そこから店長会議にあげてもらって，成功した」という．次のように感想を書いている．

「最初，私は店長に直接言うつもりやった．でもそれでやったらバイトやし，すぐに解雇されてかもしれん．そこでパートのおばちゃんに相談して周りを味方にすることで社会の上下関係をくずさずにコトを進めるやり方を教わった．先生の授業がなかったら私は損をしていたし，今回こういう貴重な経験できたのも授業があったことだとおもっている
☆　わたしは今回の経験をとおして他の子より一歩成長したと思う．社会に出たら私の知らないこといっぱいあるけどこういうふうにちょっとずつ成長していけたらいいと思う．」

(7) はじめの一歩を踏み出す

1）明暗あわせもつ労働の現実を学ぶ多様な取り組みを

社会科をはじめとする教科指導や総合学科の「産業社会と人間」での労働についての学習の取り組みが広がっている．卒業生や親，身近な大人からの仕事の聞き書き，講演会，インターンシップ，職場見学など多様な取り組みが広がっており，本書でもそのいくつかを紹介した．

ここでは「保健」でのユニークな実践をもう一つ紹介しよう．

都立T高校に勤めていた大石正巳は，「保健」の授業で，全員に自分の父母の職業と健康問題の聞き取り調査を課し，それをクラスごとの一覧表にまとめさせて検討するという授業を展開した[30)]．

この取り組みをとおして，生徒たちはたくさんのことを学んだ．親たちの職業が多岐にわたり，どの職業もこの社会で必要であること，しかも24時間たえず社会が動いていることが一目瞭然となり，親たちがこの社会を支えていることがよくわかった．同時に，ほとんどすべての父母が職業病，健康問題に直面していることに衝撃を受け，今日の労働の実態を明暗合わせて学ぶことになった．

2）教育活動全体で自分をつかませる

自分にふさわしい職業を選ぶには，自分をまるごとつかむ必要があり，次の２つの側面が求められる．

第一は，自分は何がしたいのか．どのような分野に興味があるのか．何にやりがいを見いだすのか．自分が大切と思う生き方や考え方はなんであるのか．このことを，あれこれの条件（能力など）を考えずに，まず明らかにする．

第二は，自分は何ができて，何ができないのかということだ．一つの仕事に就くからには，それをやり遂げる能力がなければならない．体力，健康，学力などはもちろん，興味，欲求を含めた，自分自身の「適性」と呼ばれる総力を見つけることだ．

これらをつかむために，各種の「能力・適性検査」「性格テスト」などを利用することがあるだろう．しかし，検査やテストは，今ある自分を限られた目的でつくった特定のものさしで測るにすぎない．自分でも気がつかなかった能力や，可能性をつかむためには，高校３年間の授業，クラブ，ＨＲ，生徒会，行事などの諸活動の荒波に，自分自身をぶつけ，そこで「自分をつかむ」ことが重要である．

たとえば，クラスで文化祭に取り組むときには，主義主張，興味，性質，能力の違う40名の仲間（まさにクラスはミニ社会）が，粘り強い討論の末一致点を見つけ出し，それぞれが自分の持ち味を発揮して一つのことを成し遂げる．そのとき生徒たちは，クラスのなかでのかけがえのない自分（能力・適性）を発見できるし，他人のそれを指摘することもできる．またその中で，人と人との交わり方（コミュニケーション能力）をはじめとする仕事に就くための基礎力をつけることができる．コミュニケーション能力だけを取り出して育てるということはありえない．

こうしてみると，高校生活の全体が，自分をつかむ，一連の進路選択行動といってもよい．

生徒たちには，こうした「自分をつかみ」の構造を丁寧に示して諸活動に取り組ませたい．

3）学校外との連携

今日の雇用・労働・職業の現実・課題・展望を読み解く力は，高校生にも求められる．この力を実感をもって獲得するには，学校での学習とともに，学校外の力を借りて学ぶことが大切である．すでに紹介したが，神奈川県立向の岡工業高校での教師たちの定期的な工場見学などの研修が，地域の中小企業の技術力を見直すことになった．大阪の「アルバイトの雇用契約書をもってこさせる」実践では，アルバイト先の協力と弁護士との連携が大きな力をもっていた．これらの取り組みをとおして教師も生徒も成長していることがわかる．

龍谷大学国際文化学部でもおもしろい取り組みが行われた．地域の中小企業の経営者14人を招いて，「現代社会と経営—経営者の体験に聞く」というリレー講義を半期開講した．学んだ学生たちは，「少し大人になった」「私が学んだのは，粘り強さ，苦労すること，目標をもつこと，他人のことを考えること」「今は自分の目標に向けて進んで生きたい」と，大きな刺激を受けたという[31]．

労働行政，ＮＰＯ，労働組合，商店街，企業，弁護士などとの連携を大胆に進めたい．

これらの学校外との連携した取り組みは，その後，学校と地域を結ぶネットワークとして生かすことができる．

職場でのつながりが見いだしづらい派遣労働に就く青年たちにとってはセーフティーネットとしての役割を果たすことになる．職場で傷ついた青年たちが，中学までに培った地域の友人たちの輪，彼らがいう「地元」で救われることが少なくない[32]．

地域の労働組合，若者支援のNPOの取り組みをとおして成長する若者たちから，学校教育への課題を突きつけられることもある．

毎日新聞記者の東海林智が，金城一史のことを紹介している[33]．彼は，17歳で高校を中退し，奄美大島から上京したが正社員の仕事はなく，日雇い派遣などの非正規での現場労働を13年間続け，肉体と精神を病み，その後，生活困窮者支援をするＮＰＯ法人「もやい」に相談し，生活保護をうけることになった．はじめて多様な貧困当事者たちが一同に集まり訴えた2007年３月24日の東京集会で，金城は，自身の体験をもとに，貧困の広がりと本質を明快についた発言をし，次のよう締めくくったという．

「今は，なんの力もない病人だけど，かならず病気を治して社会に復帰しよう．悪事を見逃さないように目を開き，悪巧みを聞き逃さないように耳を澄まし，詭弁を論破するために口を開こう．困っている人を見逃さないように，助けを求める声を聞き逃さないように，励ましの声をかけられるように，そして，一緒にあるいていけるように[34)]」

この発言の中には，どんな困難な事態に至っても，そこから立ち上がるために，どんな力が求められているかが明快に語られている．学校はこの声に応えたい．

4）学校の役割

学校は，卒業後，青年たちが雇用・労働でしけ（時化）に出会ったときに安心して引き戻すことのできる母港（母校）でありたい．

あらためて，学校から働くことへの移行における「学校」の役割の重みをかみしめたい．

まど・みちおの詩を紹介して本章の締めくくりとする．

「朝がくると」

まど・みちお

朝が来るととび起きて
ぼくが作ったのでもない
水道で顔を洗うと
ぼくが作ったのでもない
洋服を　きて
ぼくが作ったのでもない
ごはんを　むしゃむしゃたべる
それから　ぼくが作ったのでもない
本やノートを

ぼくが作ったのでもない
ランドセルにつめて
せなかに　しょって
さて　ぼくが作ったのでもない
靴をはくと
たったか，たったかで　でかけていく
ぼくが作ったのでもない
道路を
ぼくが作ったのでもない
学校へと
ああ，なんのために

いまに　おとなになったなら
ぼくだって　ぼくだって
なにかを　作ることが
できるようになるために

〈注〉

1）総務省 2007 年の「就業構造基本調査」，「労働力調査」．

2）新潮文庫版『蟹工船・党生活者』は 60 万部も売れ，この事態をロイター通信は世界に配信（2008 年 8 月 12 日）し，イギリスでは複数メディアが報道．韓国では翻訳本が 20 年ぶりに復刊．SABU 監督・脚本よる映画化も始まった（2008 年 11 月）．「2008 年ユーキャン新語・流行語大賞」のトップ 10 に，「名ばかり管理職」と並んで入る．

3）「労働経済の分析」2008 年 7 月 22 日．

4）朝日新聞 2008 年 9 月 21 日，広がる「名ばかり正社員」．小林美希『ルポ "正社員" の若者たち—就職氷河期世代を追う』岩波書店　2008 年

5）1995 年 5 月 17 日，日経連「新時代の日本的経営」で，少数に絞り込んだ従来型正規雇用の「長期蓄積能力活用型」と，専門職の有期雇用の「高度専門能力活用型」，多数の非専門職の有期雇用の一般労働者「雇用柔軟型」への転換

を掲げた.
6）本田由紀・内藤朝雄・後藤和『ニートって言うな！』光文社新書　2006年　p.100-103
7）各国の高校段階の職業科・見習生就学者の比率は，日本26%であるのに対し，イギリス72%，イタリア65%，ドイツ63%，フランス56%，中国43%.（OECD Education at a Glance 2000）
8）エンゲルス『猿が人間になるについての労働の役割』大月書店・国民文庫
9）高校工業教育，農業教育で成長する高校生の姿は多数の実践報告から読み取れる．たとえば，工業教育に関しては，斉藤武雄・田中喜美・依田有弘編『工業高校の挑戦』学文社　2005年や技術教育研究会編『高校工業教育の復権』同研究会　1998年など.
10）茂木俊彦「自己肯定感のことなど」『研究所だより』民主教育研究所　97号　2008年11月5日　p.1.
11）後藤和智との対談（後藤和智『若者論を疑え！』宝島新書　2008年　p.29-32）の一部.
12）『クレスコ』第87号　大月書店　2008年6月号
湯浅誠『反貧困』岩波新書，2008年，に詳しく展開している.
13）斉藤武雄「統一的な高校像を破壊する学校教育法『改正』」『技術教育研究』第67号　技術教育研究会　2008年　p.14-16
14）『学校教育法解説』ひかり出版社　1947年
15）前掲『工業高校の挑戦』
16）横山滋「中小事業者と連携した人財づくり」前掲『工業高校の挑戦』p.108-117
17）杉村芳美『「良い仕事」の思想』中公新書　1997年　p.207-209
18）雇用促進事業団・雇用職業総合研究所編『職業読本』東洋経済新報社　1985年　p.52-53
19）三重県桑名市駅前の格安ビジネスホテルの無料朝食サービスでは，多忙なビジネスマンを配慮して，朝食は野菜たっぷりメニューを用意，しかもテーブルには「夜遅い夕食は肥満の元．しっかりとした朝食を！」というメッセージが丁寧に書かれていた.「無料サービス」という文脈からはでてこない，「よい仕事」をつくり出そうとする調理師たちの気概が感じられて利用者は励まされている.
20）新規の中卒，高卒，大卒採用者の就職後3年の退職率の概数.
21）熊沢誠『若者が働くとき』ミネルヴァ書房　2006年　はしがき
22）柴田義松監修『子どもと教師でつくる教育課程試案』日本標準　2007年　p.163-178
23）直江貞夫「日本一の薄削りの名人が来た！」『技術教育研究』第66号　2007

年　p.30-35 も参照.
24）前掲『工業高校の挑戦』p.34.
25）熊沢誠は，かつての日本の企業が求めた能力を，限られた職種の限られた能力ではなく，絶え間ない変動を「柔軟にこなす適応力」と企業の要求に応える「生活態度としての能力」とし，学校関係の成功者こそが，企業の要請に応えうる可能性が高いとされていた，と分析した．前掲「若者が働くとき」p.137-143
26）前掲『若者が働くとき』 p.164-168
27）『世界』岩波書店　2008 年 10 月号　p.149-167.『労働，社保障政策の転換を』岩波ブックレット　2009 年　p.22-64 に再掲.
28）新谷威・笹岡尚人・前沢檀『中学　高校　働くルールの学習』教育ネット　2005 年
新谷威「働くルールを教える」日高教・高校教育研究委員会『学ぶ　はたらく　つながる』かもがわ出版　2008 年　p.71-81
29）井沼淳一郎「アルバイトで雇用契約書をもらってみる」『高校生活指導』177 号　2008 年夏号　青木書店　p.20-25
30）斉藤武雄「おとうさんは透明人間」乾彰夫他編『私たちの進路と社会』大月書店　1987 年　p.81-83
31）吉村文成『働くということ』文理閣　2006 年
32）たとえば，乾彰夫編『18 歳の今を生きぬく』青木書店　2006 年
33）東海林智『貧困の現場』毎日新聞社　2008 年　p.149-151
34）宇都宮健児他編『もうガマンできない！広がる貧困』明石書店　2007 年

あとがき

本書の編集作業は，アメリカの金融恐慌に端を発した100年に一度ともいわれる未曾有の世界大不況の嵐が吹き荒れる最中に行われた．新自由主義を機軸とするカジノ資本主義の脆弱さ，弱肉強食性，非人間性が露骨に表出した．「構造改革」による規制緩和で野放しに拡大された派遣労働者たちは，突然の「派遣切り」で住居まで失った．相次ぐ高校生や大学生の内定取り消しなど，青年の雇用・労働をめぐる厳しい事態が進行している．

危機を表すcrisisの原義は「将来を左右する重要な分岐点」（ジーニアス英和辞典）でもある．膨大な内部留保を溜め込み，株主配当は減らさずに，減収を「派遣切り」や正社員のリストラで切り抜けようとする大企業，それを許し，貧困と格差の拡大に手をこまねいている政府に対して，新たな連帯と反撃が広がった．日比谷公園での「年越し派遣村」を支えた多数のボランティア，大企業から雇い止めされた労働者のユニオン結成，連合や全労連などの違いを超えた支援など，新たな希望を芽生えさせた．

本書は，青年期教育の側面から，こうした新たな連帯の輪に加わりたい．本書が，青年たちに人間らしく働ける希望を育むことにつながれば，こんなに嬉しいことはない．

本書は技術教育研究会のワーキンググループ（植上一希，内田　徹，尾高進，小嶋晃一，佐々木英一，柴沼俊輔，清水光春，田中喜美，直江貞夫，幡野憲正，平舘善明，本多満正，丸山剛史，依田有弘，事務局：木下　龍，斉藤武雄）による編集である．

技術教育研究会は1960年1月に発足し，「憲法，子どもの権利条約の精神に基いて，国民的立場からひろく技術教育の理論と実際を研究する」（会の規約第2条）ことを目的に掲げて活動している民間の教育研究団体である．小学校，中学校，高校，高専，専修学校，職業訓練機関，大学等の教員や，教育学研究者，大学生・大学院生など，技術・職業教育にかかわる幅広い層の人びとが参加して，「小・中・高一貫の技術教育の確立」「公教育としての職業教育の拡充・発展」をめざして教育実践と研究を進めている．研究誌的な会報『技術と教育』（月刊）や研究誌『技術教育研究』の発行，製図や情報技術のテキスト，中学校技術科や高校工業教育に関する研究書の出版，全国大会，公開研究会，合宿研究会，地域でのサークル活動，研究プロジェクトなどをとおして研究を進めている．

技術教育研究会への問い合わせや入会案内は以下へご連絡をいただきたい．

ホームページ：http://www.gikyouken.com/

事務局：〒222－0023　横浜市港北区仲手原2－42－15依田方

電話　045－434－4767

E-mail　info@gikyouken.com

郵便振替口座　00180－1－92005

最後に，出版事情の厳しいなか，本書の出版を快く引き受けて下さった学文社社長田中千津子氏，面倒な編集作業をしていただいた編集部の落合絵理氏に感謝したい．またワーキンググループの事務局としてお世話いただいた木下　龍氏に感謝したい．

2009年4月

編者を代表して　　斉藤　武雄

索 引

さ　行

た　行

な　行

は　行

ま　行

や　行

ら　行

わ　行

編著者紹介

斉藤　武雄（さいとう・たけお）
1943年山梨県山梨市三富生まれ．横浜国立大学工業教員養成所卒．東京学芸大学大学院教育学研究科修士課程修了．都立工業高校教諭，都立航空工業高専嘱託講師，慶應義塾大学等教職課程兼任講師等を経て，退職．
〔著書〕『私たちの進路と社会』(大月書店　1987年　共著)，『個性と生きる力を育てる規律指導』(学事出版　1997年　共著)，『高校工業教育の復権』(技術教育研究会　1998年共編著)，『工業高校の挑戦—高校教育再生への道—』（学文社　2005年　共編著）ほか．

佐々木英一（ささき・えいいち）
1949年兵庫県生まれ．京都大学大学院教育学研究科博士課程単位取得退学．博士（教育学）．岩手大学教育学部，鹿児島大学教育学部教授を経て，現在は追手門学院大学社会学部教授．
〔著書〕『ドイツにおける職業教育・訓練の構造と展開』（風間書房　1997年），『ドイツ・デュアルシステムの新展開』（法律文化社　2005年），『熟練工養成の国際比較』（ミネルヴァ書房　2007年　編著），「ドイツの二元的職業訓練（デュアルシステム）の統治構造の変動」（『比較教育学研究』第28号　2002年）ほか．

田中　喜美（たなか・よしみ）
1950年静岡県浜松市西区舞阪町生まれ．名古屋大学大学院教育学研究科博士課程修了．教育学博士．金沢大学教育学部，東京学芸大学を経て，現在は東京学芸大学名誉教授．
〔著書〕『技術教育の形成と発展—米国技術教育実践史論—』（多賀出版　1993年），『技術科の授業を創る』（学文社　1999年　共編著），『工業高校の挑戦』（学文社　2005年　共編著），『アメリカ合衆国技術教育教員養成実践史論』（学文社　2010年　共著），『技術教育の諸相』（学文社　2016年　編著）ほか．

依田　有弘（よだ・ありひろ）
1945年神奈川県横浜市生まれ．東京大学大学院教育学研究科博士課程単位取得満期退学．現在は千葉大学名誉教授．
〔著書〕「教育基本法「改正」問題と技術・職業教育」（『技術教育研究』No. 62　2003年），『工業高校の挑戦—高校教育再生への道—』（学文社　2005年　共編著），「「改正」学校教育法と技術・職業教育」（『技術教育研究』No. 67　2008年）ほか．

ノンキャリア教育としての職業指導

2009年 4月10日　第一版第一刷発行
2017年12月15日　第一版第三刷発行

編著者　斉藤武雄　佐々木英一　田中喜美　依田有弘
発行所　株式会社　学文社
発行者　田中千津子

〒153-0064　東京都目黒区下目黒3-6-1
電話 03（3715）1501（代）　振替 00130-9-98842
http://www.gakubunsha.com

（落丁・乱丁の場合は本社でお取替します）（定価は，カバー，売上げカードに表示）
ISBN 978-4-7620-1924-1　印刷／株式会社亨有堂印刷所　・検印省略

技術科の授業を創る —学力への挑戦—

河野義顕・大谷良光・田中喜美 編著

3,780円（税込）
ISBN978-4-7620-0887-0
C3037　A5判　349頁

これからの中学校技術科教育において，どのような授業が求められているのか。技術科教育における学力論の視点から，科学の基本と作業の基本とに教育目標を分け，具体的な到達目標を提案。授業実践も豊富に掲載。子どもたちが学ぶ意味をつかみとり，喜びを実感できるよう助けるための教育目的・実践手法をわかりやすく論じる。

工業高校の挑戦 —高校教育再生への道—

斉藤武雄・田中喜美・依田有弘 編著

3,045円（税込）
ISBN978-4-7620-1436-9
C3037　A5判　336頁

いま，縮小・再編の動きが全国規模で進行するなかで，工業高校の在り方が根底からゆらいでいる。はたして工業高校は必要なくなったのであろうか？　公的職業教育機関として，また青年期の職業的自立と発達に大きな役割を果たすものとして高校工業教育の存在意義を問い直し，再生への道をさぐる。

子どもの生活概念の再構築を促す

カリキュラム開発論 —技術教育研究—

大谷良光 著

2,625円（税込）
ISBN978-4-7620-1914-2
C3037　A5判　248頁

—技術科の教育目的は，技術とそれにかかわる労働の世界への手ほどきであり，それをすべての子どもに獲得させることにある—。子どもが学びあい，学びの喜びと意味を育むことができる技術科のカリキュラム開発と授業づくりをめざし展開する技術教育論。